Die schnellsten Züge der Welt

G. Freeman Allen

Die schnellsten Züge der Welt

Der Schnellverkehr in Vergangenheit, Gegenwart und Zukunft

Franckh'sche
Verlagshandlung
Stuttgart

Aus dem Englischen übertragen von Dipl.-Ing. Wolfgang Distel-
barth

Titel der englischen Ausgabe: „The Fastest Trains in the World"
erschienen bei Ian Allan Ltd., Shepperton, Surrey,
1978 unter ISBN 0 7110 0889 2
© 1978, G. Freeman Allen

12 Farbfotos, 185 Schwarzweißfotos und 7 Karten
Layout von Anthony Wirkus LSIAD

Umschlaggestaltung von Siegfried Fischer

CIP-Kurztitelaufnahme der Deutschen Bibliothek

Die schnellsten Züge der Welt : d. Schnellverkehr
in Vergangenheit, Gegenwart u. Zukunft / G. Free-
man Allen. [Aus d. Engl. übertr. von Wolfgang
Distelbarth]. – Stuttgart : Franckh, 1980.
  Einheitssacht.: The fastest trains in the world.
  ISBN 3-440-04856-X
NE: Allen, Geoffrey Freeman;
EST

Vom selben Autor sind erschienen:
Modern Railways the World Over
British Railways Today and Tomorrow
British Rail After Beeching
The Last Years of British Steam
Salute to the LNER
Dampflokomotiven in England

Franckh'sche Verlagshandlung, W. Keller & Co., Stuttgart / 1980

Für die deutsche Ausgabe:
© 1980, Franckh'sche Verlagshandlung, W. Keller & Co., Stuttgart
Printed in Great Britain / Imprimé en Grande-Bretagne / L 19HH H Fi /
ISBN 3-440-04856-X

Satz: Setzerei G. Müller, Heilbronn
Gesamtherstellung: Ian Allan Printing Ltd, Shepperton, Surrey

Inhaltsverzeichnis

Einführung

Der Titel dieses Buches ist wohlüberlegt. Es handelt von den „schnellsten Zügen", nicht von den „schnellsten Bahnen", denn für mich hat ein Zug in der Welt des Verkehrs nur eine Bedeutung. Ich gebe zu, daß das Wort „Eisenbahn" dehnbar verstanden werden und jede Form von Bahn zur Führung von Fahrzeugen einschließen kann, aber ein „Zug" hat Fahrzeuge mit stählernen Rädern oder Fahrzeuge auf stählernen Schienen, und nichts anderes. So ist dies ein Buch über richtige Züge. Es hat nichts zu tun mit Luftkissen, Maglev oder jeder anderen ausgefallenen Art von geführtem Verkehr, für den in den letzten Jahren so viel versprochen und bis jetzt so wenig gehalten wurde.

Es ist auch kein Buch für den Ingenieur-Studenten. Ich habe nur diejenigen grundlegenden technischen Details behandelt, die für das Verständnis der praktischen und wirtschaftlichen Schranken einer schnellen Erhöhung der alltäglichen Intercity-Geschwindigkeit auf Schienen wichtig sind.

Abgesehen vom praktischen sozialen Wert bilde ich mir ein, daß Geschwindigkeit auf Schienen mehr Menschen jeden Alters begeistert hat als das Tempo irgendeines anderen öffentlichen Verkehrsmittels. Ist etwa die Concorde so fesselnd wie ein Zug, der mit Tempo 100 fährt? Von einem Ausgangspunkt um 1900 herum, als Eisenbahnen erstmals dieses Traumziel anstrebten, habe ich versucht, alle diese unter die Haut gehenden Erregungen wiederzubeleben, und ich erzähle von den wichtigsten Schnellfahrerfolgen der Vergangenheit, rundum in der Welt. Das durchzieht, wie ich hoffe, wie ein roter Faden dieses Buch, das ein Licht werfen möchte auf die zahllosen Faktoren, mit denen Eisenbahnmanager und -ingenieure rechnen müssen, bevor sie heutige Intercity-Züge wesentlich beschleunigen können. Es war nicht leichter, die bemerkenswerten französischen 320-km/h-Versuche von 1955 in alltäglichen Reisezugverkehr zu erträglichen Kosten umzusetzen, als die militärischen Überschallkonstruktionen in eine lebensfähige Passagier-Düsenflugzeug-Form umzuwandeln. Bei den Nachforschungen für dieses Buch wurde ich zwangsweise daran erinnert, wie so manche euphorischen Geschwindigkeitsaussagen der späten sechziger und frühen siebziger Jahre in sich zusammengefallen sind, sobald alle Probleme ihre volle Würdigung fanden. In diesen Jahren gab es kaum eine größere Bahn im Westen, die nicht überzeugt war, noch vor Ende des Jahrzehnts 150-mph- oder 250-km/h-Züge fahren zu können. (Und für die achtziger Jahre, selbstredend, waren wir sicher, in Luftkissenfahrzeugen, Maglev-Wagen oder sonstwas mit 300 mph oder 500 km/h durch die Gegend zu flitzen.) In den späten siebziger Jahren dagegen erklärten nur die Franzosen, daß sie sicher seien, noch vor Ende der achtziger Jahre 250-km/h-Züge in reichem Maße zu fahren.

Ich füge noch an, daß ich von den zukünftigen Schnellfahrplänen nur Züge und Ausrüstungen behandelt habe, die zur Zeit der Entstehung des Buches ihre Möglichkeiten schon öffentlich gezeigt haben. So, zum Beispiel, konnte ich nichts schreiben über die russischen Prototypen – den elektrischen Triebzug ER 200 aus Riga und die elektrische Lokomotive CH 200 aus der Tschechoslowakei, die die russischen RT-200-„Troika"-Wagen ziehen soll –, die Anfang 1978 Versuchsfahrten begonnen haben mit dem Ziel eines 200-km/h-Verkehrs zwischen Moskau und Leningrad.

Zum Schluß meinen herzlichen Dank an die vielen Ämter und Einzelpersonen rund um die Schnellfahrwelt, die geholfen haben, den Text mit Bildern zu schmücken. Jeder wird auf den betreffenden Seiten entsprechend gewürdigt.

Laleham-on-Thames   *G. Freeman Allen*

1. Der Dampf greift nach den Hundert

Niemand kennt heutzutage ganz sicher die praktische Grenze der Geschwindigkeit auf Schienen. Selbst als die Franzosen 1955 in einer sorgfältig geplanten Serie von Versuchsfahrten plötzlich die 300-km/h-Schranke durchbrachen, waren es die Kosten, die bremsten, nicht die technischen Möglichkeiten. Kein Zweifel, der rasche Fortschritt der Technik von Triebfahrzeugen und Wagen seit den fünfziger Jahren macht Regelzüge mit den französischen Spitzengeschwindigkeiten von 1955 durchaus möglich. Aber kann man tagaus, tagein 300 km/h wirtschaftlich fahren, ohne unzulässig teuren Verschleiß an Strecken und Fahrzeugen – oder ohne ungeheure Kosten für technische Neuerungen und Streckenneubau, die diesem entgegenwirken? Es gibt fast ebenso viele theoretische Antworten auf diese Frage, wie es leitende Eisenbahningenieure bei den wichtigsten Bahnen der Welt gibt. Und je nachdem, welchem von ihnen Sie Glauben schenken, liegt die Grenze für praktische Zwecke des alltäglichen Betriebs heute irgendwo zwischen 150 und 300 Meilen oder 250 und 500 Kilometern in der Stunde.

In der zweiten Hälfte des letzten und der ersten Hälfte unseres Jahrhunderts gab es nur eine Geschwindigkeitsgrenze, die zählte. Es war weltweit dieselbe, nur daß sie in traditionellen angelsächsischen Maßen 100 Meilen und in metrischen 160 Kilometer in der Stunde hieß. Man brauchte kein erfahrener Techniker zu sein, um zu sehen, daß die herkömmliche Dampflokomotive nicht viel weiter gebracht werden konnte.

Diese magische Schranke wurde wahrscheinlich um die Jahrhundertwende durchbrochen. Man muß schreiben „wahrscheinlich", weil, ohne den Chauvinisten beiderseits des Atlantiks zu nahetreten zu wollen, kaum einer der frühen Ansprüche belegt ist durch handfeste Zeugnisse, die einer Untersuchung standhalten. Keiner der amerikanischen Erfolge war wissenschaftlich gemessen. Die einzelstehende britische „Hundert" wurde zwar von einem angesehenen Versuchsbeamten im Zug gemessen, doch die folgende Auswertung seiner Notizen ließ vermuten, daß er einen Augenblick abgelenkt war und eine übertriebene Spitzengeschwindigkeit niedergeschrieben hat.

Einige der Rekordansprüche waren ganz einfach unglaubhaft. Da war z.B. die lächerliche Erzählung von einer Güterzuglok, die ausgeschickt war, um eine liegengebliebene Lokomotive des „Florida Mail" der damaligen Plant-Bahn (später US Atlantic Coast Line) zu ersetzen. Sie soll über die letzten 5 Meilen (8,4 km) bis zum Halt in Jacksonville, Fla, in ganzen 2½Minuten gerasselt sein. In Anbetracht der Verzögerung hätte das bedeutet, daß die Maschine mit rund 140 mph (225 km/h) in dieses Streckenstück eingefahren sein müßte.

Selbst die beiden Fahrten, die in allen nordamerikanischen Rekordbüchern gewürdigt werden (allerdings nicht in Europa, da vollständige Zeitangaben als Beleg fehlen), sind im Licht neuzeitlicher Dampflokomotiv-Wissenschaft fragwürdig. Daß die Technik des späten 19. Jahrhunderts in der Auslegung der Dampfwege und der Steuerung genügend fortgeschritten war, um einer Maschine den Dampfein- und -auslaß einigermaßen in dem Rhythmus zu gestatten, der für das Durchhalten der behaupteten 120 mph (193,08 km/h) nötig ist, das ist

Links: *Buchanans 2B Nr. 999, für die eine Spitze von 112,5 mph (181 km/h) am 11. Mai 1893 mit dem „Empire State Express" der New York Central behauptet wird (Locomotive Publishing Co).*

schwer zu glauben. Aber offensichtlich wurden Geschwindigkeiten erreicht, die für die Zeit außergewöhnlich waren.

Der erste der beiden frühesten amerikanischen Rekordansprüche, die fast allgemein anerkannt wurden, wurde im Mai 1893 angemeldet. In diesem letzten Jahrzehnt des 19. Jahrhunderts wurde die New York Central erfolgreich betrieben durch die Doppelherrschaft ihres General Passenger Agent, einem zum Eisenbahner gewordenen Reisenden in Arzneimitteln namens George H. Daniels, und ihres Direktors für Lokomotiven und Fahrzeuge, einem Schotten namens William Buchanan, der mit 17 Jahren in einer Eisenbahnwerkstätte begonnen und ohne einen Tag formaler Ausbildung seinen Weg über den Führerstand und die Drehbank gemacht hatte bis zu der technischen Spitzenstellung bei Vanderbilts Bahn. Daniels war ein geborener Showman, seiner Zeit weit voraus mit seinem Sinn für Werbung. Von ihm stammt z. B. einer der zugkräftigsten Zugnamen: „Twentieth Century Limited" zur Kennzeichnung des großen historischen Fortschritts durch die schnellen Luxuszüge, die er und Buchanan auf der Central-Strecke von New York nach Chicago um die Jahrhundertwende einsetzten. Ein anderer von Daniels Schlagern war die Einführung eines kostenlosen Gepäckträgerdienstes, der die Central sofort beim breiten Publikum berühmt machte.

Daniels wollte den New York-Chicago-Dienst revolutionieren und nahm die Columbia-Ausstellung von 1893 in Chicago zum Anlaß, kurzfristig eine Probe von den Möglichkeiten der technischen Ausrüstung zu geben. In diesem Sommer und Herbst fuhr er den „Empire State Express" für New Yorker Ausstellungsbesucher nach Chicago in bis dahin unerhörten 20 Stunden für die 980 Meilen (1577 km) der Central-Seeufer-Strecke. Die Wagner Palace Car Company, der letzte überlebende Rivale von Pullman, brachte einen prachtvollen Nachtzug für diesen Dienst heraus. Webster Wagner, zeitweilig Politiker und Ingenieur, hatte mit den Schlafwagen, die er 1868 für die Commodore's-Hudson-River-Bahn gebaut hatte, Vanderbilt so begeistert, daß dieser unter Wagners Vorsitz eine Gesellschaft gründete, der es gelang, dem Pullman-Rachen bis zur Jahrhundertwende zu entgehen. Um den Empire State Express zu ziehen, brachte Buchanan, wie zu erwarten, eine 2B heraus. Denn Buchanan war der oberste Fürsprecher für diese „American" genannte Achsanordnung. Lange nachdem andere amerikanische Bahnen zu 2B1 und 2C übergegangen waren, blieb er bei einfach gebauten 2B als den idealen Rennern über große Entfernungen; und eine ganze Weile ließen die Leistungen seiner 2B jeden Kritiker verstummen – und es gab viele, die ihn als konservativ abstempelten.

Für Daniels Empire State Express ließ Buchanan in seinem West-Albany-Werk ein Einzelstück bauen, das extra für Schnellfahrt entworfen war. Nr. 999 hatte auffallend große Treibräder von 2184 mm Durchmesser, so daß die vorderen – für Amerikaner ungewöhnlich – ein kleines Schutzblech über dem Umlauf brauchten. Und sie hatte Luftdruckbremsen an jedem Rad, einschließlich dem Drehgestell-Tender. Da Lokomotive und Zug zwischen den Fahrten in Chicago ausgestellt wurden, war sie fein hergerichtet; ihre Speiserohre waren vernickelt, das Führerhaus in dunkel-nußbaum gestrichen, und der Name „Empire State Express" stand auf dem Tender in hübscher Silberschrift.

Es wird behauptet, der Nr. 999 gelang am 9. Mai 1893 der erste Durchbruch durch die Schienen-Geschwindigkeitsschranke. Der „Empire State Express" war hinter dem für damalige Zeit straffen Fahrplan von 8 Std. 40 Min. für die 440 Meilen (708 km) von New York bis Buffalo, einschließlich vier Unterwegshalten. In einer gewaltigen Anstrengung zum Aufholen der Zeit hatte Nr. 999 – so erklärte der Zugführer – ihren Vierwagenzug auf eine Spitze von 102,8 mhp (165,4 km/h) gejagt, wobei sie 69 Meilen (111 km) in 68 Minuten gefahren war.

Nur zwei Tage später, am 11. Mai, erklärte der Zugführer, er habe den Führer der Nr. 999, Charlie Hogan, veranlaßt, noch schneller zu fahren. Als sie ein leichtes 1 : 350-Gefälle nach Buffalo in der Gegend von Batavia hinabstürzten, habe er mit seiner Taschenuhr festgestellt, daß Hogan eine gemessene Meile in 32 Sekunden zurückgelegt habe. Das wären 112,5 mph (181 km/h). Wie angreifbar auch das Ergebnis war, der überschwengliche Daniels konnte damit den US-Generalpostmeister überreden, die Nr. 999 mit Zug auf einer zweifarbigen Zweicent-Briefmarke abzubilden. Nr. 999 selbst erreichte schließlich damit ihre Erhaltung und einen dauernden Platz in Chicagos Museum of Science and Industry, obwohl einige Jahre später sogar die Leitung der New York Central ausländischen Kritikern gegenüber zugab, die Höchstgeschwindigkeit am 11. Mai sei wohl nicht höher als 81 mph (130 km/h) gewesen.

Im Juni 1902 führte George Daniels seinen „Twentieth Century Limited" ein und machte die 20-Stunden-Zeit New York – Chicago zu einem täglichen Dienst während des ganzen Jahres. „Sicher", schrieb der Leitartikler einer ungläubigen englischen Zeitung, „ist es wohl nur ein Versuch. Es sind über 900 Meilen zwischen beiden Städten. Kann eine so hohe Geschwindigkeit, wie sie für diesen Kraftakt nötig ist, durchgehalten werden ohne Schaden für Lokomotiven, Schienen und Wagen? Die Bahn wird bald merken, daß sie ein Vermögen verschwendet, um ihr Eigentum in Ordnung zu halten, und dann wird das 20-Stunden-Projekt fallengelassen, da ihr Geld wichtiger ist als das Aufsehen." Natürlich wurde es nicht fallengelassen. Sogar mit Dampf wurden noch ganze Stunden eingespart, bis die Dieselloks den Fahrplan schließlich auf 16 Stunden herunterbrachten.

„Amerikas größte Eisenbahn" war Daniels gehätscheltes Etikett für seine New York Central. Doch die Pennsylvania übertrumpfte das mit der stolzen Behauptung, sie sei die „Standard-Eisenbahn der Welt". Zu Beginn des Jahrhunderts führten beide einen grimmigen Kampf um den New York-Chicago-Fernreiseverkehr. Die Pennsylvania-Strecke zwischen beiden Städten war kürzer, 908 Meilen (1461 km) gegenüber 960 Meilen (1545 km) der Central, aber westlich von Philadelphia hatte sie starke Steigungen, während die Central durch ihre ebene „Water Level Route" begünstigt war. Doch wenn es Central nach Chicago in 20 Stunden schaffen konnte, so konnte es Pennsylvania auch, auch wenn deren bester Zug vor der Premiere von Centrals „Twentieth Century Limited" für die Fahrt noch volle 28 Stunden brauchte.

Die Amerikaner waren erstaunt, als die Pennsylvania ankündigte, daß sie vom 15. Juni 1902 an, genau am Tag des Starts des gegnerischen „Century", ihren New York-Chicago-Fahrplan um 8 Stunden kürzen und einen neuen „Pennsylvania Special" zwischen den beiden Städten in 20 Stunden fahren werde. Die Presse verkündete in Schlagzeilen einen „großen Geschwindigkeitskampf", und das Publikum verschlang die Meldungen gierig wie Meisterschaftsspiele. Pennsylvanias „Red Rippers" (Rote Kerle) – wie sie in den Oststaaten wegen ihres traditionellen weinroten Anstrichs genannt wurden – liefen anderthalb Jahre bis zum Februar 1904, als sie aus den Plänen gestrichen wurden, da steigender Güterverkehr im Gebiet von Pittsburgh die Strecken verstopfte und die Pünktlichkeit des „Special" zunichte machte.

Doch 1905 ging die Pennsylvania wieder zum Angriff über. Seit Mitte 1902 hatte sie ihre Strecken im Gebiet von Pittsburgh ständig verbessert, hatte neue Güterstrecken gebaut und die Verkehrsströme umgeleitet. Nun konnte sie sogar noch kühnere Pläne wagen.

Am 8. Juni 1905 wurden die Oststaaten zum Staunen gebracht durch folgende Schlagzeile in der *New York Daily Tribune*: In 18 Stunden nach Chicago – der schnellste Fernzug der Welt – „The Pennsylvania Special". Drei Tage später wurden die „Red Rippers" wiederbelebt und waren unglaubliche 2 Stunden schneller als einst.

Der Fehdehandschuh war kaum geworfen, da griff ihn die Central auf. Die gleichen 2 Stunden wurden vom Century-Plan gekappt; und auch die Central belegte frech ihren Zug mit dem Pennsylvania-Anspruch „schnellster Fernzug der Welt", wobei sie möglicherweise das größere Recht auf den Titel hatte wegen der längeren Strecke der „Water Level Route". Der Geschwindigkeitskampf war *con brio* wieder entbrannt, und das Publikum war begeistert. In dieser Zeit vor der Luftfahrt war die Schiene natürlich das schnellste Verkehrsmittel und weckte das Interesse der Presse ebenso wie heute die Fluglinien; es waren nicht nur amerikanische Kleinstadtblätter, die selbst bescheidene Vorplanfahrten einer Nachricht in ihren Spalten für wert hielten. Aus 4 Wagen bestand der „Pennsylvania Special": ein kombinierter Gepäck- und Rauchsalonwagen, mit Wandteppichen bespannt und mit tiefen Ledersesseln bestückt; ein Speisewagen, in dem mit feinem Linnen und glänzendem Silber gedeckt und die Verpflegung üppig zelebriert wurde; ein 12-Abteil-Pullman-Schlafwagen mit Salon und Privatabteil, betreut von Schaffner und Zimmermädchen; und ein kombinierter 6-Abteil- und Aussichts-Pullmanwagen, in dessen Salon eine Stenotypistin kostenlos zur Verfügung stand.

An der Spitze war eine der neuen E2-Atlantics der Pennsylvania. Die Pennsylvania hatte 1899 begonnen, 2B1 zu bauen, zuerst als „camelbacks" mit mittigem Führerhaus, doch ging man bald auf mehrere Reihen normaler Lokomotiven über. Mit diesen stattlichen Maschinen konnte die Pennsylvania mit ihrem Nachbarn Philadelphia & Reading gleichziehen, mit dem sie in zähem Wettbewerb um den lukrativen New-Jersey-Nahverkehr zwischen Camden und Atlantic City stand. In den allerletzten Jahren des 19. Jahrhunderts hatten die flotten Erfolge von Baldwins 2B1-Vauclain-Vierzylinderverbundlokomotiven der Reading, die durch deren Leitung kräftig bekannt gemacht und von der Presse gerne verbreitet wurden, den Stolz der Pennsylvania böse angekratzt. Wohl gemerkt: für die blendendsten Leistungen, die den Atlantics von Reading damals zugeschrieben wurden, fehlen jegliche Unterlagen. Nach der Fahrplanzeit war Readings Camden-Atlantic-City-„Seashore-Flyer" in den letzten 90er Jahren sicherlich der schnellste täglich verkehrende fahrplanmäßige Zug. Ob aber seine Atlantic Nr. 1027 einmal, wie behauptet, wirklich die 55,5 Meilen (89,3 km) mit 6 Wagen und 285 Reisenden in 44³/4 Minuten schaffte oder in einem andern Fall eine Spitze von 106 mph (170,6 km/h) erreichte, das ist etwas anderes.

Doch zurück zum „Pennsylvania Special". Unter den begeisterten Teilnehmern der Eröffnungsfahrt Richtung Osten war ein Reporter der *Chicago Tribune*. Er schrieb:
„Wäre das ein Zirkuszug gewesen, er hätte keine größere Menschenmenge entlang der Strecke angelockt... Farmer kamen meilenweit mit ihren größten Wagen, vollgeladen mit ihren Frauen und Kindern und den Nachbarskindern, um die Vorbeifahrt des 18-Stunden-Zugs zu sehen. Sie sahen nicht viel. Ein Pfiff und eine Rauchwolke kündigten sein Kommen an. Dann ein roter Blitz, und in der nächsten Sekunde starrten sie gebannten Blickes auf die Stelle, wo der Zug gewesen war... In Englewood, wo er 1 Minute hielt, war der Bahnsteig gedrängt voller Menschen, und ihre Taschentücher sahen aus, als ob sich eine Wolke weißer Schmetterlinge auf ihnen niederließe... In Fort Wayne, das 2 Minuten vor Plan erreicht wurde, standen 1500 Neugierige, um den Lokwechsel zu beobachten. Manch ein Baseball-Spiel an der Strecke wurde unterbrochen, da Zuschauer und Spieler zur Strecke liefen, um dem vorbeiflitzenden Zug zuzujubeln."

Es war aber der Eröffnungszug Richtung Westen, der in die Zukunft wies. Etwa 20 Meilen östlich von Mansfield, Ohio, erlahmte die 2B1 durch einen Heißläufer. Die Lokomotive eines Güterzugs wurde eilig an des Krüppels Stelle angekuppelt und rollte den „Special" die nächsten 30 Meilen nach Crestline. Dort waren Lokführer Jerry McCarthy

Oben: *Eine Pennsylvania-Atlantic auf der Schuykill River-Brücke in Philadelphia; diese Aufnahme von 1907 zeigt eine Lokomotive Reihe E3a mit einem schweren Zug altertümlicher hölzerner Pullmanwagen.*

Rechts: *Heldin einer Westwärtsfahrt des „Pennsylvania Special" am 11. Juni 1905, bei der ein Rekord von 127,1 mph (204,5 km/h) zwischen AY Tower und Elida, O. angemeldet wurde auf Grund der Durchfahrtszeiten: 2B1 Reihe E2 Nr. 7002 ausgestellt auf Chicago Railroad Fair 1948–49.*

Unten rechts: *Der „Pennsylvania Special" auf der damaligen Stahlfachwerkbrücke über den Schuylkill River in Philadelphia, mit einer 2B1 Reihe E2 der Pennsylvania (Locomotive Publishing Co).*

und seine 2B1 Nr. 7002 zur Übernahme bereit, mit der Weisung, soviel wie möglich von den 26 Minuten Verspätung aufzuholen – und damit den gefährdeten Ruf der Pennsylvania zu retten.

Er fuhr wir ein Gott. Von Crestline bis Fort Wayne sind es 131,4 Meilen (211,4 km), und sie waren in 115 Minuten verschlungen – nach dem Fahrtbericht. Das allein, eine Durchschnittsgeschwindigkeit von Halt zu Halt von 68,56 mph (110,31 km/h), lag weit über der damaligen Norm in irgendeinem Teil der Welt. Doch es wird behauptet, auf den 3 Meilen (4,83 km) von AY Tower nach Elida in Ohio habe McCarthy seine Maschine auf 127,1 mph (204,5 km/h) hochgejagt. Eine phantastische Leistung – aber vielleicht wörtlich nur Phantasie. Was ist Tatsache? Eben die Durchfahrtzeiten an den beiden Enden des Abschnitts, vom Zugpersonal aufgenommen. Der Abstand zur Durchschnittsgeschwindigkeit für die ganze Strecke Crestline – Fort Wayne ist so groß und die Zeitangaben so grob, daß man in Anbetracht der technologischen Überlegungen, die ich weiter vorn angestellt habe, nur das berühmte Urteil schottischer Jurisprudenz wiederholen kann: nicht erwiesen.

Als Nachschrift muß angefügt werden, daß trotz der Begeisterung, die der Spurt des „Special" erregte, der „Century" der Central den größeren Anteil des New York-Chicago-Reiseverkehrs errang und behielt. Pennsylvania konnte nichts gegen Daniels zündende Verkaufskunst setzen – nicht zuletzt wegen der einfallsreichen Namensgebung für seine Züge. Die Passagiere der Pennsylvania dagegen konnten selten den „Pennsylvania Special" und den „Pennsylvania Limited" auseinanderhalten, einen andern Pullmanzug auf derselben Strecke. So wurde im November 1912 der „Special" umgetauft in „Broad Way Limited" – wegen Pennsylvanias sechsgleisiger Strecke zwischen New York und Philadelphia –, doch bald in den vertrauter klingenden „Broadway Limited". Mit dem neuen Namen wurde der nun schwerere Zug langsamer und benötigte jetzt 20 Stunden für die Strecke New York – Chicago.

Ein Jahr vor diesen nordamerikanischen Sensationen waren die ersten 100 mph für den europäischen Dampfbetrieb bekannt geworden (wie in einem späteren Kapitel berichtet wird, gebühren die ersten europäischen „Hundert" für alle Traktionsarten dem deutschen elektrischen Betrieb). Wie im Falle von New York – Chicago war diese frühe europäische Dampfleistung die direkte Folge des Wettbewerbs zweier Eisenbahnen.

Um die Jahrhundertwende trugen ihn Englands Great Western Railways (GWR) und London & South Western Railways (LSWR) aus für den Transatlantikdienst von Plymouth nach London. Im Jahre 1903 erwählten der Norddeutsche Lloyd und die Hamburg-Amerika-Linie, damals die schnellsten auf dem Nordatlantik, Plymouth zu ihrem Englandhafen. Obwohl Plymouth von der GWR und der LSWR bedient wurde, war die GWR weit besser imstande, den neuen Bissen aufzupicken; und zuerst hatte sie das Monopol für den Reise- und den Postverkehr nach Ankunft der Überseeschiffe.

Doch die LSWR, die Blut geleckt hatte durch den Gewinn aus ihrem schönen neuen Überseebahnhof in Southampton, wollte sich nicht ausschließen lassen von einem andern lukrativen Seefahrtgeschäft. Sie beeilte sich, einen neuen Überseebahnhof in Plymouth zu errichten, der 1904 fertig wurde. Das war der Startschuß. Zwar gestalteten die beiden Bahnen den folgenden Wettbewerb irgendwie „freundlich" durch ein Abkommen, daß die LSWR die Reisenden, die GWR die Post beförderte: Trotzdem war es eine wichtige Prestigefrage, ob die Reisenden oder die Post zuerst in London waren.

Mit ihrem temperamentvollen Traktionschef Dugald Drummond, der die Reisezüge fuhr und seine Anstrengungen auf die höchste Spitze schraubte, dauerte es nicht lange, bis die LSWR den Vorsprung der GWR einholte. Gegen Ende April 1904 zeigte der LSWR-Zug dem Great-Western-Postzug ein hübsches Paar Schlußlichter. Sie wären noch hübscher gewesen, hätte nicht die GWR einen Trumpf in der Hand gehabt: die Überschneidung der GWR- und LSWR-Strecken in Exeter, wo die LSWR die GWR-Gleise über eine Meile durch den

Exeter St.-Davids-Bahnhof benutzen mußte (doch in entgegengesetzter Richtung zu den GWR-Zügen, da die LSWR-Strecke ein spiegelbildliches „S" durch die Bischofsstadt bildet).

Als die LSWR-2B, Reihe S11, am 23. April 1904 auf die Exeter-Cowley-Bridge-Einmündung in die GWR-Strecke zufuhr – sie hatte die kurven- und steigungsreichen 56¼ Meilen (90,5 km) rund um das Nordende des Dartmoors in kaum mehr als einer Stunde hinter sich gebracht –, hoffte ihre Mannschaft inständig, daß die GWR auf ihr verbrieftes Recht verzichte, jeden LSWR-Zug in St.-Davids-Bahnhof anzuhalten. Aber nein. Führer und Heizer der LSWR freuten sich schon, daß sie mit dem Gegner gleichstanden – denn der GWR-Postzug kam ihnen in diesem Augenblick auf dem andern Gleis entgegen –, als sie das Signal auf Halt erblickten. Wütend brachten sie die S11 zum Halt und hängten sich an den Pfeifenzug. Eine halbe Minute lang ließen sie die hartherzigen GWR-Leute in Exeter stehen und mit der Pfeife schreien, bevor sie den Berg hinauf auf ihrer eigenen Strecke weiterstürmen durften. Trotz der Sabotage durch den Gegner erreichte die LSWR an diesem Tage ihren Waterloo-Endbahnhof in London in der Rekordzeit von 4 Std. 3 Min. von Plymouth, weit vor der Ankunft des GWR-Postzuges in der Hauptstadt.

Doch genau sieben Tage später erreichte der Postzug den Paddington-Endbahnhof der GWR in London in genau 3 Std. 54 Min. nach der Abfahrt in Plymouth –, und das mit zwei Lokwechseln unterwegs, gegen nur einen bei der LSWR. Doch das war erst das Vorspiel für den 9. Mai 1904. Nicht nur jeder Great-Western-Mann, der igendwie mit dem Postzug zu tun hatte, war in höchster Erregung, sondern auch der mächtige George Jackson Churchward, der verehrte Lokomotivchef der Bahn. Die Strecke war in bestem Zustand und die Betriebsorganisation bestens in Schuß, da wies er seine Lokomotivleute an: „Jetzt los und brecht euch eure verdammten Hälse". Und dafür gab es keinen besseren Anlaß als eine gute Ladung Gold, die in den Postzug verladen werden sollte im Anschluß an die Ankunft des deutschen Dampfers in Plymouth am 9. Mai!

Beide Strecken von Plymouth nach Exeter, die der LSWR rund um den Nordrand und die der GWR am Südrand des öden Dartmoor, hatten üble Kurven, da die Erbauer jede Biegung des hügeligen Geländes ausgenutzt hatten, um die Steigung erträglich zu halten. Trotzdem waren die Steigungen stark – und sind es noch bei der GWR-Strecke; von der LSWR-Strecke ist in letzter Zeit ein großer Teil stillgelegt worden. Gleich außerhalb von Plymouth geht die GWR-Strecke das stetige 1:41 der Hemerdon-Rampe an. Danach steigt sie nicht so stark weiter nach Wrangaton, dann fällt sie, schwach zuerst, bis das Gefälle am Rattery-Block mit 1:46–57 in die hübsche Talstadt Totnes hinabstürzt. Von Totnes kurvt der Zug in die berühmte Steigung zur Dainton-Höhe, die vor dem Scheiteltunnel 1:37 erreicht. Dann folgt ein ebenso schneller Abstieg nach Newton Abbot, danach geht es eben fort an der Strandmauer von Teignmouth entlang nach Starcross und das Exe-Tal hinauf nach Exeter. Wegen der Kurven steht die ganze Strecke Plymouth – Exeter unter strenger Geschwindigkeitsbegrenzung, und man kann die Gefälle kaum ausnutzen. Selbst mit modernen Diesellokomotiven kann eine Mannschaft, die sich an die Vorschrift hält, den heutigen Ohnehaltplan von 45 Minuten für die 31,85 Meilen (51,25 km) nicht nennenswert unterschreiten.

Damals am 9. Mai 1904 peitschte Führer Clements seine elegante Innenzylinder-2B *City of Truro* die Steigungen hinauf und um die Kurven herum mit solcher Hingabe, daß der goldtragende GWR-Postzug durch Exeter nach außergewöhnlichen 33½ Min. ab Plymouth fuhr. Die gewundene Strecke von Wrangaton nach Totnes hinunter wagte er einen Durchschnitt von fast 70 mph (112,6 km/h) und gab seinem Fünfwagenzug von 150 t einen solchen Schwung die Dainton-Rampe hinauf, daß er deren Schlangenlinien mit einem Durchschnitt von 57,5 mph (92,5 km/h) schaffte, obwohl auf dem ganzen Weg die Steigungen stärker als 1:100 sind.

Doch bis jetzt hatte der verwegene Clements nur mit den Muskeln gespielt. Hinter Exeter peitschte er die *City of Truro* so erbarmungslos

die 20 Meilen fast ununterbrochener Schinderei nach Whiteball hinauf, zuletzt 1:115, daß sie auf dem Gipfel noch eine Meile in der Minute machte. Und als die Strecke wieder fiel, am Anfang mit 1:80–90 zum Abstieg nach Taunton, da ließ er die Zügel schießen. Immer noch mit rauschendem Auspuff beschleunigte die *City of Truro* stetig, bis drei Meilen unter dem Gipfel ein zuverlässiger Lokomotivabnahmebeamter, der von der GWR gebeten worden war, die Fahrt zu beobachten, kundtat, seine Stoppuhr habe bei einer Spitze von 102,3 mph (164,6 km/h) gehalten.

Doch in diesem Moment mußte Clements „die Anker auswerfen". Eine Gleisrotte war in geruhsamem Schritt genau in seinem Weg. Eine schnelle Folge wütender Pfiffe rührte sie nicht, so mußte er den Regler zureißen und die Bremsen anknallen, bis die Rotte schließlich merkte, daß ein Zug auf sie zubrauste, und gemächlich aus dem Weg ging. Clements war schon auf dem ersten Drittel des Wegs zu Tal angehalten worden. Ohne Störung hätte er bestimmt eine Spitze erreicht, die jeder kritischen Prüfung standgehalten hätte. Obwohl der Rekord, den der geachtete Beobachter im Zug, Charles Rous-Marten, festgestellt hatte, von den meisten anerkannt wird und die *City of Truro* deswegen einen Ehrenplatz im britischen Swindon-Railway-Museum hat, haben einige Experten die Zeitnahmen peinlichst genau untersucht und Widersprüche festgestellt. Sie unterstellten, Rous-Marten sei durch das heftige Bremsen und Clements durchdringendes Pfeifen abgelenkt worden und habe seine Uhr um einige Sekunden falsch abgelesen. Doch mit oder ohne diese Sekunden, Clements war sicherlich nahe genug an den 100 mph, um für diese Zeiten ein Glanzstück vollbracht zu haben. Obwohl auf den verbliebenen Abschnitten der Fahrt des Postzuges an diesem Tag keine sensationellen Spitzen mehr erreicht wurden, sei zusätzlich angeführt, daß die GWR-Innenzylinder-2A1 *Duke of Connaught* Clements Leistung abgerundet hat, indem sie das Gold von Bristol nach London in einer Fahrzeit gerollt hat, die im täglichen Regeldienst nicht mehr unterboten wurde, bis jetzt die neuesten 125-mph-Hochgeschwindigkeits-Dieselzüge der British Rail eingesetzt wurden.

Oben: Europas erster Rekordhalter für 100 mph-Ehren: die 2B City of Truro *der Great Western, für die 102,3 mph (164 km/h) am 9. Mai 1904 gemeldet wurden. Diese Betriebsaufnahme wurde gemacht, als sie 1957 für einen Sonderzug aus ihrem Museum geholt wurde (M. Mensing).*

Oben rechts: Schauplatz der Rekordfahrt der City of Truro: *Die Steigung ist offensichtlich, und die Schärfe der Kurven kann auf dieser Ansicht der Dainton-Rampe zwischen Plymouth und Exeter vom September 1955 erkannt werden. Die „County" 2C der BR Westregion Nr. 1012* County of Denbigh *fährt westwärts (R. O. Tuck).*

Rechts: Ein anderes Bild der wiederbelebten City of Truro, *als Vorspann vor der ebenso wiedererstandenen 2B Verbund Nr. 1000 der Midland Railway bei der Ausfahrt aus Doncaster nach London King's Cross mit einem Sonderzug im April 1960 (Eric Oldham).*

Das Rennen von Plymouth endete tragisch. Das hat sich so langsam angebahnt in diesem Jahr 1904, als man allgemein munkelte, daß beide Gegner Geschwindigkeitsbeschränkungen grob mißachteten und übermäßige Risiken eingingen. Es hieß, reiche Amerikaner von den Ozeandampfern steckten den LSWR-Führern oft eine Handvoll Dollars zu in der Hoffnung auf eine Rekordfahrt nach London; und die Führer bedienten die Fahrgäste mit so hektischen Auswüchsen, daß sie z.B. die scharfen Kurven durch Salesbury mit der doppelten zugelassenen Geschwindigkeit angingen. Doch schon nach ein oder zwei Monaten haben die LSWR-Chefs mit neuen strengen Anweisungen den Leichtsinn abgestellt durch das Verbot jeglichen Versuchs, den so schon straffen Fahrplan der Überseezüge zu unterbieten. Danach hörte man zwei Jahre lang kaum noch etwas von den Überseezügen. Bis am 1. Juli 1906 Britannien durch eine Katastrophe aufgeschreckt wurde.

Am Abend zuvor war ein LSWR-Fünfwagenzug ohne Zwischenfall zu seinem Lokwechsel in Templecombe im Herzen von Westengland gelangt. Hier rückte Führer Robins und die 2B Nr. 421 für den zweiten Abschnitt der Reise heran. Robins war erfahren und kannte die Strecke genau. Noch mehr: er hatte in dieser Nacht keinerlei Träume von Ruhm; ganz im Gegenteil, er sagte vor dem Ankuppeln zu einem Bahnhofsbeamten, er fürchte einen Anpfiff, wenn er schneller als Plan in London sei.

Die folgende Katastrophe ist daher für manchen unerklärlich. Sie geschah in der scharfen Kurve am Londoner Ende des Bahnhofs Salesbury, wo schon lange eine Höchstgeschwindigkeit von 30 mph (48,3 km/h) vorgeschrieben war.

Die wenigen Eisenbahner, die gerade vor 2 Uhr da waren, meinten, daß die Nr. 421 mit etwa 70 mph (112,6 km/h) das Gefälle gegen Salesbury herunterraste. Ihre Pfeife schrillte, ihr Regler war offen – und die sprachlosen Zuschauer merkten allmählich, daß es so weiterging. Sie stürmte durch den Bahnhof, schwankte fürchterlich, als sie in die Kurve einfuhr, und kippte nach rechts in der schärfsten Krümmung. Sie traf auf den Schluß eines leeren Milchzuges auf dem Nebengleis, schoß weiter und stieß in eine alte C-Güterzuglok auf einem Nebenbahnsteig. Da kippte der Tender der Nr. 421 nach oben und zermalmte die Lokmannschaft, während die folgenden Wagen über das Gelände verstreut und zu Kleinholz zersplittert wurden. Vierundzwanzig Reisende und vier Eisenbahner wurden getötet.

Da es eine klare Sommernacht und Robins ein erfahrener Führer war, mit keinerlei Unbeherrschtheit, so ist die einzige denkbare Deutung, daß er sich unerklärlicherweise über seinen Standort geirrt hat, als er auf Salesbury zufuhr. Was auch der wahre Grund gewesen sein mag, die Zeitungsleser hatten den ihren schnell parat: Es konnte nur die ganze Raserei bei der Eisenbahn sein, die deshalb aufzuhören habe. Obwohl die LSWR und die GWR noch etliche Jahre lang im Plymouth-Geschäft wetteiferten, war nun die Geschwindigkeit nie mehr die Waffe. Die Geister von Salesbury verfolgten beide Bahnen noch lange.

2. Das goldene Zeitalter des schnellen Dampfes

Nach dem 1. Weltkrieg nahmen die Eisenbahnen ihre Jagd nach den 100 mph ernstlich erst um 1930 wieder auf. Damals wurde das Automobil eine echte Herausforderung für ihren Reisezugverkehr, und im Dröhnen der Flugzeugmotoren war eine Drohung zu hören.

Immerhin gab es eine historische Gelegenheit in den späten zwanziger Jahren, als ein Zug das Flugzeug verhöhnte. Im Mai 1927 hatte der Luftpostpilot Charles Lindbergh sowohl die Welt als auch seine eigenen amerikanischen Landsleute begeistert, als er seinen 200-PS-Ryan-Eindecker *Spirit of St. Louis* nonstop und allein in 33 Std. 8 Min. vom Roosevelt-Flugplatz in Long Island nach Le Bourget bei Paris steuerte. Lindbergh hatte eine Weile in Europa bleiben wollen, aber Präsident Coolidge hatte ihn umgehend mit dem US-Navy-Kreuzer *Memphis* feierlich heimgeholt zu einem stürmischen Empfang im Washingtoner Marinehafen am Potomac durch den Präsidenten persönlich. Mit fast allem, was der Präsident verleihen konnte, überschüttete er den Nationalhelden: Flieger-Verdienstkreuz, Ehrenmedaille des Kongresses und Beförderung vom Hauptmann zum Oberst in einem Sprung, zur hellen Begeisterung von ganz Washington, das sich an den Ufern und auf dem Sockel des Washington-Denkmals drängte. Nun mußten die Filme von dem epochalen Ereignis schnellstens zur Vorführung gebracht werden, viele davon nach New York. Die meisten Agenturen hatten Flugzeuge gemietet: Eine engagierte sogar einen bekannten Kunstflieger, um den Film mit dem Fallschirm direkt in die Labors in Long Island City bringen zu lassen. Doch die International New Reel Co. hatte Grund zu der Annahme, daß der Zug das Flugzeug schlagen könne, wenn ein Eisenbahnwagen zum Entwickeln des Films während der Fahrt nach New York eingerichtet würde.

Es war nicht das erste Mal, daß die Pennsylvania gebeten wurde, ein Flugzeug in offenem Kampf anzugehen. In diesen Zeiten bediente man sich der Bahn, um dringende Probleme zu meistern. Zum Beispiel in jenem Frühjahr 1925 hatte die Pennsylvania eine E6 Atlantic und drei Wagen fertiggemacht, um einen bekannten jüdischen Tenor und sein Gefolge die 92,6 Meilen (149 km) von Philadelphia in 90 Minuten herüberzubringen, damit er zwei Auftritte an einem Abend machen konnte; an eben diesem Abend war ein anderer Sonderzug losgeschickt worden, damit ein Politiker auf fast aneinander anschließenden Versammlungen in Jersey City und in Philadelphia sprechen konnte. Dann, bei der Amtseinsetzung von Coolidge am 4. März 1925 hatten die International und die Pennsylvania ihren ersten Versuch mit dem fahrenden Filmlabor gestartet – mit Erfolg: Der Film der International von der Zeremonie erschien auf der Leinwand der New Yorker Kinos weit früher als irgendein anderer Streifen, der von Washington eingeflogen worden war.

Für die Lindbergh-Sache richtete die Pennsylvania die 1914 gebaute Nr. 460 der Atlantic-Klasse E6 her, einen normalen Gepäckwagen mit Dunkelkammer und einem normalen Sitzwagen – diesen eigentlich nur, um Bremsgewicht zu gewinnen. Kaum war der Auto-Konvoi mit dem Film im Union-Bahnhof eingetroffen und seine Fotografen mit dem kostbaren Film buchstäblich im Laufschritt zum Zug gerannt – da war er weg.

Die Pennsylvania hatte fest beschlossen, etwas von dem Ruhm des Tages für sich zu stehen. Die Fahrdienstleiter entlang der Strecke nach New York sollten die Strecke freihalten; einzelne lokale Behörden waren überredet worden, die Geschwindigkeitsbeschränkungen in ih-

ren Wohngebieten aufzuheben; und eine Vier-Mann-Elite-Mannschaft war aufgeboten: Assistent Road Foreman James Warren am Regler bis Baltimore, Assistent Road Foreman Aleck Sentman von da bis Philadelphia.

Vom ersten Öffnen des Reglers an jagte Warren die Atlantic schonungslos: so sehr, daß sie den ersten Wassertrog zu schnell nahmen und das druckluftgesteuerte Schöpfrohr des Tenders kaum etwas aufnehmen konnte, statt dessen wurden die Räder des Zuges mit einem Wasserschwall überschüttet. Dafür mußten sie einen unplanmäßigen Halt zum Wasserfassen machen.

Auf dem Führerstand entschied man, den Wasserhalt in Wilmington zu machen. Schon hatte sie auf langen Abschnitten einen Durchschnitt von 80 mph (128,7 km/h) gemacht, und hinter Baltimore erklärte jemand eine Meile sei in 33 Sekunden geschafft worden, was 110 mph (177 km/h) bedeutet. Hier etwa wurde der rasende Zug kurze Zeit von einem der Flugzeuge der gegnerischen Agenturen begleitet, das für eine Weile zum Tiefflug in der gleichen Richtung heruntergestoßen war, und so bot sich tatsächlich das Bild, wie es damals von Eisenbahn-Publizisten oft montiert wurde.

Die hastende Lokmannschaft füllte ihren Wasserkasten in Wilmington in weniger als 1³/4 Minuten, dann stürmten sie weiter in Richtung Philadelphia, 23,3 Meilen (37,5 km) weiter voraus. 17¹/2 Minuten später waren sie durch Philadelphia hindurch, was einen Durchschnitt von 79,9 mph (128,6 km/h) bei stehendem Start bedeutet; wenn die Durchfahrtzeit stimmte, mußten sie nahe bei 100 mph (160 km/h) sein. Einer von der Vierermannschaft auf dem Führerstand, ein New Yorker Ingenieur namens Foreman Anderson, meinte, sie seien auf 115 mph (185 km/h) gekommen. Hinter Philadelphia übernahm dieser Anderson den Regler, und er war es, der die Atlantic hochkitzelte auf ihre höchste Dauergeschwindigkeit auf dieser ganzen bemerkenswerten Fahrt. Trotz einer Langsamfahrt für eine weitere Wassernahme am Trog rannte er die letzten 66,6 Meilen (107,2 km) bis zum Stadtrand von Newark in glatten 47 Minuten, ein Durchschnitt von fast genau 85 mph (136,8 km/h). Als der Sonderzug in Manhattan Transfer hielt zum obligatorischen Wechsel zu elektrischer Traktion für die letzten 8,6 Meilen durch den Hudson-River-Tunnel nach New Yorks Pennsylvania-Bahnhof, zeigte es sich, daß die 216 Meilen (347 km) von Washington in nur 175 Minuten zurückgelegt worden waren, einschließlich dem Wasserfassen in Wilmington, was einen Gesamtdurchschnitt von 74,05 mph (119,1 km/h) bedeutet. Mit heulenden Sirenen brachte eine Polizei-Eskorte die voll entwickelten Filmrollen in die Broadway-Kinos, und 15 Minuten nach dem Halt des Zuges in der City hatten die New Yorker die Beute des Tages von Washington auf ihrer Leinwand. Erst mehr als eine Stunde später war der erste der gegnerischen Filme aus der Luft zur Vorführung bereit. Ob nun die Spitze der Atlantic wirklich 115 oder eben nur 110 mph war oder auch nicht, es war unfraglich eine bedeutende Fahrt in den Annalen der Geschwindigkeit auf Schienen.

Als die zwanziger Jahre in die dreißiger übergingen, wurde die Geschwindigkeitsspitze wiederum von Britanniens Great Western Railway gehalten. Seit 1923 hatte die GWR stetig die Fahrzeit Swindon – London ihres „Cheltenham Spa Express" heruntergeschraubt. Es war eine ziemlich langweilige Verbindung gewesen, ehe sie über die Cotswold Hills direkten Anschluß nach Swindon bekommen hatte zu Brunels prachtvoll gebauter Bristol-Hauptstrecke; von da waren es noch 77,3 Meilen fast ebener Strecke zum Paddington-Endbahnhof. 1929 hatte die GWR die Fahrzeit für diesen Abschnitt auf 70 Minuten heruntergebracht, ein Durchschnitt von 66,2 mph (106,5 km/h), und sie konnte mit Recht den Anspruch erheben, „der Welt schnellsten täglichen Zug" zu fahren. In den Fahrplänen blieb der Name des Zuges so prosaisch wie immer; doch für das breite Publikum war er der „Cheltenham Flieger".

Der GWR wurde 1931 für kurze Zeit die Krone entrissen durch einen heftigen Kampf der Canadian National und der Canadian Pacific um den Montreal-Toronto-Reiseverkehr. Dieser erreichte seinen Höhe-

Oben: Der „Cheltenham Flyer" der Great Western Railway in voller Fahrt das Themse-Tal aufwärts hinter der 2C „Castle" Nr. 5000 Launceston Castle im November 1934. Das Stirnschild verkündet, daß dies der „Welt schnellster Zug" ist (British Rail, Oxford Publishing Co).

Oben rechts: Eine andere Aufnahme des „Cheltenham Flyer", dieses Mal im Themse-Tal bei Pangbourne hinter der 2C Nr. 5005 Manorbier Castle, einer der beiden GWR-Maschinen, die 1935 halb verkleidet wurden. Einige GWR-Direktoren waren weit begeisterter über die neue Mode als der oberste Maschinen-Chef der Bahn, Collet, der ihren Bitten dadurch nachgegeben haben soll, daß er ungeduldig Plastilin an einem Modell angebracht und befohlen hat, das Ergebnis in Konstruktionszeichnungen umzusetzen. Die verschiedenen Auswüchse wurden in den folgenden Jahren nach und nach wieder entfernt, Ende 1935 zuerst die Zylinderverkleidung, da sie Überhitzungen verursachte.

Rechts: Die „King" der GWR, die 1935 ebenso verkleidet wurde, Nr. 6014 King Henry VII mit der neuen „Cornish Riviera Express"–Garnitur dieses Jahres bei Swindon (British Rail, Oxford Publishing Co).

punkt mit einer Fahrplanzeit der Canadian Pacific von 108 Min. für die 124 Meilen (199,5 km) von Montreal West nach Smith's Falls, was einen Durchschnitt von etwa 2,7 mph mehr als bei der GWR ergab. Nach einigen Monaten hatte die GWR aus dem „Flyer"-Plan genügend Zeit herausgenommen, um den Weltrekord zurückzugewinnen. Schließlich, im September 1932, brachte die GWR die Fahrzeit des „Flyer" auf einen Durchschnitt von 71,4 mph (114,9 km/h) von Swindon nach London.

Der Gipfel der Laufbahn des „Cheltenham Flyers" aber war der gut vorbereitete Versuch einer Rekordfahrt am 6. Juni 1932. An diesem Tag jagte eine der Great-Western-Vierzylinder „Castle"-2C, Regelbespannung des „Flyers" und Rückgrat des Schnellzugverkehrs der Bahn, die 77,3 Meilen von Swindon nach Paddington in 56³/4 Min. hinab, mit einem Durchschnitt von Halt zu Halt von 81,7 mph (131,5 km/h). Nr. 5006 Tregenna Castle war die Maschine, mit einem Sechswagenzug von etwa 198 t. Über 28 Meilen (45,1 km) an einem Stück machte sie nicht weniger als 90–92 mph (145–148 km/h). Bis zum Ende des britischen Dampfbetriebes wurde der an diesem Nach-

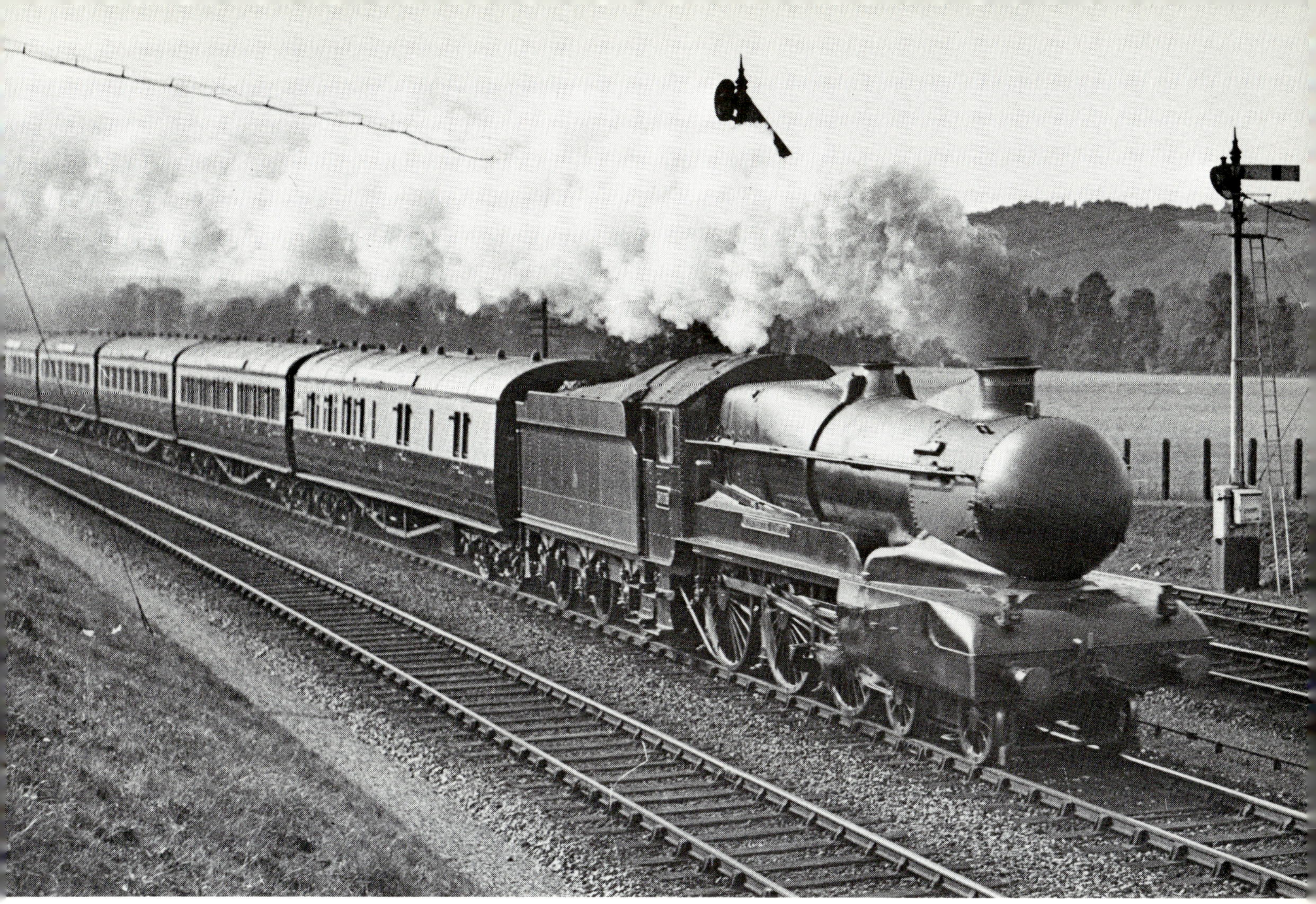

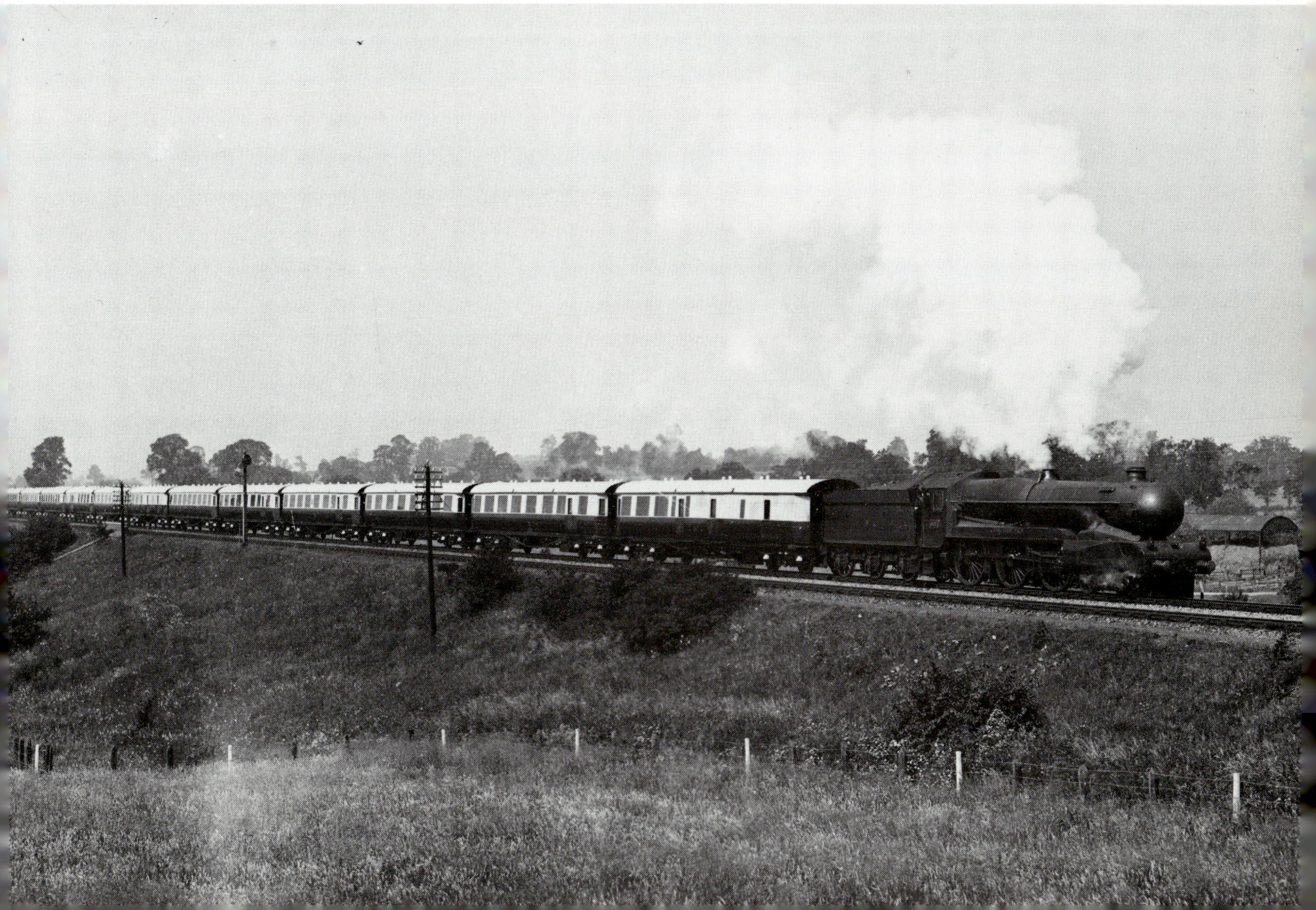

Rechts: *Typische Aufnahmen „Zug überholt Flugzeug",
wie sie von den Verkaufs- und Werbeabteilungen der Bahnen
Ende der zwanziger und Anfang der dreißiger Jahre geliefert
(und oft grausam montiert) wurden; Aufnahmen von 1929
des „International Limited" Montreal – Chicago der Canadian
National und des „Twentieth Century Limited" der New
York Central, dieser mit einem Fokker-Eindecker mit den
Abzeichen der „Universal Air Lines".*

Unten: *Im März 1935 wurde Gresleys 2C1 Reihe A3 Nr. 2750
Papyrus der LNER bei einem Vor-Stromlinienversuch von
King's Cross nach Newcastle und zurück auf 108 mph
(173 km/h) gebracht; hier beim alltäglichen Schnellzugdienst
bei der Ausfahrt aus dem Hadley Wood Tunnel (James
R. Clark).*

mittag festgestellte Halt-zu-Halt-Durchschnitt nicht mehr durch irgendeinen anderen Regelzug überboten.

Doch der Diesel brummte schon hinter den Puffern des Dampfes, als *Tregenna Castle* den Rekord im Sommer 1932 fuhr. Die Deutschen enthüllten eben den Prototyp der Stromlinien-Dieseltriebzüge, mit denen sie von 1933 an ein Schnellfahrnetz webten, das alle wichtigen Siedlungszentren miteinander verband. Mit diesen Triebzügen wurden 100 mph (160 km/h) zum ersten Mal zur planmäßigen Regelgeschwindigkeit im täglichen Reiseverkehr. Ein Jahr später begann über dem Atlantik der Dieselantrieb seine Eroberung der nordamerikanischen Eisenbahnen. Mit diesem neuen Werkzeug, und dazu mit der Entwicklung des elektrischen Betriebs, war der Aufschwung der Geschwindigkeit auf Schienen so stark, daß der „Cheltenham Flyer" auf der Weltliste der schnellsten Züge von 1939 weit hinter den hundertsten Platz rutschte.

Doch der Dampf war nicht bereit, die Stellung aufzugeben ohne einen eigenen Versuch eines 100-mph-Regelbetriebes.

In Britannien wollte die London North Eastern Railway einen neuen Geschwindigkeitsmaßstab für ihre Ostküsten-Hauptstrecke von London nach Norden setzen. Die neugeborenen deutschen Dieseltriebzüge schienen dafür wie vom Himmel gesandt, doch als die Deutschen ihre Untersuchung machbarer Pläne für die 268,3 Meilen (431,7 km) von London nach Newcastle einreichten, war die LNER gar nicht beeindruckt. Ihre Leitung meinte, Dampf könne den deutschen Reisezeit-Vorschlag von 4½ Stunden von Stadt zu Stadt übertrumpfen. Außerdem waren die Sitze im deutschen Triebzug eng im Vergleich mit normalen lokomotivbespannten Wagen, und die Verpflegung war auf ein kaltes Büffet beschränkt; würde das nicht eine Kundschaft von Geschäftsleuten abschrecken, die volle Mahlzeiten im Zug und geräumigen Erster-Klasse-Komfort erwarteten?

So wurde Sir Nigel Gresley, der Oberingenieur der LNER, gebeten, eine Dampflokomotive zu entwerfen. Zunächst erprobte er seine vorhandenen 2C1-Bauarten auf ihre möglichen Dauergeschwindigkeiten. Am 30. November 1934 wurde seine 2C1 Klasse A1 Nr. 4472 *Flying Scotsman* (als betriebsfähiges Museumsstück in privatem Besitz noch vorhanden) vor einen Vierwagenzug gekuppelt und auf eine Geschwindigkeitsprobe von Londons King's Cross nach Leeds und zurück geschickt. Der Fahrplan wurde nordwärts so bequem eingehalten, daß die Last für die Rückfahrt durch 2 Wagen auf 208 t erhöht wurde. Auf dem 8 Meilen (12,9 km) langen Gefälle der Stoke-Rampe

südlich Grantham, Britanniens idealer Rennstrecke zur Dampfzeit, kam der *Flying Stotsman* auf 100 mph (160 km/h). Diesmal konnte die Spitzengeschwindigkeit nicht angezweifelt werden, denn im Zug war ein Meßwagen. Doch wichtiger war, daß auf dieser Hin- und Rückfahrt von 371½ Meilen (597,7 km) nicht weniger als 250 Meilen (402,3 km) mit einem Durchschnitt von 80 mph (128,7 km/h) oder mehr gefahren worden sind.

Und das gelang mit Gresleys erster Pacific-Bauart. Dann, am 5. März 1935, wurde eine seiner A3 Klasse mit höherem Kesseldruck und größerer Überhitzung, verbesserter Steuerungs- und Zylinderkonstruktion, die Nr. 2750 *Papyrus*, mit einem Sechswagenzug auf den vollen King's-Cross-Newcastle-Kurs geschickt, und sie gab die Planung der Dieselleute der Lächerlichkeit preis, indem sie die Tyneside-Stadt in 3 Std. 57 Min. erreichte: Dann, nach 2¾ Std. Wiederaufrüstung, witschte sie in nicht ganz 3 Std. 52 Min. nach London zurück. Der Führer, ein Heißsporn namens Sparshatt, war derselbe wie bei der Probefahrt 1934, beide Male speziell für die Aufgabe ausgewählt. Diesmal brachte er die *Papyrus* hoch auf eine voll anerkannte Spitze von 108 mph (173,8 km/h) die Stoke-Rampe hinunter und machte auf den letzten 12 Meilen (19,3 km) einen Durchschnitt von 100 mph (160 km/h). Am Ende des Tages hatte sie 300 Meilen (438 km) mit einem Durchschnitt von 80 mph (128,7 km/h) hinter sich.

Doch am Tage der Fahrt von *Papyrus* hatte die LNER-Leitung bereits ihre Entschlüsse gefaßt. Eine neue Generation von Stromlinien-Pacific mit dazu passenden Zuggarnituren wurden im März 1935 bestellt. Britanniens erster Versuch einer spezifischen Schnellfahrkonstruktion kam im September 1935 heraus, mit Namen „Silber-Jubiläum" in Anbetracht des gleichzeitigen königlichen Ereignisses und entsprechend silbergrau gestrichen von einem Ende zum andern. An der Spitze war Gresleys neue Pacific Klasse A4: Der gewohnte Aufbau einer Dampflokomotive war verhüllt durch eine glatte Stromlinienverkleidung, aber nicht etwa als verführerischer Publikumseffekt, wie bei so manchen Rüschen und Falbeln, die man über Reisezugmaschinen in den späten dreißiger und den vierziger Jahren überall in der Welt gestülpt hat. Laborversuche hatten Gresley überzeugt, daß sich der Luftwiderstand eines herkömmlichen Zuges zwischen 70 und

Unten: *Die erste Pacific der LNER, die auf 100 mph (160 km/h) gebracht wurde, war Gresleys Reihe A1 Nr. 4472* Flying Scotsman; *auf dieser Aufnahme von 1930 vor dem Zug mit ihrem Namen auf der Steigung bei der Ausfahrt aus Londons Kopfbahnhof King's Cross (Archiv Ian Allen).*

Oben: *Die Rekord-Demonstrationsfahrt des „Silver Jubilee"
am 27. September 1935: Gresleys 2C1 Reihe A4 Nr. 2509
Silver Link stürmt an Zuschauern vorbei auf dem Gipfel
der Potters Bar-Rampe, auf ihrem Weg aus den Londoner
Vororten zu einem britischen Rekord von 112,5 mph
(181 km/h)* (E. R. Wethersett, Archiv Ian Allen).

Rechts: *Die Erster-Klasse-Reise in den LNER-Stromlinienzü-
gen der 1930er sah so aus.*

100 mph (112–160 km/h) verdoppelt, bis er bei 100 mph volle 85% der Zugkraft beansprucht. Daher gab er nicht nur seiner A4-Pacific eine Stromlinie, sondern soweit wie möglich auch ihrem Zug, indem er die Lücken zwischen den Wagen mit Gummibälgen abdeckte und zwischen den Drehgestellen Schürzen bis fast auf Schienenhöhe vorsah. Am 27. September 1935, drei Tage bevor der „Silber-Jubiläum" fürs Publikum freigegeben wurde, inszenierte die LNER eine unvergeßliche Demonstrationsfahrt. Das Flaggschiff der A4-Pacifics, Nr. 2509 *Silver Link*, wurde an die Regelgarnitur von 7 Wagen gekuppelt, bestehend aus 2 Doppel-Gelenkwagen und einem Speisewagen-Dreifach-Gelenksatz im Gewicht von 224 t. Die Mannschaft der *Silver Link* war angewiesen, die Pacific frei laufen zu lassen, soviel sie konnte, um den Fahrgästen zu beweisen, daß die geplante Fahrzeit London – Newcastle von 4 Stunden bequem von den A4 zu schaffen war; doch Gresley, so glaubt man heute, war sich vor diesem Nachmittag selbst noch nicht völlig klar darüber, was für ein Vollblut er da geschaffen hatte.

Es wäre wohl weniger spannend gewesen, wenn Strecke und Fahrwerk der Wagen Gresleys Dampflokomotiv-Können damals ebenbürtig gewesen wären. Bevor *Silver Link* die Londoner Vororte verlassen hatte, kam sie auf 100 mph und sauste in Kurven und Weichenstraßen, die bis dahin nur mit Dreiviertel der Geschwindigkeit des neuen Zuges befahren worden waren. Das Gelenkfahrwerk schüttelte die Wagenkästen umeinander, und darinnen war es, als führe man in einem Raupenschlepper in stetigem Trab. Die Gesichter wurden bleich, doch nicht das von Gresley: Der war völlig ungerührt, als auf einem Gefälle von 1:200 – 264 etwa 30 Meilen (48,3 km) hinter King's Cross seine Pacific auf eine Spitze von 112,5 mph (181 km/h) jagte. Über 25 Meilen hin lag das Tempo der *Silver Link* dauernd über 100 mph (160 km/h), und der Durchschnitt für diesen Abschnitt war 107,5 mph (173 km/h).

Es muß angefügt werden, daß die Demonstration vom 27. September 1935 die einzige Probefahrt der *Silver Link* mit voller Leistung war,

ehe sie den täglichen Dienst mit dem „Silber-Jubiläum" anging. Sie kam direkt vom Montagegleis der Doncaster-Werke an die Spitze des Stromlinienzuges, um ihn in den ersten vierzehn Tagen seines Bestehens in beiden Richtungen zu ziehen – mit anderen Worten: um mehr als 4500 Meilen (7240 km) mit einem Durchschnitt von 70 mph (112,6 km/h) zurückzulegen. Und in der Tat: keine der ersten vier von Gresleys A4-Pacifics hatte auch nur eine Minute Verspätung auf den ersten 100 000 Meilen (160 000 km) des Stromlinienzuges.

Vom Start bis zum Tod durch die sofortige Streichung der feudalen Reisezüge Britanniens im 2. Weltkrieg war der „Silber-Jubiläum" jeden Tag fast ausgebucht. Eine Änderung des Fahrwerks hatte 1937 den Lauf etwas verbessert, aber er konnte noch immer recht rauh sein, wenn der Zustand der Strecke nicht ganz dem damaligen Standard entsprach. Doch das schien die Stammkundschaft nicht zu stören. Selbst in den ersten Jahren, wenn der Speisewagenkellner diskret die Blumenvasen von den Tischen nahm, sobald der „Jubiläum" aus Kings' Cross schnaufte, dann hat das seekrankmachende Schlingern die abgehärteten Fahrgäste höchstens dazu gebracht, von den Finanzseiten der Abendblätter aufzusehen, eine Augenbraue zu heben und zu sagen: „Schöner Abend, nicht?"

Ob der Stromlinienzug ein wirklicher finanzieller Erfolg war, ist eine andere Frage. Seine eigenen Betriebskosten mag er eingebracht haben, dazu einen gewissen Gewinn, aber sein Wert für das Ansehen der LNER war ungeheuer. Er war jedoch ein Einzelgänger in bezug auf die Geschwindigkeit. Die Strecke mußte lange vor seiner Durchfahrt frei gemacht werden, und in seinem Kielwasser hinterließ er ein weiteres beachtliches Vakuum. Mit anderen Worten: Wenn er auf der Strecke war, lag die Ausnutzung der LNER-Hauptstrecke weit unter dem wirtschaftlichen Optimum. Seit dem 2. Weltkrieg ist das Eisenbahnmanagement zwangsläufig kostenbewußter geworden, und es ist

Unten: Ein „körniges" Foto, typisch für die Kleinbildkameras der dreißiger Jahre, jedoch eine eindrucksvolle Aufnahme des dritten und letzten Vorkriegs-LNER-Stromlinienexpreß „West Riding Limited" bei der Fahrt durch Redford in Richtung London hinter der 2C1 Reihe A4 Nr. 4495 Golden Fleece (Sammlung Cecil J. Allen).

Rechts: *Mitte der dreißiger Jahre gab es einige französische Versuche mit Stromliniendampflokomotiven. Dieser Versuch der PLM-Bahn wurde durchgeführt mit einer 28 Jahre alten 2B1 Nr. 221 A 14, die 1935 mit einer Stromlinienzuggarnitur zwischen Paris und Lyon verkehrte. Im Regeldienst war die Geschwindigkeit auf 120 km/h beschränkt, doch bei einer Versuchsfahrt von Paris nach Dijon fuhr sie 156 km/h und legte die ersten 256 km von Paris aus in 136 Minuten zurück (La Vie du Rail).*

Unten rechts: *Einer der Stromlinien-Doppeldeck-Wendezüge, die Mitte der dreißiger Jahre für die Lübeck-Büchener Eisenbahn gebaut wurden, die 1B1-Tenderlok von Henschel und die Wagen von Wumag. Diese Privatbahn ging Ende der 1930er in der Reichsbahn auf, und die Maschinen wurden die Reichsbahn-Reihe 60 (Henschel-Archiv).*

Unten: *Diese bemerkenswerte Umhüllung einer 2C der französischen Staatsbahn 1937 hieß Huet-Stromliniensystem. Es sollte eine gute aerodynamische Wirkung haben, ohne bewegte Teile einzuschließen.*

immer weniger geneigt, einzelne Züge besonders schnell fahren zu lassen. Rund um die Welt geht die Entwicklung dahin, den Verkehr einer Hauptstrecke, Güter- wie Reisezüge, in einem möglichst engen Bereich zwischen höchster und niedrigster Durchschnittsgeschwindigkeit fahren zu lassen, um eine größtmögliche Streckenausnutzung zu erreichen und Betriebs- und feste Kosten auf möglichst viele Einzelleistungen zu verteilen. Wie wir sehen werden, kann es sogar wirtschaftlich vernünftig sein, Reise- und Güterzüge auf getrennte eigene Strecken aufzuteilen, sobald wirklich hohe Reisegeschwindigkeiten angestrebt werden.

Nachem die neuen deutschen Dieseltriebzüge ihr spektakuläres Debut gegeben hatten, schien es sehr unwahrscheinlich, daß der Dampf weiterhin eine Rolle spielen würde bei der Geschwindigkeitsentwicklung in Deutschland. Schließlich waren vor der Entwicklung der Dieselzüge recht wenige erkennbare Versuche gemacht worden, aus dem Dampf mehr Geschwindigkeit herauszuholen; veröffentlichte Ergebnisse zeigen nur 154 km/h, und das bei Versuchsfahrten der Bayerischen 2B2 Klasse S 2/6, die schon im Jahre 1907 zwischen München und Augsburg stattgefunden hatten. Als die deutsche Lokomotivindustrie Ende 1931 bei der Reichsbahn anregte, eine 150-km/h-Dampflokomotive zu entwickeln, wurde sie zwar nicht abgewiesen, löste aber auch keine große Begeisterung aus. Nur wenige der leitenden Herren glaubten an höhere Geschwindigkeiten mit Dampf.

Doch schließlich wurde der Bau von Prototypen widerwillig genehmigt. Eigentliche Richtlinien dafür gab es nicht, doch war die Mehrheit im Gedanken an die Dieseltriebzüge der Überzeugung, daß die Zukunft des schnellen Intercity-Verkehrs in Leichtbaueinheiten mit niederem Schwerpunkt und begrenzter Platzzahl läge, wie z.B. dem außergewöhnlichen Zweiwagen-Gelenk-Doppelstock-Wendezug mit einer 1B1-Stromlinientenderlokomotive, die Henschel und Wegmann für die damals noch private Lübeck-Büchener Eisenbahn gebaut hatten. So brachte Henschel 1935 die eindrucksvolle 2C2-Stromlinientenderlokomotive Reihe 61 Nr. 61 001 heraus und Wegmann einen prächtig eingerichteten Vierwagenzug, der im Äußeren den Dieseltriebzügen glich und zu ihnen paßte. Eine zweite dieser mächtigen Tenderlokomotiven wurde 1939 als 2C3 gebaut. Der Henschel-Weg-

Oben: *Das Vorbild der Lübeck-Büchen-Konstruktion ist offensichtlich in diesen Aufnahmen des Henschel-Wegmann-Zugs der Reichsbahn, die erste von der Jahrhundert-Ausstellung der Reichsbahn 1935 in Nürnberg und die zweite mit der 2C2-Tenderlok Reihe 61 Nr. 61 001 1937 bei einer Probefahrt Berlin – Hamburg im Sachsenwald (Deutsche Bundesbahn).*

Rechts: *Im Sommer 1934 wurden einige Einzelheiten der vorgeschlagenen Stromlinienverkleidung an der 2C1 Nr. 03 154 der Reichsbahn geprüft, ob sie die Leistung erhöhen und ob völlige Einhüllung von Rädern und Triebwerk Überhitzung hervorruft. Das Versuchskaninchen in Hamburg-Altona (Lokomotivbild-Archiv Bellingrodt).*

Unten: *Die voll verkleideten 2C2-Lokomotiven Nr. 05 001 und 05 002 von 1935; auf dem unteren Bild die bemerkenswerte Anzahl von Klappen in der Verkleidung für die Zugänglichkeit zur Unterhaltung (Deutsche Bundesbahn).*

mann-Zug wurde im Verkehr Berlin – Dresden eingesetzt, aber besondere Leistungen wurden nicht bekannt.

Es waren die Prototypen von Borsig, die bei der Reichsbahn den Endpunkt in der Geschichte der Geschwindigkeit mit Dampf setzten. Dr. Richard Paul Wagner vom Reichsbahn-Zentralamt, dem die gesamte Traktion unterstand, war weitgehend für deren Konstruktion verantwortlich, und seine Leistung ist um so mehr hervorzuheben, als er sich nur auf wenige technische Einrichtungen stützen konnte, anders als z.B. die Oberingenieure der verschiedenen damaligen britischen Bahngesellschaften, von denen jeder mindestens eine große Lokomotivfabrik zur Verfügung hatte mit ihrem ganzen Stab von Ingenieuren und Konstrukteuren. Doch Wagner war sehr gut bekannt mit den britischen Lokomotivingenieuren Gresley und Stanier, die ihn völlig auf dem laufenden hielten über ihre Versuche in den frühen dreißiger Jahren, die britischen Forderungen nach höherer Geschwindigkeit zu erfüllen, und die sich freuten, Wagner ihre Erkenntnisse zur Verfügung stellen zu können.

Bei der Entwicklung legten Wagner und Borsig besonderen Wert auf die Wirksamkeit der Stromlinie, machten viele Windkanalversuche und erprobten einige ihrer Ideen im Sommer 1934 an einer vorhandenen Pacific, Nr. 03 154. Schließlich bekam das Projekt Gestalt durch zwei Dreizylinderloks 2C2, Nr. 05 001 und 05 002, gebaut für 175 km/h mit einem 300-t-Zug, die im Reiseschnellverkehr eine wesentlich größere Wirtschaftlichkeit versprachen als die Diesel-Leichttriebzüge. Wagner behauptete, die 2C2 und ein 300-t-Zug würden nicht mehr kosten als 2 Dieselzüge, würden aber 50% mehr Sitzplätze bieten: Dampf könne nach den gleichen Fahrplänen fahren, und dazu mit einheimischem Brennstoff, nicht mit eingeführtem Öl – ein Punkt, der im damaligen Dritten Reich immer wichtiger wurde.

Bei der Stromlinie gingen Wagner und Borsig weiter als der Brite Gresley. Nicht nur oben war dieses Paar Dreizylinder-2C2 verkleidet, sondern auch die Räder, Zylinder und das Triebwerk bis fast auf Schienenhöhe, mit Belüftungsgittern unterhalb des Umlaufs. Der Umlauf lag hoch, denn die Triebräder hatten beachtliche 2,30 m Durchmesser. Die Maschinen wurden 1935 geliefert, im Jahr der 100-Jahr-Feier der Reichsbahn, doch die Deutschen verbrachten einen großen Teil des Jahres mit methodischen Erprobungen der Maschinen, um jede Schwachstelle zu beseitigen, bevor sie der Öffentlichkeit für die hohe Geschwindigkeit übergeben wurde. Zur gleichen Zeit mußten sie die Gleise auf der für den Einsatz vorgesehenen Strecke Berlin – Hamburg durcharbeiten und die Signalanlagen ändern. Ab 1936 war das Paar im Regeldienst mit neuen Morgen- und Abend-Fernschnellzügen aus 4 Wagen und einem Speisewagen, mit einer planmäßigen Fahrzeit für die 286,6 km zwischen den beiden Städten von 145 Min. in Richtung Osten, von 144 Min. in Richtung Westen, was ein Halt-zu-Halt-Durchschnitt von 118,5 bzw. 119,4 km/h ist.

Im Mai 1936 wurde die 05 002 aus dem Verkehr gezogen, angeblich um besondere Bremsversuche zu machen. Wahrscheinlicher ist, daß die geheime Absicht ein neuer Propagandatriumph für die höhere Ehre von Hitlers Drittem Reich war, denn Verkehrsminister Dorpmüller war zufällig unter den Fahrgästen des 200-t-Vierwagenzuges am 11. Mai 1936, dem Tag, auf den es ankam. Von dieser Fahrt Hamburg – Berlin wird behauptet, Oberlokführer Langhans habe seine 2C2 auf dem fast unmerklichen Gefälle 1:333 nach Zernitz bei Neustadt hinunter auf eine Spitze von 200,4 km/h gebracht, im Endabschnitt der Fahrt in die damalige Reichshauptstadt.

Über diesen Rekord wurden nie Einzelheiten veröffentlicht, obwohl der Anspruch auf Messwagenaufschriebe gestützt war, doch nicht lange danach im selben Monat wurde die gleiche Spitze erreicht *und* unwiderlegbar festgehalten durch den obersten britischen Eisenbahnzeitnehmer, den verstorbenen Cecil J. Allen. Er war nach Deutschland gekommen mit einer auserwählten Gruppe der britischen Institution of Locomotive Engineers. Um die Gäste zu beeindrucken, veranstaltete die Reichsbahn natürlich eine Vorführfahrt von Berlin nach

Oben: Die Stromlinien-2C2 Nr. 05 002 bei einem Halt auf der 190-km/h-Demonstrationsfahrt für die British Institution of Locomotive Engineers im Mai 1936. Im Vorjahr hatte die Institution der 05-Konstruktion ihre Goldmedaille verliehen (der verstorbene Cecil J. Allen).

Hamburg und zurück hinter der Nr. 05 002. Diesmal war der Zug mit 3 Wagen 137 t schwer – einer war wieder ein Meßwagen, dessen reichhaltige Instrumente Allens Zeitnahme bestätigten.

Bei der Abfahrt aus Berlin wurde die 2C2 mit etwa $^2/_3$ Regleröffnung gefahren, mit etwas mehr als dem halben Kesseldruck von 20 kp/cm² im Schieberkasten und mit großer Füllung. Das genügte, um die Geschwindigkeit gerade unter 160 km/h zu halten. Dann auf ebener Strecke hinter Wittenberge gab ihr der Lokführer ein bißchen die Sporen, indem er den Regler aufschob, bis der Schieberkastendruck 16 kp/cm² erreichte. Damit stieg die Geschwindigkeit sachte auf 190 km/h; 12 km wurden mit einem Durchschnitt von 179 km/h gemessen, und 31 km mit 162,6 km/h. Die bedeutenderen Mitglieder der britischen Gruppe waren auf den Führerstand gebeten worden, darunter William Stanier, der Oberingenieur der London Midland & Scottish. Sie waren mächtig beeindruckt von dem ruhigen, sicheren Lauf bei 160 km/h und mehr: So ruhig wie in den Wagen, sagten sie.

Bei der Rückfahrt von Hamburg erlebten die Briten durch Zufall eine dramatische Demonstration der Bremskraft. Allen schrieb später, sie seien mit 160 km/h gefahren, als „ein Speisewasserschlauch zwischen Tender und Lok abriß, über den Schotter fegte und einen Schauer von Steinen gegen die Unterseite unseres Wagens wirbelte. Dem folgte der jäheste Halt, den ich je in einem Zug erlebt habe, denn wir kamen aus 160 km/h in genau 60 Sek. zum Stillstand, nach einem Bremsweg von 1,37 km." Dann kriegte die 2C2 wieder Zunder; die 112,8 km von Wittenberge bis zu einem unplanmäßigen Signalhalt in den Vororten von Berlin wurden mit einem Halt-zu-Halt-Durchschnitt von 139,5 km/h verschlungen, mehr als ein Drittel davon mit einem Durchschnitt von 160 km/h. Im Laufe des Tages hatte die Nr. 05 002 die Gäste mit einer Fahrt von 402 km bei einem Durchschnitt von über 145 km/h bedient.

Eine dritte, ganz andere 05 wurde 1937 gebaut, Nr. 05 003 war für Kohlenstaubfeuerung gebaut, und daher umgekehrt gerichtet, mit dem Führerhaus vorn und der Rauchkammer zum Tender hin: In einigen Quellen wird vermutet, daß die Feuerung zum Teil deswegen gewählt wurde, um eine kohlegefeuerte Lokomotive mit vorderem Führerstand zu entwickeln, die dann trotz ihres Tenders für Wendezüge geeignet wäre. Man hörte nicht viel von der Nr. 05 003, und 1944 wurde sie in eine herkömmliche, unverkleidete 2C2 umgebaut.

Noch einige andere Stromlinienlokomotiven wurden in den letzten Jahren vor dem Krieg an die Reichsbahn geliefert. Der Ursprung der meisten lag in der Entstehungszeit der 05, doch obwohl diese bis zum Ausbruch des 2. Weltkrieges gediegene Arbeit im Reichsbahn-Intercity-Verkehr leistete, hatte sie ihre Schwierigkeiten, die vom Dampfmachen bis zum Schienenverschleiß in Kurven reichten. Die 2D2 Reihe 06 von Krupp von 1938 und die Pacifics 03.10 und 01.10 von 1939 waren daher für wesentlich geringere Geschwindigkeiten bestimmt.

Am Ende des Krieges fand man alle drei der Reihe 05 in Hamburg-Eidelstedt abgestellt, und in ihren Führerständen taten Schilder der Lokmannschaft kund, daß sie mit 175 km/h gefahren werden dürften. Schließlich wurden sie wieder in Betrieb genommen, wobei dem ersten Paar die Verkleidung abgenommen wurde, und im Bw Hamm eingesetzt. 1958 wurden sie zur Verschrottung freigegeben, doch die Nr. 05 001 kam ins Verkehrsmuseum Nürnberg.

Die Möglichkeiten, die in den eindrucksvollen Demonstrationsfahrten von Nordamerikas ersten Diesel-Stromlinienzügen Mitte der dreißiger Jahre enthalten waren, hinderten die US-Bahnen nicht, mehrere Jahre lang eine neue Entwicklung von Schnellfahrlokomotiven voranzutreiben. Zum Beispiel organisierte das Komitee für die Weiterentwicklung der Kolbendampflokomotive bei der Association of American Railroads noch 1938 Streckenversuche, um die Zughakenleistung festzustellen, die für einen 1000-t-Reisezug bei Dauer-100-mph auf ebener Strecke nötig ist. Die Versuche wurden mit einer 1005-t-Garnitur normaler Pennsylvania-Wagen auf der Pennsylvania-, der Chicago & North Western- und der Union-Pacific-Bahn durchgeführt. Der Star der Show in bezug auf Spitzengeschwindigkeit war die mächtige 2D2 Nr. 815 der Union Pacific, die mit 21 kp/cm² Kesseldruck und 1960-mm-Treibrädern weit über 4000 Zughaken-PS aufbrachte, um den schweren Zug mit 102,4 mph (164,8 km/h) auf heimischer Strecke am Laufen zu halten. Doch bei weitem nicht geschlagen war eine der viel gedrungeneren Pacific Klasse K4 der Pennsylvania, die auf deren Gebiet die Prüflinge waren. Auf ebener Strecke konnten sie denselben Zug auf 92 mph (148 km/h) zwischen Chicago und Fort Wayne bringen.

Die K4, eine der bewundertsten und tüchtigsten Schnellzugdampflokomotiven Nordamerikas, gehörte Mitte der dreißiger Jahre zur Vorhut beim Kampf der US-Bahnen um höhere Geschwindigkeit. Wenn die östlichen US-Bahnen zu dieser Zeit weniger Aufmerksamkeit er-

Oben links: *Die Staubkohlen-2C2 Nr. 05 003 der Deutschen Reichsbahn mit vorderem Führerhaus, gebaut 1937 (Sammlung Cecil J. Allen).*

Links: *Eine der zwei Stromlinien-2D2 Reihe 06 von Krupp für schweren Schnellzugsdienst, eingeführt 1938, in einer Werksaufnahme und einer Betriebsaufnahme in Frankfurt/Main Hbf bald nach der Indienststellung (Sammlung Düring, Schoppach).*

Oben: *Eine Aufnahme aus der Kriegszeit von einer der beiden Stromlinien-Pacific-Bauarten der Deutschen Reichsbahn von 1939, hier die Reihe 01.10 für den schweren Dienst, mit fünfachsigem Tender. Nr. 01 1088 1941 in der Nähe von Dresden (Lokomotivbild-Archiv Bellingrodt).*

Rechts: *Kilroy war hier: Ingenieure der US-Army reparierten diese 03.10 in den Henschel-Werken 1945 und zeichneten ihr Werk auf der Rauchkammerverkleidung mit einer Nachbildung des Abzeichens der Atlantic Coast Line (Henschel-Archiv).*

regten als die dramatischen Beschleunigungen anderswo im Land – z.B. die Kürzung von *fünf Stunden* der Frisco-Bahn bei ihrem „Firefly"-Fahrplan von Kansas City nach Oklahoma City, um mit den neuen Stromlinienzügen der Santa Fe und Rock Island Schritt zu halten –, so lag es daran, daß Bahnen wie die New York Central und die Pennsylvania sowieso schon an der Spitze der US-Geschwindigkeitsliste standen. Doch in einer großangelegten Beschleunigung setzte die Pennsylvania 1935 auf ihrer weitgehend ebenen Strecke zwischen Fort Wayne und Chicago ihre K4-Pacifics auf so flotte Pläne wie 51 Min. für die 64,2 Meilen (103,3 km) von Plymouth nach Fort Wayne und 101 Min. für die 122,4 Meilen (196,9 km) von Gary nach Fort Wayne, das erste waren genau 75,5 mph (121,5 km/h) Durchschnittsgeschwindigkeit. Im selben Jahr trimmten die Central und die Pennsylvania ihren „Twentieth Century Limited" und „Broadway Limited" New York – Chicago auf 17 Stunden – beiläufig eine ganze Stunde schneller, als die Amtrak 1977 ihren „Broadway Limited" fuhr.

Die K4 waren Stars bis weit in die vierziger Jahre hinein, da die Pennsylvania, wie nachher gezeigt wird, zu den großen Bahnen gehörte, die lange der Vollverdieselung widerstanden haben. Ab 1936 wurden einige K4-Pacific mit Stromlinie versehen, was damals Mode war, hier aber wohl aus aerodynamischen Gründen geschah. Doch was wissenschaftlich richtig und für die Brennstofferfsparnis wirksam war bei Maschinen, wie den britischen A4-Pacifics und den deutschen 2C2 der Reihe 05, die dauernd im 90- bis 100-mph-Geschwindigkeitsbereich fuhren, war reine Angabe dort, wo die Geschwindigkeit auf 80 mph beschränkt war, wie in den Dreißigern bei den meisten US-Hauptstrecken. Unter diesen Umständen war die Stromlinie völlig unwirtschaftlich. Wie groß auch ihr Werbewert gewesen sein mag, er wurde

Oben: *Die 2D2 Nr. 829 der Union Pacific, Schwester der Nr. 815, die der Star bei den Versuchen 1938 der AAR für Schnellfahrt mit großer Last war, gibt Ende der Dreißiger Vorspann über den Sherman Hill für die Diesel des „City of San Francisco"* (Sammlung Cecil J. Allen).

Rechts: *Ein bekannter US-Schnellfahrer aus der Mitte der dreißiger Jahre – die 2C1 Reihe K4s der Pennsylvania: dieses Paar vor dem „Rainbow" Chicago – New York bei der Ausfahrt aus Canton, Ohio* (Sammlung Cecil J. Allen).

Unten rechts: *Eine der 2C2 von 1938 der Chicago & North Western von Alco beim Halt in Cedar Rapids, Iowa, mit dem „Pacific Limited" Los Angeles – Chicago. Der Anstrich der Lokomotive ist grün mit goldenen Linien* (Sammlung Cecil J. Allen).

Ganz rechts: *Eine Pacific der Baltimore & Ohio mit dem „Cincinnatian" faßt Wasser in Athens, Ohio* (Sammlung Cecil J. Allen).

Links: Der „Black Diamond" der Lehigh Valley New York – Philadelphia – Buffalo mit einer Pacific (Sammlung Cecil J. Allen).

Unten: Der „Fast Flying Virginian" New York – Cincinnati – Louisville der Chesapeake & Ohio in voller Fahrt zwischen Ashland und Russel, Kentucky, mit einem 2C2-Stromlinien-Umbau einer 2C1 (Sammlung Cecil J. Allen).

Ganz unten: Eine der fünf 2B2 „Jubilee" von 1936 der Canadian Pacific für den Schnellverkehr mit vielen Halten zwischen Montreal und Quebec, Toronto und Detroit („The Royal York") und Calgary und Edmonton („The Chinook") (Sammlung Cecil J. Allen).

Rechts: Auffallender Anstrich 1937 für eine 2C1 der Union Pacific in Cheyenne, Wyoming; Grundfarben braun und gelb mit einem breiten roten Band in Umlaufhöhe. Die Verkleidung wurde 1942 abgenommen (R. H. Kindig).

Unten rechts: Der Milwaukee-Pionier: 2C2 Reihe F6 Nr. 6402 wird in Milwaukee bewundert am 20. Juli 1934, nachdem sie auf der Rekordfahrt von Chicago 100 mph erreicht hat; diese ebnete den Weg für den „Hiawatha" (Sammlung Cecil J. Allen).

zunichte gemacht durch das unbequeme Versperren wichtiger Teile, das Mehrgewicht und sogar manchmal durch entgegengerichtete aerodynamische Wirkung, wenn die Maschine von starkem Seitenwind getroffen wurde. Nicht verwunderlich also, daß manche Bahnen, die von ihren Kaufleuten veranlaßt worden waren, sich der Stromlinienmode anzuschließen, ihre Maschinen sehr bald wieder entkleideten, die sie – allzuoft recht kitschig – damit ausstaffiert hatten. Viel wichtiger war die Verfeinerung der eigentlichen Dampfloktechnik: so z. B. bei der K4 der Pennsylvania nach 1937 die Ausrüstung mit Ventilsteuerung und neukonstruierten Dampfwegen, wodurch die volle Verdampfungsfähigkeit des dicken K4-Kessels ausgenutzt werden konnte. So konnten die Maschinen auf der ebenen Strecke Fort Wayne – Chicago hart an den unerlaubten 100 mph (160 km/h) fahren mit Zügen wie dem „Broadway Limited", „Manhattan Limited" und dem leichten „Detroit Arrow" und Durchschnitten über 80 mph (128,7 km/h) auf 20–25 Meilen (30–40 km) durchhalten.

Das amüsanteste US-Intercity-Rennen der dreißiger Jahre wurde zwischen Chicago und der Doppelstadt von St. Paul und Minneapolis gefahren, wo drei Bahnen sich Konkurrenz machten mit Strecken etwa gleicher Länge und gleicher Schnelligkeit: die Chicago, Burlington & Quincy; die Chicago, Milwaukee, St. Paul & Pacific; und die Chicago & North Western. Die beiden letzten hatten den wirtschaftlichen Vorteil, daß sie unterwegs die ansehnliche Stadt Milwaukee bedienten. Bis 1934 hatten sich alle drei mit je einem Nachtzug für die etwa 400 Meilen (645 km) begnügt, doch dann konnte man mit dem Auto in etwas mehr als acht Stunden von Chicago nach der Doppelstadt fahren, und die Fahrgäste begannen immer mehr, in Busse und Autos umzusteigen. Am 20. Juli 1934 heizte die Milwaukee ihre 2C2 Klasse F6 Nr. 6402 an, kuppelte sie an den Frühzug von Chicago, einen Fünfwagenzug von 352 t, und bewies, daß die 85 Meilen (136,8 km) des gut trassierten Abschnitts von Chicago nach Milwaukee in einem Stück in 67½ Min. gefahren werden konnten. Als Führer William Dempsey seine 2C2 20 Meilen außerhalb von Chicago aufdrehte, machte sie auf Anhieb 89,9 mph (114,6 km/h) Durchschnitt für die 68,9 Meilen (110,9 km) – worauf die Milwaukee erklärte, das Blaue Band für

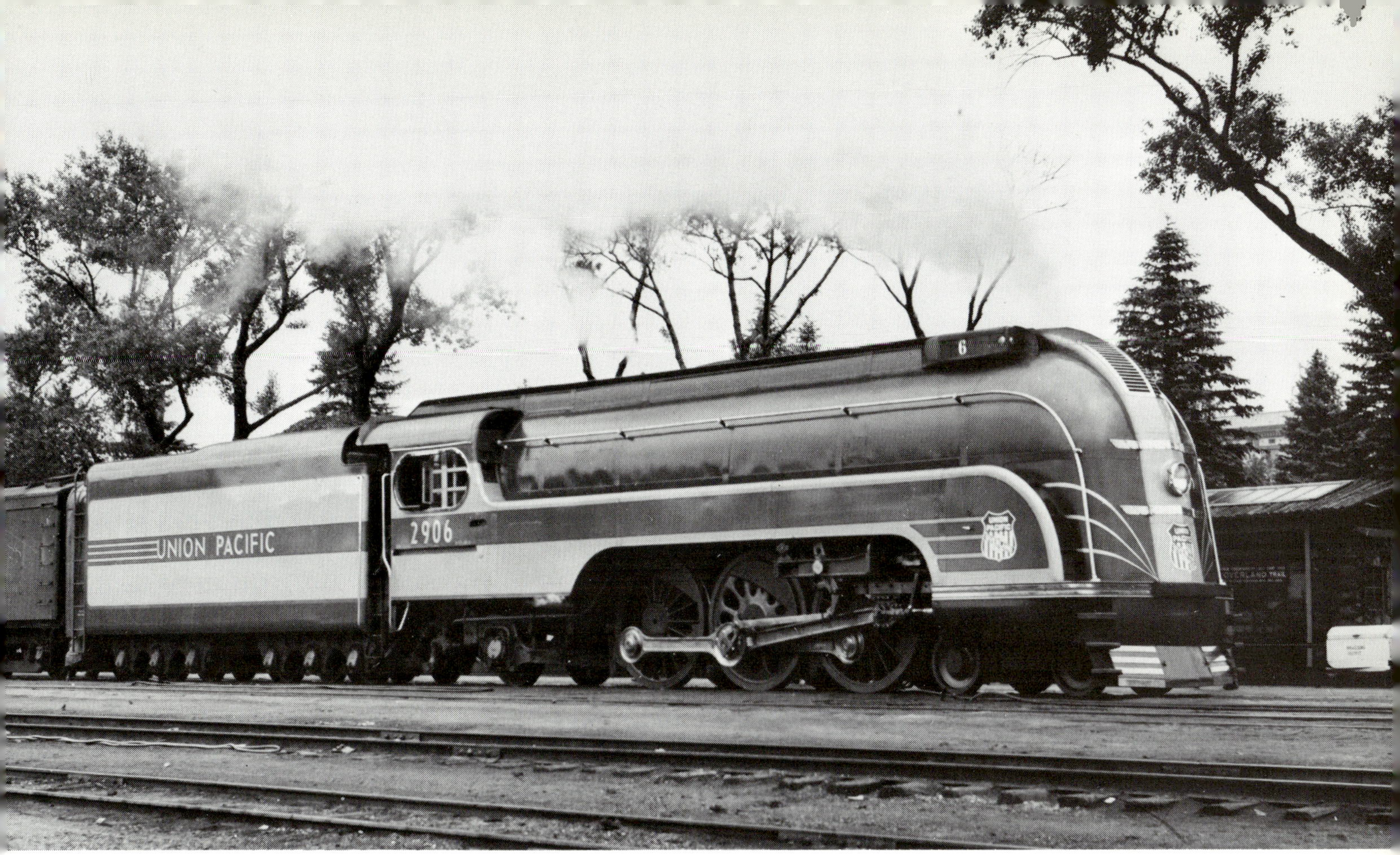
6
UNION PACIFIC
2906

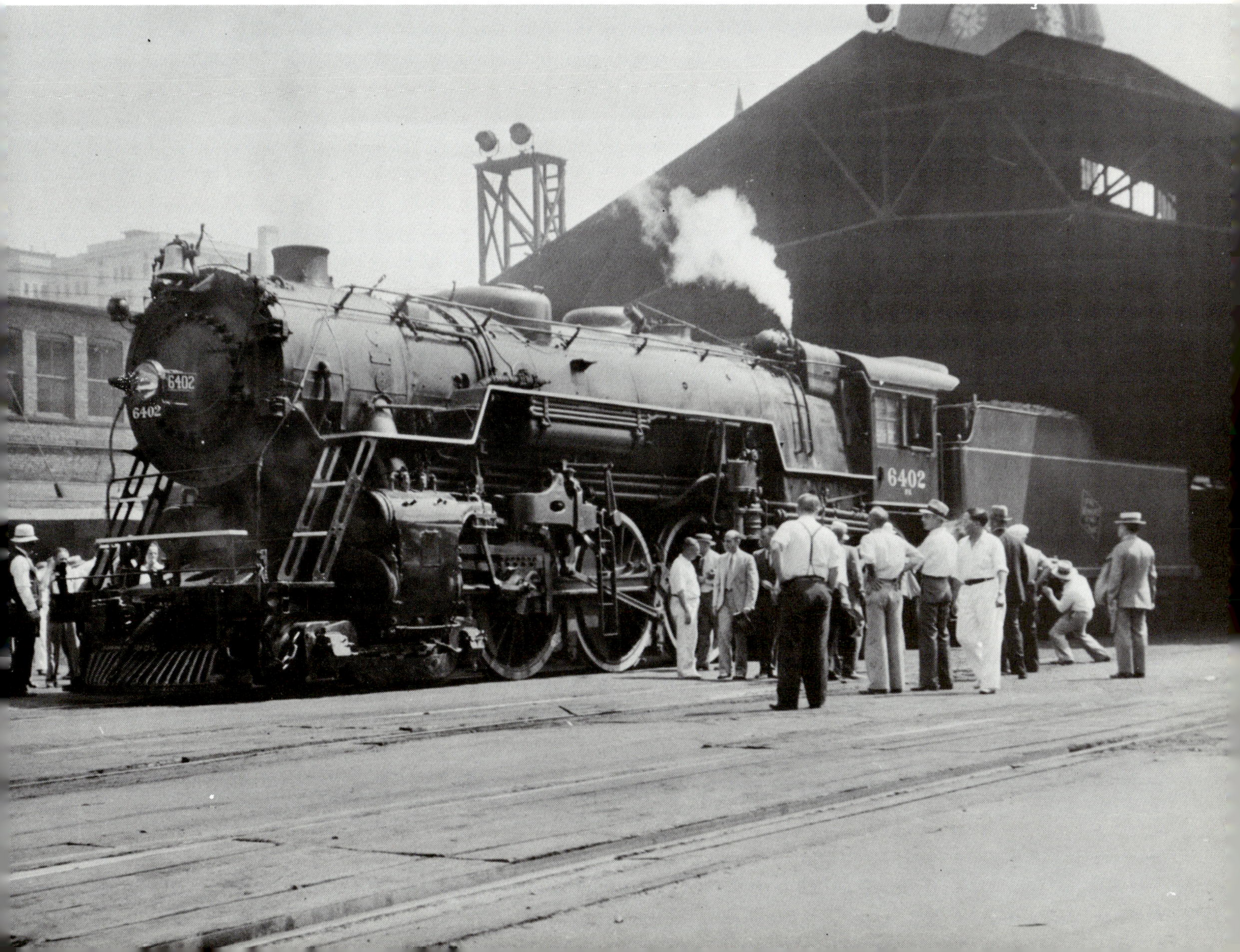
6402
6402
6402

Oben: *Die erste „Hiawatha"-Zuggarnitur und die Strom-linien-2B1 Nr. 2 präsentieren sich in Milwaukee (Sammlung Cecil J. Allen).*

Rechts: *Der ursprüngliche „Hiawatha" von 1935 in voller Fahrt mit der Stromlinien-2B1 Nr. 2 (Milwaukee Road).*

Ganz rechts: *Der „Hiawatha" von 1935 von hinten, mit dem Biberschwanz-Aussichtswagen von damals (Milwaukee Road).*

Dauergeschwindigkeit, das Britanniens Great Western mit der *Tour de force* des „Cheltenham Flyer" von 1932 hielt, gehöre nun ihr – und, so wird behauptet, sie hielt eine Spitzengeschwindigkeit von 103,5 mph (166,6 km/h) über die 5 Meilen (8,1 km) von Oakwood nach Lake, Wis. durch.

Nach einem Monat kündigten alle drei Bahnen an, daß sie die Reisezeit ihrer Chicago-St. Paul-Züge auf einen Streich von etwa 10 auf 6½ Std. kürzen wollten. Eine aus dem Trio, die Burlington, entschied sich geradewegs für Diesel. Die Chicago & North Western wollte ihren neuen „Twin Cities 400" mit vorhandenen Pacifics – aber umgebaut – und herkömmlichem Wagenpark fahren. Die Milwaukee dagegen kam mit brandneuen Zuggarnituren und einer neuen Generation von Lokomotiven heraus, die sich zu einem der Dampf-Schnellfahr-Wunder der Welt entwickeln sollte.

Die Gründe, die die Milwaukee bewogen, beim Dampf zu bleiben, sind es wert, in Erinnerung gerufen zu werden. Es sind die typischen Überlegungen, die die Leitungen von Eisenbahnen anstellen mußten, da der Dieselantrieb solche Aussichten bot. Erstens, sagte die Milwaukee, der neuen Generation von Dieseltriebzügen fehlt der nötige Kastenquerschnitt für höchsten Reisekomfort, zweitens waren die festen Garnituren nicht anpassungsfähig und konnten nicht verkürzt oder verlängert werden entsprechend den Anforderungen des Verkehrsaufkommens. Bei Dampf und Einzelwagen brauchte nichts in

neue Betriebswerkstätten investiert werden. Hatte man sich einmal für normal große Wagen entschieden, bot beim damaligen Stand der Dieselentwicklung nur der Dampf genügend Leistung für die geplanten Fahrzeiten und vor allem genügend Leistungsreserve am oberen Ende der Geschwindigkeitsskala. Eine weitere, in den USA und ihrer Nachbarschaft wichtige Überlegung: Der eisengepanzerte Vorderteil einer Dampflokomotive bot der Mannschaft – und den Fahrgästen – mehr Schutz als der leichte Kopf eines Dieseltriebzugs, sollte der Zug an einem der zahlreichen schienengleichen Wegeübergänge auf einen vorwitzigen Kraftwagen stoßen. Und schließlich, aber keineswegs zuletzt: Dieseltraktion kostete das Vierfache der Dampftraktion.

Für den „Hiawatha", wie die Milwaukee ihren neuen Zug taufte, baute die Bahn die ersten neuen 2B1 seit 1914. Diese 131 t schweren, ölgefeuerten Maschinen waren die ersten im Lande, die von Anfang an Stromlinie hatten und die ersten ausdrücklich für hohe Geschwindigkeit konstruierten, mit Wälzlagern an jeder Achse, 21 kp/cm² Kesseldruck und 7 Fuß (2130 mm) großen Treibrädern. Die Farbgebung der neuen Maschinen, passend zum Zug, war eine Wonne: Es war das traditionelle Orange der Milwaukee, abgesetzt mit kastanienbraunen Horizontalstreifen, mit großen Edelstahlschwingen unter dem Scheinwerfer um die vordere Wölbung der Verkleidung herum.

Am 8. Mai 1935 wurde die neue Atlantic Nr. 2, mit Führer Ed Donahue am Regler, von Milwaukee nach New Lisbon auf eine Spritztour

Im ersten „Hiawatha". Oben: ein Wagen des Zuges von 1935 mit verstellbaren Sitzen; links: der Aussichtswagen des Zuges von 1935; oben rechts: Speisewagen des Zuges von 1937; und rechts: „Tip-Top-Tap"-Bar des Zuges von 1937 (Milwaukee Road).

ausgesandt, mit einer vollen Sechswagengarnitur des neuen „Hiawatha". Längs der Strecke wimmelte es von Zuschauern – mindestens eine Schule kam *geschlossen,* um sich neben dem Schotter aufzureihen –, und die Milwaukee trug dem voll Rechnung. Ihre neuen Atlantics, hatte sie angekündigt, waren für eine Dauergeschwindigkeit von 100 mph (160 km/h) und eine Spitze von 120 mph (193,1 km/h) konstruiert. Nr. 2 kam am Anfang ihrer Karriere diesem Ziel recht nahe. Eine Batterie klickender Stoppuhren im Zug sagte uns, daß sie über 14 Meilen (22,5 km) 112,5 mph (181 km/h) durchgehalten habe. Und je schneller sie wurde, desto ruhiger lief sie, frohlockte der begeisterte Donahue. Hinten im Zug beobachteten einige Ingenieure ein Glas Wasser und berichteten stolz, nicht ein Tropfen sei verschüttet worden: Der Lauf der Wagen war unübertrefflich.

Wirtschaftlich hatte der dampfgezogene „Hiawatha" nie einen Rückschlag. Der öffentliche Fahrplan, nach dem er ab Ende Mai 1935 fuhr, lag unterhalb des Pegels, den die Probefahrt aufgezeigt hatte, doch auch so brachte der ruhige Lauf und die leiblichen Genüsse (er hatte vermutlich die erste Zug-Cocktail-Bar der USA im Tip-Top-Tap-Raum des Speise- und Büffetwagens) eine solche Nachfrage, daß die „Hiawatha"-Garnitur stetig vergrößert werden mußte. Der Zug war erst 1½ Jahre in Betrieb, als die Milwaukee eine neue hübsche Garnitur baute. Eine so frühzeitige Aufwertung war noch nicht dagewesen, doch schon am dritten Geburtstag des „Hiawatha", als man 900 000 Fahrgäste seit Beginn gezählt hatte, war die dritte Neulieferung, 55 Wagen, im Bau. Gleichzeitig baute die ALCO 6 mächtige neue 2C2-Stromlinienloks, um die Atlantics des „Hiawatha" abzulösen.

Unbestritten waren diese 2C2 Klasse F7 die schönsten Schnellfahrmaschinen, die Amerika je gesehen hat, prächtig anzusehen und beinahe legendär in ihrer Leistung. Wie die Atlantics hatten sie 7 Fuß große Treibräder, doch größere Zylinder und einen größeren Kessel mit

ebenfalls 21 kp/cm² Druck. Anders als die ölgefeuerte 2B1 waren sie Kohlenbrenner mit Stoker, was einen sechsachsigen Tender verlangte. Die Maschine allein wog 188 t, und das Gesamtgewicht mit vollgeladenem Tender kam auf 350 t.

Der sogenannte „Hiawatha of 1939" nahm den Verkehr Chicago – Twin Cities am 19. September 1938 auf. Dabei war dieser verdoppelt worden, und es gab einen „Vormittags-Hi" und einen „Nachmittags-Hi". Einige Kurven waren neu trassiert worden mit größerer Überhöhung, so daß 100 mph über größere Strecken mit völliger Sicherheit möglich waren. Zu Beginn hatte die Milwaukee als Geschwindigkeitsgrenze für den normalen „Hi"-Plan 90 mph festgelegt, hatte aber den Führern gestattet, zum Aufholen von Verspätungen 100 mph zu fahren. Jetzt gab es kein Verbot für 100 mph mehr.

Es konnte auch keins mehr geben. Um mit dem Diesel-„Zephyr" der gegnerischen Burlington-Strecke Schritt zu halten, hatte die Milwaukee zu Beginn 1940 die „Hi"-Chicago-St.-Paul-Zeiten auf 6¼ Std. für die 410 Meilen (659,7 km) heruntergedrückt. In Anbetracht der Zwischenhalte und der langsamen Fahrt durch die stark befahrenen Gleisanlagen der großen Städte konnte der Gesamtplan nur gehalten werden durch sehr knappe Zeiten, sobald es die offene Strecke gestattete – in der Tat Fahrzeiten, wie sie in der Geschichte der Dampflokomotive weder vorher noch nachher erreicht wurden. Von Sparta nach Portage, 78,3 Meilen (126 km), waren dem „Vormittags-Hi" ostwärts eine Zeitlang nur 58 Minuten von Halt zu Halt gestattet, Durchschnitt 81 mph (130,3 km/h); auf dem Abschnitt Chicago – Milwaukee westwärts waren die Durchfahrtzeiten für die 57,6 Meilen (92,7 km) zwischen Stellwerk A12 und Lake nur 38 Min., was einen Durchschnitt von 90,9 mph (146,3 km/h) für diese Entfernung verlangte. Solche Pläne reizten nicht nur dazu, planmäßig mit 100 mph zu fahren: Sie verlangten es.

Die herrlichen F7 brachten lässig die Geschwindigkeit, tagein, tagaus, mit dem üblichen Neuwagenzug von 388 t. (Wohlgemerkt, sie waren auch Lastpferde: Eine mußte einmal mit einem Noteinsatz fertig werden, als ihr zwei Schlafwagenzüge zugleich angehängt wurden und sie die riesige Last von 1690 t innerhalb 12 Meilen [19,3 km] vom Stand an auf ebener Strecke auf 70 mph [112,6 km/h] brachte.) Die glänzendste Fahrt, die im Detail festgehalten ist, aufgezeichnet von einem peinlich genauen nordamerikanischen Zeitnehmer, war an einem schneereichen Januartag 1941, als Nr. 100 mit dem ostwärtigen „Vormittags-Hi" 100 mph (160 km/h) oder mehr fuhr über 31 Meilen (49,9 km) von etwa Sturtevant bis zu einer Langsamfahrstelle wegen Aufräumungsarbeiten an einem Wegübergang in der Nähe von Rondout. Zweimal wurde eine Spitze von 110 mph (177 km/h) erreicht.

Der Ostwärtsplan des „Vormittags-Hi" für die Milwaukee-Chicago-Rennstrecke von 85 Meilen (136,8 km) war damals 75 Min. Trotz der unplanmäßigen starken Beschränkung bei Rondout, der üblichen vorsichtigen Fahrweise durch die Außenbezirke von Milwaukee und Chicago sowie der Einwirkung eines Schneesturms zwischen Rondout und Chicago brauchte die Nr. 100 an diesem Tag nur 69½ Min. für die Fahrt.

Die Milwaukee war überzeugt, daß selbst das noch weit unter der Höchstleistung der F7 lag. Sie sagte, Versuche hätten gezeigt, daß eine F7, die einmal einen Zwölfwagenzug auf 105 mph (169 km/h) gebracht hatte, diese Geschwindigkeit bequem mit nur 25 % Füllung bei nur 10,5 kp/cm² im Schieberkasten halten konnte. Auf dieser Versuchsfahrt, wird behauptet, habe die 2C2 nur wenig mehr Anstrengung gebraucht, um auf 125 mph (201,1 km/h) zu kommen und 120 mph (193,1 km/h) auf praktisch ebener Strecke zu halten. Im Licht dieser Werte wollte die Milwaukee die Höchstgeschwindigkeit auf 105 mph (168,9 km/h) festsetzen und die Fahrzeit Chicago – Milwaukee mit einem schwereren Zug auf eine glatte Stunde beschneiden. Doch da die Rivalen mit ihrem Rollmaterial nicht folgen konnten und es ein ungeschriebenes Übereinkommen zwischen ihnen gab, etwa im gleichen Fahrplan zu bleiben, mußte der Plan zu den Akten gelegt werden.

Milwaukees „Hiawatha"-Maschinen waren für den Rest der Welt die bekanntesten Symbole für Amerikas Höchstgeschwindigkeit mit Dampf in den späten dreißiger Jahren. Doch frisches Leben kam auch von einer außerordentlichen Reihe anderer Dampflokomotiven, um das Buschfeuer der hohen Geschwindigkeiten zu nähren, so daß 1936 plötzlich auf den US-Bahnen jeden Tag über 29000 Reisezugmeilen mit Plänen von 1 Meile je Minute oder besser gefahren wurden. Vermutlich weder vorher oder nachher hat irgendein industrialisiertes

Ganz links: *Die prächtige Milwaukee-2C2 Reihe F7; Nr.102 bei der Ausfahrt aus Chicago mit dem „Nachmittags-Hiawatha'' Ende August 1941* (R.H. Kindig).

Links: *Innen im „Hiawatha'' – der Aussichtsraum* (Sammlung Cecil J. Allen).

Unten: *Eine andere Ansicht der Milwaukee-2C2 Reihe F7 vor dem „Morgen-Hiawatha'' 1945 im Union-Bahnhof St. Paul* (Sammlung Cecil J. Allen).

Rechts: *Eine 2C2 der New York Central holpert über die Kreuzung mit der Pennsylvania-Hauptstrecke in Crestline, Ohio, mit dem „Cleveland Special" (Sammlung Cecil J. Allen).*

Ganz rechts: *Die Stromlinienausführung der 2C2 der New York Central, abfahrtsbereit nach New York im La Salle Street-Bahnhof in Chicago (Sammlung Cecil J. Allen).*

Unten: *Trotz ihrer kleinen Treibräder wurde eine 2D2 Reihe J der Norfolk & Western mit 110 mph (177 km/h) gestoppt.*

Land eine solch schnelle und weitgebreitete Geschwindigkeitserhöhung erlebt. Der Sache der Geschwindigkeit verbunden waren Atlantic- und Pacific-Veteranen der Wabash and Chicago & Eastern Illinois, die es fertig brachten, mit den neuen Dieseln der Illinois Central Schritt zu halten bei gleichzeitiger Beschleunigung der vier rivalisierenden Chicago-St.-Louis-Strecken auf fast Eine-Meile-je-Minute-Norm. Vor dem Start der „Hiawathas" hatte die Pennsylvania ihren ehrwürdigen E6-Atlantics und K4-Pacifics die erste planmäßige 75 mph (120 km/h) Halt-zu-Halt-Fahrt der Welt mit dem „Detroit Pfeil" entlockt.

Zwei weitere US-Dampflokomotivkonstruktionen müssen noch durch einen eingehenden Bericht gewürdigt werden, bevor dieses Kapitel wieder den Atlantik überquert, damit die europäische Geschichte der Schnellfahrt mit Dampf vollendet werden kann. Die erste ist die 2D2 Klasse J der Norfolk & Western. Die voll bezeugten 110 mph (177 km/h) durch eine dieser Maschinen mit einem 830-t-Zug waren auf jeden Fall eine erstaunliche Leistung für einen Vierkuppler, um so mehr, als die J Treibräder mit nur 1780 mm Durchmesser hatten; bei der Maschine der Versuchsfahrt waren die Radreifen dazu noch auf 1740 mm abgenutzt. Die höchste Kolbengeschwindigkeit der J muß demnach heftige 14,6 m/sec gewesen sein.

Die Geschichte der US-Bahnen berichtet nur von einem Beispiel höherer Dampflok-Kolbengeschwindigkeit. Die New York Central untersuchte zu dieser Zeit den Massenausgleich ihrer prächtigen 2C2 Klasse J3, und auf gut geschmiertem Gleis wurde eine im Stand mit voller Absicht auf den Gegenwert 164 mph (264 km/h) gebracht – sehr wahrscheinlich die höchste Geschwindigkeit, mit der eine Lokomotive jemals dampfte. Bei dieser Spitze war die Kolbengeschwindigkeit der J3 17,1 m/sec, und ihre 2030-mm-Treibräder drehten sich mit irren 696 U/min. Die größte europäische Annäherung an diese US-Werte, die mir bekannt ist, sind die 90 mph (145 km/h), die eine der letzten Dampflok-Konstruktionen von British Rail, die 1E-Güterzugmaschine Klasse 9 mit 5-Fuß(1520 mm)-Treibrädern, mehr als einmal erreichte, wenn sie abkommandiert wurde, um im Sommer zusätzliche Samstag-Reisezüge über die Hauptstrecke der Ostregion zwischen Grantham und London in den letzten Jahren des BR-Dampfbetriebes zu fahren.

Was man „das letzte Aufgebot" der US-Schnellfahrt mit Dampf nannte, war Baldwins Streben nach der Zugkraft eines Vierkupplers ohne die Gestängeschwierigkeiten üblicher Achskupplung. Baldwins Lösung: Doppelantrieb – man unterteile die Kuppelachsen in zwei Paare, jedes mit seinem eigenen Paar Zylinder. Gelenkbauart kam nicht in

Frage wegen der Stabilitätsprobleme bei hoher Geschwindigkeit und der Wahrscheinlichkeit, daß das Gelenk zwischen den beiden Triebwerken übermäßige Unterhaltungskosten erfordert. So wurde eine lange Starrahmenlok geplant: Aber in dieser Form wurde Baldwins Plan zunächst von verschiedenen Bahnen abgelehnt: Baltimore & Ohio, Florida East Coast und New Haven. (B & O wurde schließlich überzeugt, entschloß sich jedoch, ihre eigene nicht eben erfolgreiche Variante mit entgegenstehenden Zylindern und Wasserrohrfeuerbüchse zu bauen, 2BB2 Klasse N1 Nr. 5600 *George H. Emerson*.)

Schließlich war es die Pennsylvania, die das Baldwin-System übernahm. Pennsylvania, und ebenso Norfolk & Western, war eine der großen Kohlenbahnen und hatte so energiepolitische und wirtschaftliche Ursache, beim Dampf zu bleiben, solange seine Technik der Herausforderung der aufständischen Diesel standhalten konnte. Doch Ende der dreißiger Jahre hatte die Pennsylvania nichts außer ihren auf die Zeit des 1. Weltkriegs zurückgehenden Pacifics, um ihre Intercity-Züge zu bespannen, die zwar kaum schneller, aber unbarmherzig schwerer wurden, da die Klimaanlage zur Regelausrüstung wurde. So entwickelte die Pennsylvania im Jahr 1939, nach eingehender Beratung mit allen großen Lokomotivfabriken im Lande, ihren eigenen Entwurf einer Dampflokomotive mit Doppeltriebwerk, mit 6500 indizierten PS, die in der Lage war, einen 1000-t-Zug auf gerader ebener Strecke mit 100 mph zu ziehen.

Heraus kam die Klasse S1 Nr. 6100, eine atemberaubende Schöpfung. Eine 3BB3 mit 7-Fuß-(2140 mm)-Treibrädern, 21 kp/cm² Kesseldruck und Zylindern 560 × 660 mm, das Gewicht der Lokomotive allein betrug 276 t; dazu kam der achtachsige Tender, so stieg das Gesamtgewicht auf 481 t. Und das ganze mit einer pompösen Stromlinie von Industrie-Designer Raymond Loewy. Was die Leistung betrifft, so hat der amerikanische Schriftsteller David Morgan das Schicksal der Nr. 6100 kurz zusammengefaßt. „Sie war ungeheuer schnell, außerordentlich stark – aber zerbrechlich wie Glas und ganz einfach verdammt zu groß." Sie wurde 1949 verschrottet.

Schließlich, im Juli 1940, entschied sich die Pennsylvania für die Baldwin-Doppeltriebwerk-Konstruktion. Zwei ventilgesteuerte 2BB2, wieder mit der Haifischnase von Loewy, wurden bestellt und im Frühjahr 1942 geliefert.

Die Neulinge, Klasse T1 Nr. 6110 und 6111, wurden auf der 713-Meilen-(1147 km)-Strecke zwischen Chicago und Harrisburg eingesetzt, die sie von der Konstruktion her mit nur einem Halt fahren konnten, da die Strecke Wassertröge hatte und der riesige achtachsige Tender 40 t Kohlen faßte. Sie zeigten auf Anhieb, daß Baldwin das Lastenheft voll erfüllt hatte. Bei ihrer allerersten Fahrt über die ganze Strecke hielt die Nr. 6110 stetige 100 mph auf dem größten Teil der Strecke von Crestline nach Chicago mit einem 14-Wagenzug von 900 t, während die Schwester Nr. 6111 mit 102 mph (164 km/h) über die ganzen 69 Meilen (111 km) des Streckenabschnitts von Fort Wayne gestoppt wurde. Bald danach, auf dem Rollprüfstand der Pennsylvania in Altoona, schrieb man für die Nr. 6110 Zugkraft-, Dampf- und Wärmeleistungszahlen, die weit über allem lagen, was bis dahin festgestellt worden war. So wurden schließlich 1945/46 weitere 50 T1 für die Pennsylvania gebaut.

In dieser elften Stunde, als die Diesel ihren nordamerikanischen Brückenkopf so weit ausgedehnt hatten, daß sie viele Bahnen fast vollständig erobert hatten, war das eine aufsehenerregende Investitionsentscheidung. Nach den Worten von *Fortune*, der Bibel der US-Geschäftsleute, hatte die Pennsylvania die Eisenbahnindustrie gegeneinander aufgehetzt. Denn in der T1, verkündete Baldwin, habe die Pennsylvania eine Maschine, die eine 5400-PS-Diesellokomotive bei jeder Geschwindigkeit über 26 mph ausstechen könne.

Doch kaum ein Jahr nachdem die letzte der 50 Serien-T1 auf die Pennsylvania-Strecke gekommen war, kündigte die Pennsylvania an, daß sie sofort ihre Harrisburg-Chicago-Hauptstrecke verdieseln werde. Warum diese schroffe Kehrtwendung? Zuerst und ganz offensichtlich waren es die nackten Tatsachen; die Brauchbarkeit der Diesel für den Betrieb, ihre Einsatzfähigkeit und Wirtschaftlichkeit waren offenkundig. Sogar die Pennsylvania, keineswegs eine Bahn, die sich an der Nase herumführen ließ, konnte das nicht länger ignorieren – besonders wenn, wie 1946 geschehen, ihre Bilanz in die roten Zahlen rutschte. Außerdem konnten die T1 ihre Achillesferse nicht verbergen – oder vielmehr ihre Achillesfersen. Ihre noch nicht dagewesene

Dampfleistung, Zugkraft und Geschwindigkeit waren unbestritten: Eine soll einen 16-Wagenzug von fast 1000 t auf 130 mph (209 km/h) gebracht haben, was allerdings nie glaubhaft nachgewiesen wurde. Doch dagegen muß gesetzt werden der erschreckende Aufwand an Zeit und Arbeitskräften, um die komplizierte Doppeltriebwerk-Ventilsteuerung in Ordnung zu halten, ferner war die T1 bekannt dafür, daß sie zu wahnsinnigem Schleudern neigte und dadurch den Gleisen nicht gewogen war. Die Lokomotivleute der Pennsylvania experimentierten verzweifelt mit anderen Ventilsteuerungen, doch es war zu spät. Die Diesel hatten längst die Grabglocke geläutet, selbst für so eindrucksvolle Dampfgiganten wie die T1.

Auch in Westeuropa blühte die Dampftechnik in den späten dreißiger Jahren, besonders in Frankreich unter dem glänzenden Lokomotivingenieur der Paris-Orléans-Gesellschaft, André Chapelon. Allgemein betrachtet war jedoch das Bestreben auf dem Festland Europas eher auf die wirtschaftliche Beförderung zunehmend schwerer werdender Züge bei normaler Geschwindigkeit gerichtet, die soweit wie möglich auch auf den Steigungen durchgehalten werden sollte, als auf (für damals) ungewöhnliche Reisegeschwindigkeiten für ausgewählte Verbindungen. Dabei mußten die Höchstgeschwindigkeiten streng beachtet werden; diese lagen weit unter 100 mph (160 km/h).

Eine überraschende Ausnahme machte die belgische Staatsbahn. 1933 vollendete sie ihr lang gehegtes Projekt einer direkten Verbindung von Brüssel über Gent und Brügge nach dem Hafen von Ostende, mit geringen Steigungen und schlanken Kurven. Das allgemeine Geschwindigkeitsniveau des Intercity-Verkehrs auf der neuen Strecke wurde sofort angehoben zu einem in Europa in den späten dreißiger Jahren beachtenswerten Standard.

Dann, 1939, gaben sich die Belgier einem Freudentaumel hin. Eine kleine Serie Atlantics, mit bulliger Stromlinie, 2 Zylindern und 2100 mm-Treibrädern wurde gebaut für einen Pendelverkehr von Dreiwagen-Schnellfahr-Zügen auf den 114 km zwischen Brüssel und Ostende-Kai in genau einer Stunde einschließlich einem Halt in Brügge. Zwischen Gent und Brügge wurde die Höchstgeschwindigkeit für diese Züge auf 145 km/h angehoben, so daß sie die 93 km von Brüssel-Süd nach Brügge in 46 Min. von Halt zu Halt fahren konnten, was einen Durchschnitt von 121,3 km/h ergab, und das schnappte für eine kurze Zeit dem „Hiawatha" der Milwaukee das Blaue Band für den schnellsten täglichen Dampfzug der Welt weg. Die *Rapides* wurden im

September 1939 eingestellt, doch im März 1940 wieder aufgenommen, da die Niederlande sich vormachten, der 2. Weltkrieg finde nicht statt.

Das einzige Land in Europa, das mit Dampf seine Geschwindigkeitsgrenzen sozusagen als Selbstzweck setzte, war Britannien. Im Gefolge des öffentlichen Erfolgs des „Silber Jubiläums" von 1935 hatte die London North Eastern zwei Jahre später gleiche Stromlinienzüge in Betrieb genommen, den „Coronation" King's Cross – Edinburgh und den „West Riding Limited" King's Cross – Leeds – Bradford. Doch ihr Rivale an der Westküste rührte sich auch.

1936 hatte die London Midland & Scottish Railway das Gelände erkundet, indem sie eine ihrer verhältnismäßig neuen Pacifics, die unverkleidete Nr. 6201 „*Princess Elizabeth*", auf eine Versuchsfahrt von London nach Glasgow und zurück schickte, bei der sie die 401 1/2 Meilen (646 km) in 5 Std. 53 1/2 Min. nordwärts und 5 Std. 44 Min. südwärts schaffte, eine gewaltige Kürzung der täglichen, damals zwischen den beiden Städten gültigen Fahrpläne. Darauf kam die LMS 1937 mit ihrem eigenen Leichtbau-Stromlinienzug heraus, dem „Coronation Scot" Euston – Glasgow.

Im August 1936 hatte die LNER den britischen Geschwindigkeitsrekord eine Stufe höher geschraubt mit einer ziemlich verwegenen Fahrt des südwärtigen „Silber Jubiläums": die LNER war darauf aus, die 112,5 mph der *Silver Link* vom Jahr zuvor deutlich zu übertreffen, doch das richtige Feingefühl fehlte auf dem Führerstand der Schwester *Silver Fox*. Um auf dem langen Gefälle von Stoke hinab das Rennen zu fahren, war sie so wild die Nordrampe von Grantham hinaufgehetzt worden, daß das hintere Treibstangenlager des mittleren ihrer 3 Zylinder heißlief und ausschmolz, als sie abwärtsjagte. Das gab dem Lager so viel Spiel, daß der Zylinderdeckel hinausgeschlagen wurde. Alle bissen die Zähne zusammen, als sie hörten, wie die Eisenstücke Schauer von Schotter gegen die Unterseite des ersten Wagens schleuderten, doch sie hielten verbissen durch, bis der Fahrtschreiber des Meßwagens eine neue Spitze von 113 mph (181,8 km/h) anzeigte. Erst da wurde die Lokmannschaft angewiesen, die Zügel anzuziehen. Frischdampf zischte aus dem offenen mittleren Zylinder, und die Stromlinien-Pacific „humpelte" den Rest des Weges nach London, es klang eher wie ein tödlich verwundeter Stier als nach einem Silberfuchs. Dies war übrigens der einzige Fall in der britischen Geschichte – und einer der ganz wenigen in der gesamten Geschichte der Eisenbahn überhaupt –, daß die Leitung, und nicht ein übermütiger Lokführer auf eigene Verantwortung, geplant einen Geschwindigkeitsrekord anstrebte mit einem fahrplanmäßigen Zug, in dem uninteressierte zahlende Fahrgäste saßen.

Die Aura, die jetzt allgemein die LNER und ihren „Silber Jubiläum" umstrahlte, reizte die LMS, den Rekord auf der Pressefahrt vor der Eröffnung ihres „Coronation Scot" am 29. Juni 1937 anzugreifen. Leider hatte die LMS keine so verlockende Rennstrecke wie die LNER von Stoke hinunter, ihr bestes Streckenstück waren 6½ Meilen (10,5 km) gleichmäßigen Gefälles auf der südlichen Einfahrt nach Crewe. Der Stromlinien-Pacific Nr. 6220 *Coronation,* einer aus dem Quintett von neuen Vierzylindern mit 2060-mm-Treibrädern, die William Stanier für den neuen Dienst geschaffen hatte, wurde auf den letzten paar Meilen vor diesem Streckenstück hinauf Zunder gegeben, und sie ging das Gefälle schon mit 93,5 mph (150,4 km/h) an. Ihr Auspuff „brummte", nach den Worten eines Beobachters, „mit einem gleichmäßigen Ton, wie bei einem Flugzeugmotor". Die *Coronation* schaffte gerade einen neuen Rekord von 114 mph (183,4 km/h) – so heißt es auf Grund des Fahrtschreibers der Pacific; drei erfahrene Zeitnehmer mit Stoppuhren im Zug hatten nur ein totes Rennen mit der *Silver Fox* festgestellt.

In diesem kritischen Moment kam schon Crewe und sein Gewirr von Gleisanlagen in Sicht. Der Regler der *Coronation* wurde zugerissen, die Bremsen angeknallt, und Feuer sprühte von den Radreifen der Pacific, als die Bremsklötze sie zum Halten zwingen wollten, doch die Geschwindigkeit war erst auf 57 mph (92 km/h) heruntergekommen, als sie auf die erste Weiche auf dem Weg zu ihrem Halteplatz am Bahnsteig stieß. „Glücklicherweise", wie es einer der Gäste im Führerhaus der *Coronation* später ausdrückte, „fuhr sie wie die große Dame, die sie ist. Wir konnten nichts tun, als abzuwarten und sie machen zu lassen. Machen, wie sie es tat. Entlang einem Meer bleicher Gesichter auf dem Bahnsteig knirschten wir zum Halt, wohlbehalten und gesund."

Das erregende Gefühl dieser Bremsung kann man sich vorstellen, denn für die letzten 2,1 Meilen (3,4 km) bis zum Halt am Bahnsteig wurden nur 1 Min. 53 Sek. gebraucht. Blaue Flecken waren die einzigen Spuren des Experiments, die die erleichterten Fahrgäste entdeckten, als sie sich vom Abteilboden hochrappelten oder aus unabsichtlichen Umarmungen lösten. Ein „Blutbad" war wunderbarerweise auf zusammenstürzendes Geschirr und Besteck in den Speisewagen beschränkt; der fürchterliche Krach aus dieser Gegend, als der Zug wie betrunken durch die Weichen schwankte, hatte manchen Fahrgast in Hörweite davon überzeugt, daß die Wagen jetzt auseinanderfielen.

Im nächsten Jahr setzte die LNER den Rekord klar außer Reichweite der LMS. Der angekündigte Grund für die Ereignisse vom Sonntag, 3. Juli 1938, waren Bremsversuche, doch ein unschlagbarer Geschwindigkeitsrekord war eindeutig die Hauptabsicht. Damals waren vier von Gresleys Pacifics Klasse A4 mit einer der erfolgreichen französischen Einrichtungen versehen worden, um die inneren Dampfwege zu verbessern, dem Kylchap-Doppelblasrohr und Doppelschornstein. Gresley widersetzte sich dem freundlichen Druck von Kollegen, *die* A4 herauszustellen, die eine dankbare LNER zu seinen Ehren *Sir Nigel Gresley* genannt hatte, und bereitete eine der Doppelblasrohr-Maschinen vor, die Nr. 4468 *Mallard,* um sie vor den 244-t-Versuchszug zu spannen, bestehend aus einem Meßwagen und drei Doppel-Gelenkwagen von einer „Coronation"-Garnitur.

Beim Start südwärts von Barkston, etwas nördlich von Grantham, öffnete Führer Duddington den Regler der *Mallard* voll die Nordrampe von Stoke hinauf. In den Scheiteltunnel fuhr sie mit 74,5 mph (119,9 km/h) ein, dann jagte sie los. Nach 6 Meilen (9,7 km) fuhr sie

Rechts: *Fotografen erwischen selten Dampf bei 100 mph (160 km/h), doch hier war ein erfahrener Zeitnehmer im Zug, der bestätigt, daß die 2C „King" Nr. 6018 King Henry VI der ehemaligen Great Western 102,5 mph (164 km/h) erreichte, als der Verschluß den „Bristolian" festhielt, auf der Fahrt die Dauntsey-Rampe hinunter von London nach Bristol im Juli 1956. Die höchste für diese Bauart bekannte Geschwindigkeit war 108,5 mph (173,3 km/h) (Kenneth Leach).*

Unten: *Ein Gemischt-Verkehr-Mitglied des „100"-Klubs in den letzten Jahren des britischen Dampfes war die Pacific der BR-Einheits-Reihe „Britannia". Diese hier ist Nr. 70025 Western Star auf der Fahrt nach London mit einem Schnellzug aus Süd Wales in den 1950ern (G. F. Heiron).*

Unten rechts: *Ein anderes Mitglied des „100"-Klubs gegen Ende seiner Laufbahn: Eine von Bulleids Dreizylinder-Pacific „Battle of Britain" der früheren Southern Railway, Nr. 34053 Sir Keith Park kommt aus dem New Forest bei Brockenhurst mit einem Schnellzug Waterloo – Bournemouth im Juli 1965 (K. R. Pirt).*

116 mph (186,6 km/h), und über 3 Meilen (4,8 km) – jetzt, mit gedrosseltem Dampf, hielt sie 120 mph (193,1 km/h). Die Aufschriebe des Meßwagens zeigten unanfechtbar eine Spitze von 126 mph (202,7 km/h), was, auch bei verspäteter Entdeckung vollgültiger Belege für einige in diesem Kapitel erwähnte Rekordansprüche, der unbestrittene Weltrekord für Dampflokomotiven ist.

Nach dem 2. Weltkrieg haben die meisten großen Bahnen der Welt verdieselt oder elektrifiziert, so schnell es die Geldmittel erlaubten. British Rail dagegen hatte ganz offensichtlich damit überhaupt keine Eile. Ihre Intercity-Fahrpläne lagen jahrelang weit unter dem Vorkriegsstandard, ein Vermächtnis der mangelhaften Unterhaltung von Strecke, Lokomotiven und Wagen während des Krieges, außerdem war gute Lokomotivkohle Mangelware, und 90 mph (145 km/h) war vor der Diesel-/Elektroära die offizielle Höchstgeschwindigkeit auf allen britischen Hauptstrecken. Trotzdem wurden gelegentlich Dampflokomotiven auf dreistellige Meilen pro Stunde gebracht. Manchmal war es einfach gegen die Vorschrift, manchmal hatten die Bauingenieure für einen Sonderzug die Genehmigung gegeben. Bei einem Sonderzug für Eisenbahnfreunde zum Beispiel erreichte die Ex-LNER-Stromlinien-Pacific Reihe A4 *Sir Nigel Gresley*, inzwischen auch mit Kylchap-Doppelblasrohr, die höchste Geschwindigkeit, die in der zwielichtigen Nachkriegszeit für Dampfbetrieb zuverlässig gemessen wurde. Es geschah wieder, wie immer, auf der Stoke-Rampe, die die nun 22 Jahre alte Pacific mit ihrem Achtwagenzug von 300 t mit einer Spitze von 112 mph (180 km/h) hinunterfegte.

In diesen letzten Jahren wurde die Liste der britischen 100-mph-Dampflokomotiven immer länger, die „Castle"-2C mit 2040-mm- und die „King"-2C mit 1980-mm-Treibrädern der Great Western, verjüngt durch Kesselumbauten und Doppelblasrohr, wurden bei mehr als einer Gelegenheit oberhalb der dreistelligen Marke offiziell gestoppt. Eine andere 2C-Konstruktion, die unwiderleglich oberhalb der 100 mph gestoppt wurde, war die Ex-LMS „Royal Scot" mit 2060-mm-Treibrädern auf dem rasanten Gefälle 1 : 200 der London St. Pancras-Ostmidland-Hauptstrecke von Ampthill hinunter nach Bedford.

Auch Maschinen, die nominell Allzwecklokomotiven waren, mit nur 1880-mm-Treibrädern, kamen in den Hunderterklub. Darunter war eine der britischen Nachkriegs-Einheitslokomotiven, die Zweizylinder-Pacific „Britannia", die wie die „Royal Scot" ihre Eintrittsprobe von Ampthill nach Bedford ablegte. Durch eine strenge 85-mph-(137 km/h)-Geschwindigkeitsgrenze auf ihrem gesamten Einsatzgebiet wurden für viele Jahre Oliver Bulleids bemerkenswerte Dreizylinder-Pacifics „Merchant Navy", „West Country" und „Battle of Britain" auf der Südregion von British Rail an der leicht zu erringenden Mitgliedschaft gehindert. Sicherlich zeigten sie Schwachstellen, doch ihre Kessel mit Lemâitre-Mehrfachauspuff gehörten nicht zu den gebrechlichen; hätte man ihnen zu Beginn ihrer Laufbahn, deren erste im Krieg begann, die Zügel schießen lassen können, so hätten ihre Laufeigenschaften sie sehr schnell in die Elite der britischen Schnellfahr-Dampflokomotiven eingereiht. Ganz am Ende ihres allzu kurzen Lebens, als 1967 die Elektrifizierung der Südbahn-Hauptstrecke von London Waterloo nach Southampton und Bournemouth ihnen ihren letzten Job nahm, drückte die Betriebsleitung ein oder gar beide Augen zu, um mit einem sehenswerten Abschluß des Dampfbetriebes dazustehen. Wenn dabei auch in einigen Fällen die Pacifics schamlos zuschanden gefahren wurden, so wurde doch eine beachtliche Anzahl von 100-mph-Spitzen festgestellt, bis hinauf zu 105 mph (169 km/h), sowohl auf dem langen Gefälle 1 : 252 hinter Winchester als auch zwischen Basingstoke und Woking, in diesem Fall ein Gefälle, das von 1 : 249 allmählich in ebener Strecke ausläuft.

3. Diesel und Elektrik zeigen, was sie können

Bevor das letzte Jahrhundert zu Ende ging, träumten schon einige Leute von Geschwindigkeiten um 200 km/h. Berichte aus Amerika über das Streben nach hoher Geschwindigkeit auf der Strecke New York – Philadelphia veranlaßten zwei Ingenieure der französischen PLM-Bahn, eine solche Maschine für die Chicago-Ausstellung von 1893 zu entwerfen. Doch der Stand der elektrischen Lokomotivtechnik erlaubte das damals noch nicht.

Nicht länger hindern ließen sich die Deutschen. Der deutsche Ingenieur Werner von Siemens hatte im Frühjahr 1879 die erste elektrische Lokomotive der Welt auf die Schienen gesetzt. Zwar war es nur ein Zwerg mit 3 PS, der auf einem Schmalspurgleis lief, den Strom von einer dritten Schiene in der Mitte abnahm und offene Wagen, in denen 30 Personen Rücken an Rücken saßen, mit 6,4 km/h auf einem Rundkurs von etwa 275 m auf dem Berliner Ausstellungsgelände zog. Doch das löste eine bemerkenswert schnelle Entwicklung aus. Kaum zwei Jahrzehnte später bewies die deutsche Technik, daß elektrischer Antrieb tatsächlich 200 km/h auf Schienen bringen konnte.

Das praktische Ergebnis der frühen deutschen Entwicklung war zunächst die Ausbreitung elektrischer Straßenbahnen mit Gleichstrom, 1881 beginnend in Lichterfelde. Zur selben Zeit wurde auch der Dreiphasen-Drehstrom-Antrieb eifrig entwickelt und eine *Studiengesellschaft für Elektrische Schnellbahnen* gegründet. Am Ende des 19. Jahrhunderts konnte der erste Prototyp erprobt werden.

Eine passende Versuchsstrecke war die 23,3 km lange, fast gerade Strecke der Militäreisenbahn zwischen Marienfelde und Zossen bei Berlin. Sie wurde mit Oberleitung für 15 000 V Drehstrom versehen, der vom AEG-Kraftwerk in Oberschöneweide geliefert wurde. Hier wurde 1901 eine vierachsige Versuchslokomotive mit Mittelführerstand von Siemens & Halske mit einem Weltrekord von 162,5 km/h gefahren. Im Verlauf desselben Jahres standen noch zwei neue Fahrzeuge zur Erprobung bereit.

Beides waren Triebwagen für 50 Fahrgäste, auf zwei dreiachsigen Drehgestellen, jeder mit 1000 PS Leistung. Der mechanische Teil beider Fahrzeuge war von Van der Zypen und Charlier gebaut worden. Doch einer hatte die elektrische Ausrüstung von Siemens & Halske, der andere von der AEG. Die beiden Wagen waren an den eigenartigen Stromabnehmern zu unterscheiden. Die Drehstromoberleitung bestand aus drei übereinanderliegenden parallelen Fahrdrähten an Masten neben der Strecke, so daß die Fahrdrähte seitlich neben den Fahrzeugen lagen. Der AEG-Wagen hatte zwei Sätze von je drei Schleifbügeln, je ein Satz an den beiden Enden des Wagens, die Bügel in verschiedener Höhe passend zu den Fahrdrähten. Bei dem Siemens & Halske-Wagen dagegen hatte jeder Satz drei Schleifbügel übereinander an einem Dachständer, was aussah wie die Science-fiction-Vision einer geheimnisvollen Radaranlage.

Sobald die beiden Wagen auf der Strecke Marienfelde – Zossen auf 120 km/h gekommen waren, begannen die Schwierigkeiten. Es gab bleiche Gesichter, als die plumpen Fahrzeuge auf dem leichten Oberbau schwankten und schaukelten: Heftige Blitze sprühten zum Himmel, wenn die Schleifbügel den Kontakt mit dem Fahrdraht verloren. Bei 160 km/h hob bei einem Wagen ein Drehgestell kurzzeitig von den Schienen ab, schlug wieder zurück und spreizte die Schienen beängstigend. Das reichte! Die Versuche wurden aufgeschoben, bis die ganze Strecke mit schweren Schienen und besserem Oberbau versehen und bei den Triebwagen der Achsstand der Drehgestelle vergrößert worden war.

1903 war der Umbau vollendet, und am 6. Oktober desselben Jahres wurde der Siemens & Halske-Wagen über die ganze Länge der Strecke in genau 8 Minuten gehetzt, mit einer Spitze von 202,7 km/h. Dasselbe geschah am 23. Oktober, nur daß der Rekord auf 206,8 km/h hochgetrieben wurde. Einige Tage später schnappte sich der AEG-Wagen den Lorbeer mit einer Spitze von 210 km/h. Kurz danach gab es einen bedeutsameren Rekord, als die elektrische Siemens & Halske-Lokomotive mit einem Zug 130 km/h erreichte.

Der Lauf der Triebwagen auf der umgebauten Strecke war, wie später gesagt wurde, so ruhig, daß man Spitzengeschwindigkeiten von 230 km/h hätte erreichen können, hätte nicht die Vorsicht den Wissensdurst überwogen, um einen der Ingenieure zu zitieren. Doch wie sanft auch der Lauf gewesen sein mag, ein blutleeres Erlebnis kann es nicht gewesen sein, wenn man sich die plumpen Wagen mit Laternendach vorstellt, die in keiner Weise windschlüpfig waren und den Schotter gegen die Unterseite der Wagen schleuderten und einen Wirbel von Erde und Schottersteinen hinter sich herzogen.

Diese Ergebnisse ließen eine Anzahl von Plänen entstehen, die Hauptstrecke Berlin – Hamburg für Schnelltriebwagen zu elektrifizieren, doch die Kosten waren zu abschreckend. Seltsamerweise scheint niemand auf die durch die Leistung der Siemens & Halske-Lokomotive offensichtliche Alternative gekommen zu sein, einen lokomotivbespannten Schnellverkehr zu entwickeln, obwohl schon 1911 Mitglieder des Reichstags zu einer 135-km/h-Fahrt hinter einer elektrischen Lokomotive von Dessau nach Bitterfeld geladen worden waren. Mit diesen frühen elektrischen Erfolgen hielten die Deutschen 30 Jahre lang den Geschwindigkeitsrekord aller Klassen auf Schienen. Dann, 1931, schoben sie ihn noch ein bißchen höher mit einem noch ungewöhnlicheren Fahrzeug.

Sehr bald nach dem ersten Flug der Gebrüder Wright hatte ein deutscher Erfinder bestimmte Vorstellungen von den Geschwindigkeitsmöglichkeiten eines propellergetriebenen Zuges. 1917 wurde mit der Idee ein erster Versuch gemacht, indem man einen Flugzeugmotor auf einen gewöhnlichen Eisenbahngüterwagen montierte. Dieser Zwitter fuhr auf der Hauptstrecke Hamburg – Berlin und soll eine bemerkenswerte Geschwindigkeit entwickelt haben, doch bis 1931 wurden daraus keine Folgerungen gezogen.

Acht Jahre früher, 1923, war in Deutschland die *Gesellschaft für Verkehrstechnik* (GVT) gegründet worden. Für ihre ersten Untersuchungen wählte sie die Einschienenbahn, bei der die hängenden Gondeln durch Luftschrauben angetrieben werden sollten; dieses Projekt wurde gemeinsam mit den führenden Waggonfabriken des Landes untersucht. Doch 1929 kam man auf den Gedanken, einen normalen Eisenbahnwagen auf diese Weise anzutreiben. GVT und die Deutsche Versuchsanstalt für Luftfahrt (DVL) in Berlin staubten das Fahrzeug von 1917 ab, versahen es mit zwei BMW-Motoren von je 230 PS und brachten es angeblich auf eine Geschwindigkeit von 175 km/h.

Ein Jahr später brachten die Partner eine verfeinerte Version, den sogenannten *Schienenzeppelin* von Dr. F. Kruckenberg auf die Schiene. Dieser bleistiftschlanke, aluminiumglänzende und aerodynamisch geformte Triebwagen hatte einen Kasten aus Aluminium, wog nur 17¼ t und lief auf nur zwei Achsen mit einem Abstand von 20 m. Für den Antrieb befand sich am Heck eine vierflügelige Luftschraube, die

von einem 12-Zylinder-Ottomotor mit 600 PS bei 1200 Umdrehungen/Min. angetrieben wurde. Der Fahrgastraum war vorne und hatte 40 Sitzplätze, die vermutlich nicht allzu bequem waren, wie man aus dem schmächtigen Wagenkasten schließen kann, aber der *Schienenzeppelin* war nicht für zahlende Fahrgäste bestimmt. Er errang jedoch einen neuen Weltrekord auf Schienen.

Nach einer Spritztour am 23. September 1930 zwischen Hannover und Celle, bei der der Triebwagen zeigte, daß er in 66 Sek. über 985 m aus dem Stand auf 100 km/h flitzen konnte, und bei der er angeblich 182 km/h erreicht hatte, wurde der *Schienenzeppelin* auf der anerkannten Rennstrecke der Deutschen Reichsbahn, der Hauptstrecke Hamburg – Berlin, am Sonnwendtag, dem 21. Juni 1931, kurz vor Sonnenuntergang losgelassen. Presseleute hatten ein Flugzeug gemietet, um der Fahrt des *Schienenzeppelins* zu folgen, doch sie mußten die Augen weit aufsperren, um den Triebwagen im Blickfeld zu behalten, denn er brummte in 98 Min. über die 256 km von Bergdorf nach Spandau-West und erreichte damit einen Durchschnitt von 154 km/h. Auf der über 10 km langen Strecke zwischen Karstädt und Dergenthin hielt er einen höchsten Durchschnitt von 230 km/h.

Die Geschichte weiß wenig über weitere Streckenversuche des *Schienenzeppelins* in seiner ursprünglichen Form. Zum einen war der Luftwirbel eine Gefahr für jeden und alles, was nicht niet- und nagelfest auf den Bahnsteigen war, wenn er durch die Bahnhöfe fegte. Doch vor allem konnte dieses Konzept kaum einen lukrativen Bahnbetrieb bringen. Die Bauart des Untiers erlaubte nur Einzelbetrieb; und für ein Fahrzeug mit so geringem Fassungsvermögen die Strecke genügend frei von herkömmlichen Zügen zu halten wäre lächerlich unwirtschaftlich gewesen. Kruckenbergs Name tauchte noch vor Ausbruch des 2. Weltkrieges in der Geschichte der Schnellfahrt auf Schienen wieder auf, wie wir nachher berichten werden. Doch sein *Schienenzeppelin* verschwand nach einer Serie von Probefahrten als herkömmlich achsgetriebener dieselhydraulischer Triebwagen mit Maybach-Motor, aber ohne Luftschraube, 1936 wieder aus der Eisenbahngeschichte.

Etwa drei Jahrzehnte später wurde schließlich ein ebenso nutzloser Kraftakt mit Flugzeugantrieb durch die New York Central in den USA unternommen. Mitte der sechziger Jahre waren die Maschinen natürlich Düsentriebwerke – zwei General Electric J-47, überzähliger Militärbestand, die die NYC auf das Dach eines 1953 serienmäßig von Budd gebauten Dieseltriebwagens RDC-3 montierte, der für Personen- und Gepäckverkehr auf Nebenstrecken bestimmt war. Die New York Central gab dem RDC neue Räder, baute senkrechte Stoßdämp-

Unten links: *Der elektrische AEG-Drehstrom-Triebwagen, der 1903 bei den Versuchsfahrten auf der Militäreisenbahn Marienfelde – Zossen 210 km/h erreicht hat* (Deutsche Bundesbahn).

Unten: *Dr. Kruckenbergs propellergetriebener* Schienenzeppelin *von 1930, berühmt für eine Durchschnittsgeschwindigkeit von 230 km/h über 10 km* (Nachlaß Kruckenberg).

fer ein, pfropfte einen Stromlinienbug auf das vordere Ende unter den Triebwerken und schickte ihn dann Ende Juli 1966 auf die Fahrt auf einer normalen ebenen und geraden Strecke zwischen Butler, Ind., und Stryker, Ohio. Der normale dieselhydraulische Antrieb des Triebwagens war unterbrochen worden, und der Wagen wurde nur von den Düsen angetrieben.

Zwei Minuten Vollast der heulenden Düsen genügten, um den Triebwagen aus dem Stand auf 120 mph (193 km/h) zu bringen. Weitere vier Minuten, und er hatte eine Spitze von 183,85 mph (295,8 km/h) erreicht. Da wurde er abgebremst – er hatte Amerika einen Rekord auf Schienen gesichert, der bisher nur von elektrischem Antrieb gebrochen wurde. Und der Eindruck? Einer aus der Versuchsmannschaft soll versichert haben, daß der Triebwagen bei seiner Spitzengeschwindigkeit besser lief als bei 90 mph (145 km/h), doch der Krach der Düsen lag „zwischen fürchterlich und gerade noch erträglich". Jedoch: „Sehr angenehm" war der stoische Kommentar des NYC-Präsidenten Al Perlman vor Presseleuten.

Na, und? Der wirkliche Grund war wohl mehr ein bißchen öffentlicher Donner gegenüber dem Rivalen Pennsylvania, der im Begriff war, mit Bundesbürgschaft seine elektrischen *Metroliner* New York – Washington zu starten – doch mehr davon in einem späteren Kapitel. Nur wenige Monate später drohte Perlman öffentlich mit dem totalen Rückzug aus dem Intercity-Reiseverkehr, wegen der rasch schrumpfenden Reisekundschaft der NYC.

Doch zurück zum chronologischen Ablauf dieses Kapitels. Die Möglichkeiten der Maschine mit innerer Verbrennung für den Eisenbahnbetrieb waren schon früh in unserem Jahrhundert erkannt worden. Die ersten bedeutenden Anwendungsbeispiele waren Benzinmotoren bei motorelektrischen Triebwagen geringer Leistung – d. h. Fahrzeugen, deren elektrische Antriebsmotoren von einem Generator mit Benzinmotor gespeist wurden. Doch bald nach dem 1. Weltkrieg war Dr. Rudolf Diesels Motor mit Kompressionszündung für den Eisenbahnbetrieb so weit entwickelt, daß man einen schüchternen Versuch mit Rangierlokomotiven geringer Leistung machen konnte. In diesem Stadium war der Dieselmotor jedoch viel zu groß und plump, um als möglicher Antrieb für hohe Geschwindigkeiten gelten zu können. Doch in den frühen dreißiger Jahren änderte die Entwicklung des kompakten hochtourigen Dieselmotors den Lauf der Geschichte des Antriebs. Durch die gezielte Forschung der US-Gesellschaft Electromotive, die 1930 von General Motors übernommen worden war, wurde der historische 201A-Motor entwickelt, der das Leistungs-/Gewichtsverhältnis auf einen Schlag vervierfachte, und zwar haupt-

sächlich durch die Anwendung des Zweitakt- statt des Viertaktverfahrens und durch Schweißkonstruktion mit neuen legierten Stählen.

Damals war Henry Fords Automobil Modell T gerade der gehätschelte Besitz unzähliger Amerikaner geworden, und den Eisenbahnen waren die Fahrgäste davongelaufen. Eine dieser Bahnen war die Chicago, Burlington & Quincy, die sehen mußte, wie ihre Personenverkehrseinnahmen innerhalb von 10 Jahren auf ein Viertel gesunken waren. Die Burlington war schon von Meldungen aufgescheucht worden, daß die Budd-Gesellschaft in Philadelphia, ein Pionier auf verschiedenen Gebieten der Autokarosserie, dabei sei, ihre Erfahrungen zum Bau eines revolutionären Eisenbahnwagenkastens in Leichtbau aus rostfreiem Edelstahl zu verwenden. Das schien Burlington ein geeignetes Werkzeug für einen wesentlich schnelleren Schienenpersonenverkehr, um den verlorenen Verkehr wiederzugewinnen, und sie bestellte einen Triebzug aus den neuen Wagen, den sie mit den neuen Dieselmotoren von Electromotive ausrüstete.

Stromlinie war Mode, und Burlingtons „Pioneer Zephyr" war fast die erste planmäßige Anwendung bei einem amerikanischen Zug. Der Dreiwagengelenkzug war nicht gerade ein Massenverkehrsmittel, denn Burlington hatte nur Platz für 70 Personen gefordert (der beabsichtigte Einsatz war die tägliche Hin- und Rückfahrt zwischen Kansas City und Lincoln, 250 Meilen [402,3 km/h] voneinander entfernt). Der erste Wagen des 59,8 m langen und 88,5 t schweren Triebzuges enthielt nur die 600-PS-Diesel-Generator-Gruppe, ein Bahnpostamt und Postladeraum; weiterer Gepäck- und Postraum war im zweiten Wagen, dazu 20 Sitzplätze und ein Büffet-Grill; und der dritte Wagen hatte weitere 40 Sitzplätze und am Wagenende ein Aussichtsabteil mit 12 Sitzplätzen.

Zwei Tage nach Ablieferung durch die Budd-Werke Anfang April 1934 war der „Zephyr" bei einer 25-Meilen-Probefahrt in der Nähe von Philadelphia auf 104 mph (167,3 km/h) hinaufgewitscht. Dann im Lauf einer fünfwöchigen Vorführung der neuen Budd-Electromotive-Technik in den Oststaaten der USA brauste er über die Rennstrecke der Pennsylvania zwischen Fort Wayne, Ind., und Englewood im Außenbereich von Chicago mit einem Durchschnitt von 80,2 mph (129 km/h) für die gesamten 140 Meilen (225,3 km). Doch dann, am

26. Mai 1934, wurde im Buch der Eisenbahngeschichte unmißverständlich eine neue Seite aufgeschlagen.

An diesem Tag wurde die Weltausstellung in Chicago wiedereröffnet, und um gleichzeitig sowohl für dieses Ereignis als auch für die neue Schnelltriebzug-Konstruktion zu werben, genehmigte die Burlington einen Angriffsversuch auf den transkontinentalen Schienenrekord. Damals war der beste regelmäßige Fahrplan für die 1015 Meilen (1633 km) von Denver nach Chicago 26¾ Std., einschließlich 40 Zwischenhalten, doch schon 1897 hatte ein Sonderzug in 18 Std. 53 Min. die Strecke zwischen den beiden Städten geschafft. Burlington setzte für seinen „Zephyr" 15 Std. als Ziel.

Im letzten Augenblick gab es große Aufregung, als man am Nachmittag vor dem Start entdeckte, daß ein Fahrmotorlager des „Zephyrs" gebrochen war – und er sollte doch am nächten Morgen um 4 Uhr früh losfahren. Durch verzweifeltes Telefonieren fand man in den Werkstätten der Union Pacific in Omaha schließlich ein Ersatzteil. Ein Bote wurde im Flugzeug losgeschickt, um es zu holen. Er hatte Befehl, für die Rückkehr ein Flugzeug zu mieten, um kurz nach Mitternacht in Denver zurück zu sein. Ziemlich beunruhigt bei kritischer Betrachtung des beispiellosen Dauertests, dem er seinen ziemlich unerprobten „Zephyr" aussetzen wollte, entschloß sich der Präsident der Burlington trotzdem, alles auf eine Karte zu setzen, und ließ eine Rundfunkmeldung in allen Staaten verbreiten, die darlegte, was am nächsten Tag beabsichtigt war. Inzwischen hatte an diesem kummerbeladenen Nachmittag eine Lokalzeitung angerufen, ob sie im Gepäckraum des „Zephyrs" als freundschaftlichen Werbegag einen am Ort geborenen Esel mitschicken könne. Die Bitte wurde dem Präsidenten vorgetragen. „Warum nicht?", antwortete er hilflos, „noch ein Esel auf dieser Fahrt spielt auch keine Rolle mehr".

Das Ersatzteil kam unbeschädigt an, wurde eingebaut, und um 5.05 Uhr, also später als geplant, startete der „Zephyr" durch ein Startband, das einen Zeitnehmer in Betrieb setzte, der auf dem Bahnsteig des Union-Bahnhofs in Denver aufgestellt war. Besondere Vorkehrungen waren getroffen worden, um den 1015 Meilen (1620 km) langen Weg des „Zephyrs" freizuhalten. In den letzten Tagen waren Strecke und Bauwerke peinlich genau untersucht worden; und als der „Zephyr" in den frühen Morgen brauste, standen 1700 Eisenbahner an den schienengleichen Wegeübergängen auf Posten. Von einem Ende der Strecke zum andern hatten sich Zuschauer versammelt, die die Meldung in Rundfunk gehört hatten; rund eine halbe Million Menschen sollen entlang der Strecke gestanden haben, um die erstaunliche Leistung des Stromlinienzuges mitzuerleben.

Man ging die Fahrt zuerst recht ruhig an, doch beim Übertritt von Colorado nach Nebraska wurde der „Zephyr" aufgeschaltet auf einen Gesamtdurchschnitt von 90 mph (144,8 km/h) über 129,5 Meilen (208,4 km), lief 19,1 Meilen (30,7 km) mit 106,2 mph (170,9 km/h), 6,4 Meilen (10,3 km/h) mit 109 mph (175,4 km/h) und erreichte eine Spitze von 112,5 mph (181 km/h). Bei der Durchfahrt durch Lincoln, Neb., 462,6 Meilen (776,5 km) nach dem Start in Denver zeigte die Uhr 11.12, es waren erst 6 Std. und 7 Min. verflossen, so daß der „Zephyr" über den ganzen Weg 78,9 mph (127 km/h) Durchschnitt gefahren war. Und kein Teil der Maschine zeigte irgendeine Schwachstelle, obwohl ein Mißgeschick den Vorhang vor der Schau hätte niedergehen lassen können, wenn nicht eine Reflexhandlung gewesen wäre, für die es nachher eine Tapferkeitsmedaille zu geben pflegt. Durch eine schlagende Tür beschädigt, gab es in einem Gerätekabel einen Kurzschluß, der das Anlasserkabel durchschmorte. Als die Techniker Brandgeruch spürten, wurde der Motor sofort gestoppt, und die Techniker suchten wie verrückt nach Hilfsmitteln, um das gerissene Kabel zu flicken. Im Leerlauf war der „Zephyr" fast auf Schrittgeschwindigkeit heruntergekommen, als ein Techniker meinte, jetzt sei es genug, die Kabelenden mit seinen Händen packte, und sie in Kontakt brachte. Es gab einen sengenden Funken, der ihn ernstlich verbrannte, aber er hatte den Motor wieder gestartet.

Als der „Zephyr" das Zielband in Halstead Street in Chicago durchbrach, hatte er für 1015,4 Meilen 2 Sek. weniger als 13 Std. 5 Min. gebraucht. Der ganze Morgen-bis-Abend-Sprung war mit einer Durchschnittsgeschwindigkeit von 77,6 mph (124,9 km/h) abgerollt. Und das mit einem Verbrauch von 1900 Litern Dieselöl; man bedenke: Bei den Preisen von 1934 waren das 16 Dollar Treibstoffkosten für die ganze Fahrt! Zur Krönung seines Triumphs fuhr der „Zephyr" über die Gleise von Chicagos Seefront, um einen Ehrenplatz in der Schau „Flügel eines Jahrhunderts" auf der Weltausstellung „Century of Progress" einzunehmen; und Tausende jubelnder Zuschauer strömten herbei und scharten sich um diesen Herold eines neuen Eisenbahnzeitalters.

Der „Pioneer Zephyr" der Burlington war nicht der einzige Stromliniendiesel auf dieser „Century of Progress"-Ausstellung von 1934 in Chicago. Der Burlington war der Ruhm, den allerersten Stromliniendiesel Amerikas auszustellen, schon im Februar 1934 entrissen worden durch die Enthüllung eines Triebzuges von Pullman Standard für die Union Pacific, einer anderen Bahn, die sehr früh die Möglichkeiten des Dieselantriebs erkannt hatte. Anders als der „Zephyr" war die Dreiwagengelenkeinheit der UP, mit einem eigenartigen Fischkopf

Oben: *Die Pioniere: Der erste Diesel-Stromlinienzug der Union Pacific, der Dreiwagen-M-10 000, später „City of Salina", trifft sich mit dem „Pioneer Zephyr" der Burlington im Union-Bahnhof von Kansas City (Burlington Northern).*

Rechts: *Endansicht des M-10 000 der Union Pacific.*

Unten rechts: *Ein neues Reisezeitalter wird eröffnet am 11. November 1934; Schaulustige versammeln sich, als der „Pioneer Zephyr" der Burlington den täglichen Hin- und Zurückverkehr zwischen Lincoln, Omaha und Kansas City eröffnet.*

Ganz rechts oben: *Nr. M-10 001 war der zweite Diesel-Stromli- nienzug der Union Pacific, Star der Transkontinental-Rekord- fahrt im Oktober 1934 (Sammlung Cecil J. Allen).*

Ganz rechts unten: *Der „Pioneer Zephyr" der Burlington auf Gleisen der Denver & Rio Grande Western in der ein- drucksvollen Königsschlucht des Arkansas River, in der Nähe der 321 m hohen Hängebrücke (Burlington Northern).*

und Fischende, der M-10000, aus Aluminiumlegierung gebaut und durch einen „Destillatmotor" von Electromotive in 12-Zylinder-V-Bauart angetrieben – das ist ein Motor für Dieseltreibstoff, aber mit Funkenzündung –, wogegen der „Zephyr" einen echten Dieselmotor in 8-Zylinder-Reihenbauart hatte. Der schicke gelbgestrichene M-10000 hatte 116 Sitzplätze und war für 90 mph (145 km/h) gebaut. Vor der Weltausstellung in Chicago war der M-10000 von Küste zu Küste durchs Land gefahren und hatte mehr als 1 Million Besucher mobilisiert – als ersten Präsident Franklin D. Roosevelt – auf seinen 68 Haltepunkten, die an seinem 20314 km langen Fahrweg lagen. Keiner der scharfen Klimakontraste noch die verschiedenen Streckenzustände sollen den Stromlinienzug im entferntesten gestört haben; dazuhin soll er auf einem Abschnitt glatt auf eine Spitze von 111 mph (178,6 km/h) gekommen sein. Weitere 2 Millionen Besucher kletterten durch den M-10000 während seines Aufenthalts auf der Weltausstellung in Chicago.

Als die Union Pacific den M-10000 nach der Ausstellung als „City of Salina" in den Regelbetrieb zwischen Kansas City und Salina einstellte, wo er sofort tagein-tagaus eine fast 100prozentige Besetzung anzog und behielt, bestellte sie eiligst einen zweiten. Diesmal wurde ein Sechswagenzug gefordert, mit einem 1200-PS-16-Zylinder-Motor und mit Pullman-Schlafwagen, die nicht nur die ersten Pullman-Gelenkwagen in den USA waren, sondern auch mit einer einmaligen zusammenklappbaren Toilette an jedem Bett protzten. Am 22. Oktober 1934 wurde dieser zweite UP-Stromlinienzug M-10001 auf die zweite Transkontinental-Rekordfahrt des Jahres geschickt, diesmal von Küste zu Küste.

Zu dieser Zeit stand der Schienenrekord von Küste zu Küste bei 71 Std. 27 Min., aufgestellt von einem Dampfsonderzug von Oakland, Calif., nach New York für E.H. Harriman, und das schon seit 1906. Für fahrplanmäßige Regelzüge war im Herbst 1934 die beste Fahrzeit über die 5244 km von Los Angeles nach New York 84 Std., einschließlich der Halte. M-10001 fuhr um 20 Uhr ab, brummte ohne Schwierigkeiten die starken Steigungen der Rocky Mountains hinauf, und als er in Chicago einfuhr, 3399 km vom Start in Kalifornien entfernt, hatte er schon einen Zeitgewinn von 20 Std. gegenüber der damaligen besten Regelfahrzeit. Er hatte einen Durchschnitt von 59 mph (95 km/h) von Halt zu Halt gemacht in einem Gelände, auf dem die langen Steigungen bis dahin die Durchschnittsgeschwindigkeit auf 30 bis 40 mph untenhielten. Über die Ebenen zwischen Cheyenne, Wyo., und Omaha, Neb., waren 508 Meilen (817 km) mit einem Durchschnitt von 84 mph (135 km/h) gefahren worden, und er soll auf

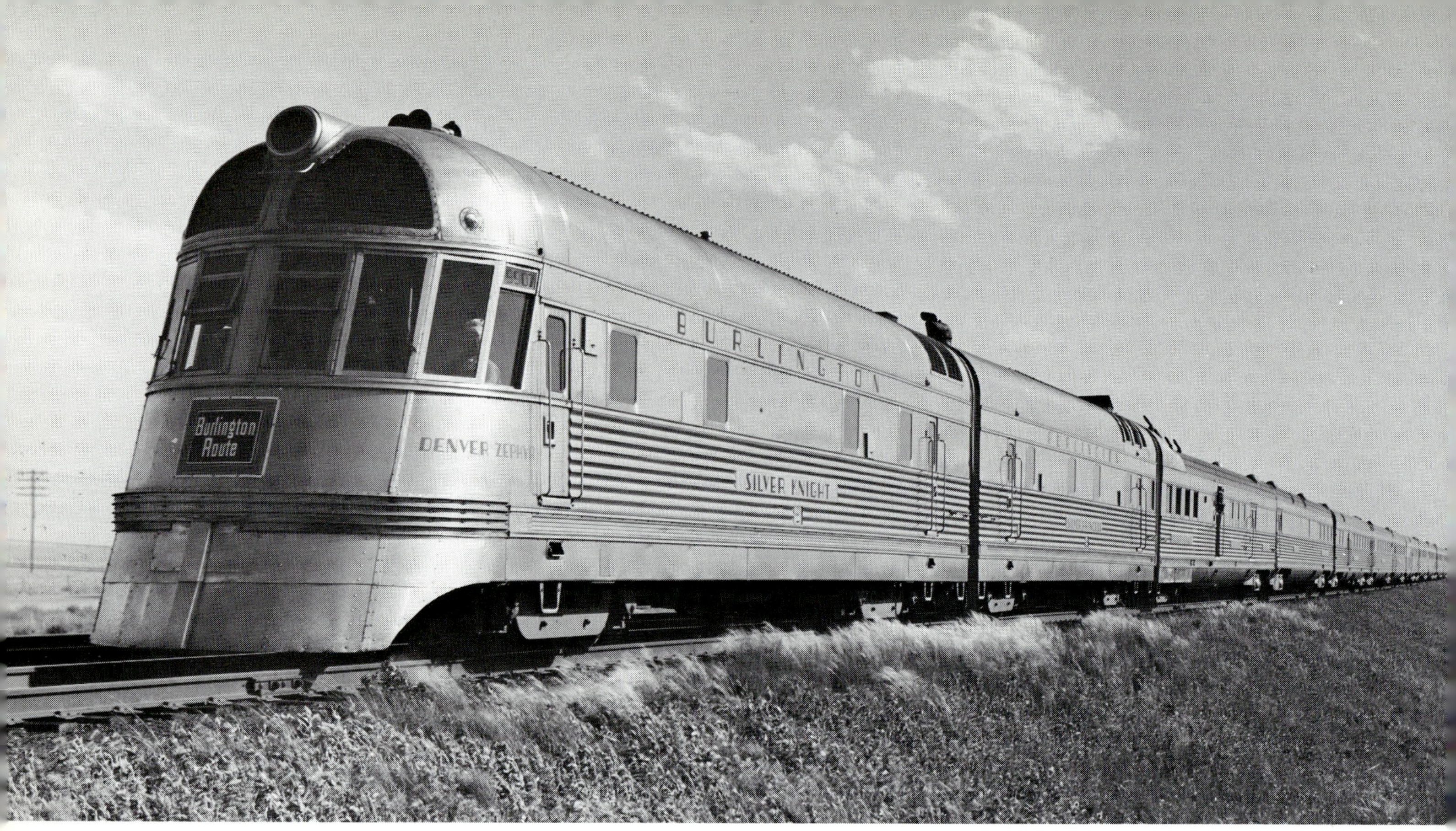
Burlington Route
BURLINGTON
DENVER ZEPHYR
SILVER KNIGHT

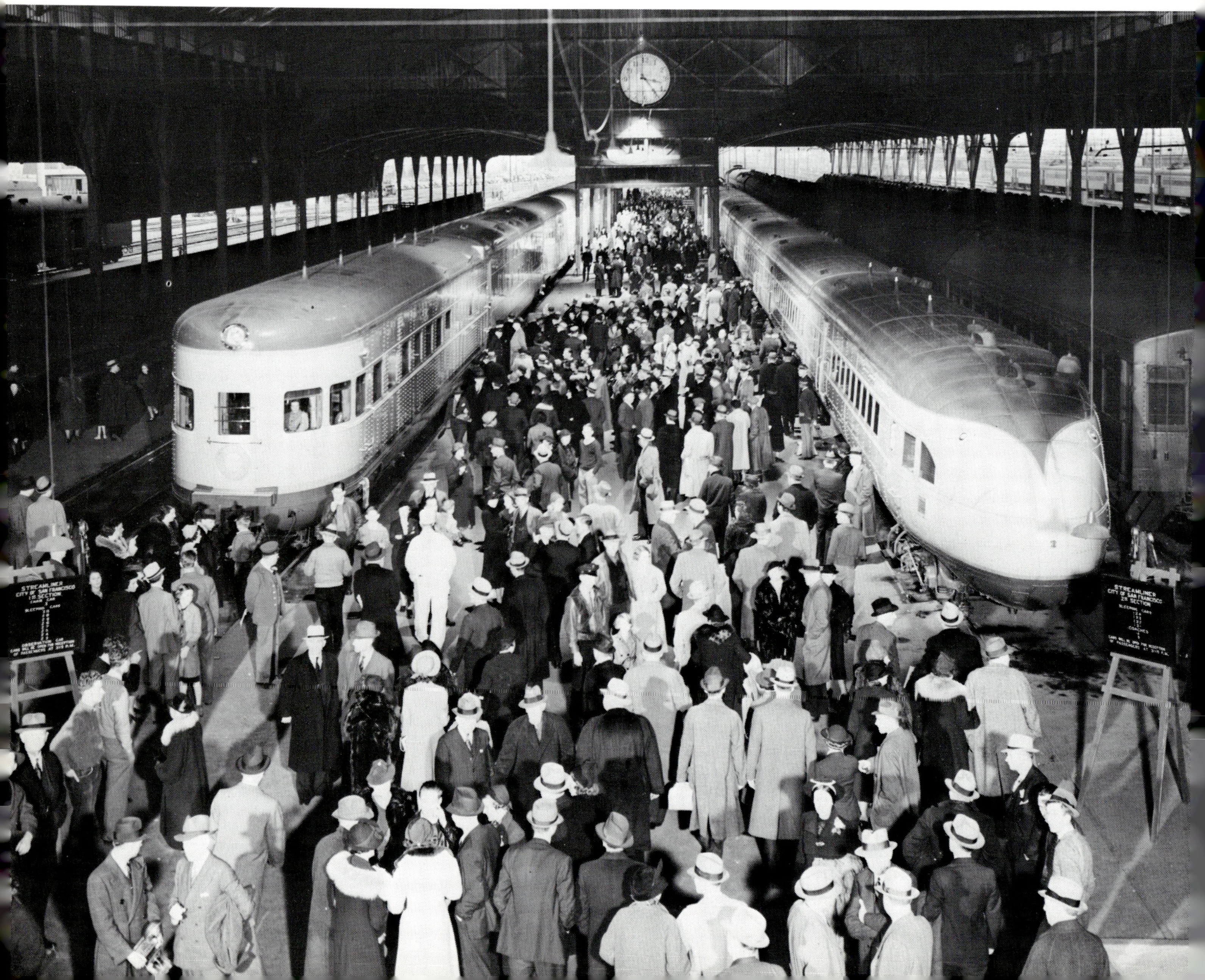

Oben links: Einer der 12-Wagen-Triebzüge „Denver Zephyr" der Burlington von 1936 mit dem 3000-PS-Doppelantriebswagen (Sammlung Cecil J. Allen).

Links: Der „City of San Francisco" der Union Pacific wird in Oakland Pier bereitgestellt im Jahr 1940; die zweite Abteilung rechts besteht aus einem der ursprünglichen Stromlinien-Triebzüge (Sammlung Cecil J. Allen).

Oben: Der „City of Denver" der Union Pacific war Ende der dreißiger Jahre der schnellste fahrplanmäßige Zug der USA. Mit der 3600-PS-Kopf- und 2-Zusatzlokomotivgruppe, 1936 von Electromotive gebaut, fährt der Zug im September 1940 in Denver ein (R.H.Kindig).

120 mph (193 km/h) gekommen sein, doch der einzige Beleg für diesen Anspruch scheint der begeisterte Ausruf eines Fahrgastes gewesen zu sein, er habe mit seiner Taschenuhr gerade 2 Meilen in einer Minute festgestellt. Mag es sein, wie es will, trotz einer Pause von 40 Min. in Chicago und dem diskreten Verzicht, die Fahrzeit des „Twentieth Century Limited" über die Schienen der New York Central nach der Ostküste zu beschämen, glitt der M-10001 zum Halt in New York City nach insgesamt 56 Std. 55 Min. von Los Angeles an, gewaltige 14¹⁄₂ Std. weniger als der so lange gültige Rekord von Küste zu Küste aus dem Jahr 1906.

Von Wolken des Ruhms umschwebt und mit dem Namen „Stromlinienzug City of Portland" bedacht, wurde der Sechswagenzug am 6. Juni 1935 im fahrplanmäßigen Regelverkehr zwischen Chicago und Portland eingesetzt, mit einer Fahrzeit von 39³⁄₄ Std. für die 3656 km, die geradewegs 18 Std. von der bisherigen Dampffahrzeit für diese Strecke abschnitt. Der Krise nicht achtend, die andere Bahnen Mitte der dreißiger Jahre zwang, ihren Reiseverkehr rigoros einzuschränken, bestellte die euphorische UP jetzt bei Pullman Standard 2 Elfwagen-Stromlinienzüge, mit 2 Antriebswagen, um größere Last zu bewältigen – einem 900- oder 1200-PS-Zusatzwagen, der mit einer gemeinsamen Wiege an den 1200-PS-Kopfwagen angelenkt war. Diese, die ursprünglichen „City of Los Angeles" und „City of San Francisco", wurden im Frühsommer 1936 eingesetzt. In diesem Jahr, entgegen dem Trend bei den meisten anderen Bahnen, stiegen die Fahrgasteinnahmen der UP um mehr als ein Drittel. Oft, sagte die UP in ihrem Jahresbericht, mußten Buchungen abgelehnt werden, und so ging die Bahn nun auf 17-Wagenzüge über, die – im Gefolge des Starts Ende 1936 des 12-Wagen-„City of Denver" – mit einer Reisezeit von 16 Std. für die 1048 Meilen zwischen Chicago und Denver, einschließ-

lich 8 Zwischenhalten, pünktlich 1937 und 1938 Wirklichkeit wurden. Inzwischen war der andere US-Dieselpionier, die Burlington, nicht auf ihren Lorbeeren sitzengeblieben. Der erste „Zephyr" hatte das Publikum so begeistert, daß, um den amerikanischen Eisenbahnschriftsteller David Morgan in seinem Buch *Diesels West* zu zitieren, „die Burlington sie nicht schnell genug bestellen, noch Budd sie schnell genug bauen konnte... Ganz plötzlich war Eisenbahnfahren ‚das Neue Erlebnis' für das Land. Man saß in einem verstellbaren Einzelsitz, inmitten einer modernen, schallgedämpften klimatisierten Umgebung und wurde mühelos mit erstaunlichen 70, 80, 90 – sogar 100 Meilen in der Stunde fortgerissen. Im ‚Zephyr' zu fahren war in den dreißiger Jahren mehr als reiner Transport; es war Kultur, es war ‚in'".

Im Frühjahr 1935 kamen die ersten „Twin Cities Zephyrs". Es waren noch Dreiwagenzüge, doch mit weniger Postraum, wodurch die Sitzplatzzahl auf 88 angehoben werden konnte. Sie traten auf der blühenden Chicago-Minneapolis- und St. Paul-Strecke in unmittelbaren Wettbewerb mit den neuen Dampf-„Hiawatha" der Milwaukee und dem braven „400" der Chicago & North Western mit ihren aufgemöbelten herkömmlichen Dampf-Pacifics. Nach nur 10 Wochen mit einer einzigen Hin- und Rückfahrt am Tag für jeden Zug war die durchschnittliche Besetzung 97,7%, so daß Anfang Juni 1935 die Burlington für jeden Zug zwei tägliche Hin- und Rückfahrten festsetzte, was 1419 km für jeden Zug ergab. Natürlich wurden die Diesel-„Zephyrs" eh und je durch die üblichen Mängel lahmgelegt, für die alle Diesel anfällig sind, doch in diesem Jahr stieg die Verfügbarkeit auf 97% – ein erstaunlich hoher Wert für Triebwagen, die erst so kurz dem harten Dienst ausgesetzt waren. Und die Buchhalter rechneten aus, daß die Einnahmen die direkten Betriebskosten um 160% überstiegen!

Anfang 1936 war auch die Burlington zu der Überzeugung gekommen, der Dieselantrieb sei genügend weit aus dem Erprobungsstadium heraus. Er könne jetzt getrost im echten Fernverkehr eingesetzt werden. Bei Budd wurden 2 Zwölfwagen-„Denver Zephyrs" bestellt (außerdem zwei neue Siebenwagen-„Twin Zephyr"-Züge). In den „Denver Zephyr"-Zügen erhielt zum ersten Mal ein Stromlinien-Diesel die vollständigen Einrichtungen der amerikanischen Transkontinentalzüge, mit einer Cocktailbar und einem Aussichtsabteil (dieses mit einer Erfrischungsbar und einer Musiktruhe), einem großen Angebot von Schlafplätzen (einschließlich einigen über 2 m langen Betten für große Fahrgäste, und – völlig neu in einem Zug – Steckdosen für die damals ganz neuen Elektrorasierer) und einem Schlafabteil für das Zugpersonal. Und vorne war noch mehr Leistung: der Kopfwagen des „Denver Zephyrs" hatte zwei 900 PS-V12-Zweitaktmotoren und der zweite Antriebswagen einen 1200-PS-V16.

Schon seit 1934 war die Burlington verschnupft, weil sie immer wieder angegriffen wurde, die Rekordfahrt des ursprünglichen „Zephyr" von Denver nach Chicago sei in der bequemen Richtung erfolgt, denn das West-Ost-Profil ging in der Tat durchweg abwärts von über 1500 m über dem Meer beim Start in Denver auf etwa Meereshöhe in Chicago. Am 23. Oktober 1936 ging die Burlington daran, die Zweifler fertigzumachen, und schickte eine ihrer neuen „Denver Zephyr"-3000-PS-Antriebsdoppelwagen mit 6 Beiwagen von Ost nach West. Diesmal war die Fahrt eine Kleinigkeit länger, 1017 Meilen (1636 km), da sie in Chicago in einem anderen Bahnhof begann.

Es war ein kalter grauer Morgen mit Schneegestöber, als er den Union-Bahnhof in Chicago verließ, und eine ganze Weile schien es, als hätten die Götter das ganze Unternehmen verdammt. Bald nach der Abfahrt entdeckte man, daß durch die Nachlässigkeit eines Arbeiters die Fahrmotoren des zweiten Wagens keinen Strom kriegten. Nicht viel später gab es einen donnernden Funkenüberschlag im Kopfwagen. Als das wieder in Ordnung war, sprach der Drehzahlüberwacher eines Motors des Kopfwagens an und brachte ihn vorübergehend auf Leerlauf. Danach müssen der Bruch einer Luftleitung und das plötzliche Brüllen der Signalhörner nur wie eine Bagatelle gewirkt haben. Doch als alle diese Störungen einmal geklärt waren, da war der „Zephyr" nicht mehr zu halten. Über ein ebenes Stück von 26,6 Meilen (42,8 km) in Illinois wurde ein Durchschnitt von 105,8 mph (170,2 km/h) gehalten, und in Colorado hat nach den Angaben der Mannschaft der Stromlinienzug eine Spitze von 116 mph (186,6 km/h) erreicht. Er blieb in Denver nach 12 Std. 12½ Min. von Chicago ab stehen, was trotz der Störungen unterwegs einen Halt-zu-Halt-Durchschnitt von 83,3 mph (134 km/h) ergibt. Dieser Weltrekord steht noch heute für eine Ohnehalt-Fahrt auf Schienen über 1000 Meilen und mehr.

Die „Denver Zephyrs" waren ebenso unmittelbar ein finanzieller Erfolg, wie ihre Kurzstreckenbrüder. Bis weitere Zuggarnituren zur Verfügung standen, gab es natürlich nicht genug Einheiten, um den Fernverkehr täglich zu bedienen, insbesondere bei den Transkontinentalzügen wie den „Cities" der UP. Zu Beginn fuhren die „Cities" nur an 5 oder 6 Tagen im Monat, und ihre Fahrten wurden in den öffentlichen Fahrplänen malerisch als „Sailings" – wie bei Schiffen – aufgeführt. Die Beschleunigung des amerikanischen Intercity-Verkehrs, vor allem durch die Stromliniendiesel und die letzten Verfeinerungen des Dampfbetriebs, wie die „Hiawatha"-Lokomotiven der Milwaukee, ergab in der zweiten Hälfte der dreißiger Jahre mit außerordentlicher Schnelligkeit immer größere Meilenleistungen. Sie bekam 1938 einen neuen Anstoß, als Electromotive ihre berühmte Dieselmotorreihe 567 herausbrachte und die erste Serienproduktion der Welt von erfolgreichen dieselelektrischen Lokomotiven startete, den E6, ausgerüstet mit zwei der neuen 1000-PS-V12-Motoren Reihe 567. Von 29301 Meilen täglich im Jahr 1936 waren im Sommer 1938 die Fahrten mit planmäßigen Halt-zu-Halt-Geschwindigkeiten von 1 Meile je Minute oder mehr auf 48247 Meilen hinaufgesprungen. Union Pacific führte das Feld an mit einem 81,4 mph (131 km/h)-Sprint über die 62,4 Meilen (100,4 km) von Grand Island nach Columbus und einem anderen mit 80,3 mph (129,2 km/h) über die 95 Meilen (152,9 km) von North Platte nach Kearny mit ihrem „City of Denver". Doch diesellokomotivgezogene Züge waren ihr dicht auf den Fersen: Santa Fe's exklusi-

Rechts: Der „Super Chief" der Santa Fé fährt in Chicago ein mit einer 4000-PS-Kopf- und Zusatzlokomotivgruppe DL-109 von ALCO (Sammlung Cecil J. Allen).

Oben: *Geführt von einer 4000-PS-Kopf- und Zusatzlokomotivgruppe E5B von Electromotive fährt der „Denver Zephyr" der Burlington im August 1940 aus Denver aus zu seiner Schnellfahrt nach Omaha auf Union-Pacific-Gleisen* (R.H. Kindig).

Links: *Zerklüftetes Land begegnet den US-Transkontinentalzügen: Dies ist der „Empire Builder" der früheren Great Northern in den Rocky Mountains mit dem Mount St. Nicholas im Hintergrund* (Sammlung Cecil J. Allen).

ver Pullman-Zug „Super Chief" und dazu der Allklassen-„El Capitan" mit einem Halt-zu-Halt-Durchschnitt von 78,3 mph (126 km/h) über die 202,4 Meilen (325,7 km) von La Junta nach Dodge City. Unerbittlich, trotz der Kriegszeit, setzte sich die Beschleunigung fort, bis Anfang der fünfziger Jahre mehr als 150 000 Meilen für US-Züge mit mehr als 1 Meile je Minute erreicht waren. Natürlich waren davon inzwischen über 80% hinter Dieselantrieb, ganze 3-4% mit Dampf an der Spitze und der Rest unter dem Fahrdraht. Weitere Fortschritte gegenüber den in diesem Buch beschriebenen Spitzengeschwindigkeiten gab es nicht mehr, nicht zuletzt wegen einer Verordnung der Interstate Commerce Commission (Zwischenstaatliche Handelskommission), die besagt, daß die Geschwindigkeit unter 80 mph (128,7 km/h) bleiben muß auf allen Strecken, die nicht mit automatischer Signalanzeige im Führerstand und mit automatischer Zwangsbremseinrichtung versehen ist; nur wenige Bahnen waren bereit, dafür Geld auszugeben zum Nutzen einer Handvoll Reisezüge auf langen Strecken, auf denen vor allem schwerer Güterverkehr lief. Diese ICC-Vorschrift beendet z.B. den bemerkenswerten Fahrplan, der mehrere Jahre lang für den „Denver Zephyr" zwischen Denver und Omaha galt, auf Union-Pacific-Gleisen, der vorschrieb, daß 560 Meilen (901 km) mit einem Durchschnitt von 73,9 mph (118,9 km/h) zu fahren seien, *einschließlich sieben Zwischenhalten* – möglicherweise der anspruchsvollste Fahrplan der Welt für einen längeren Zeitraum in den vierziger Jahren. Während der ganzen vierziger und der frühen fünfziger Jahre, bis der Nachkriegswettbewerb von Luftfahrt und Straße massiv zuschlug und die US-Reisezüge praktisch zu Tode ausblutete, lag das Gewicht der Entwicklung darin, die Durchschnittsgeschwindigkeit auf einen

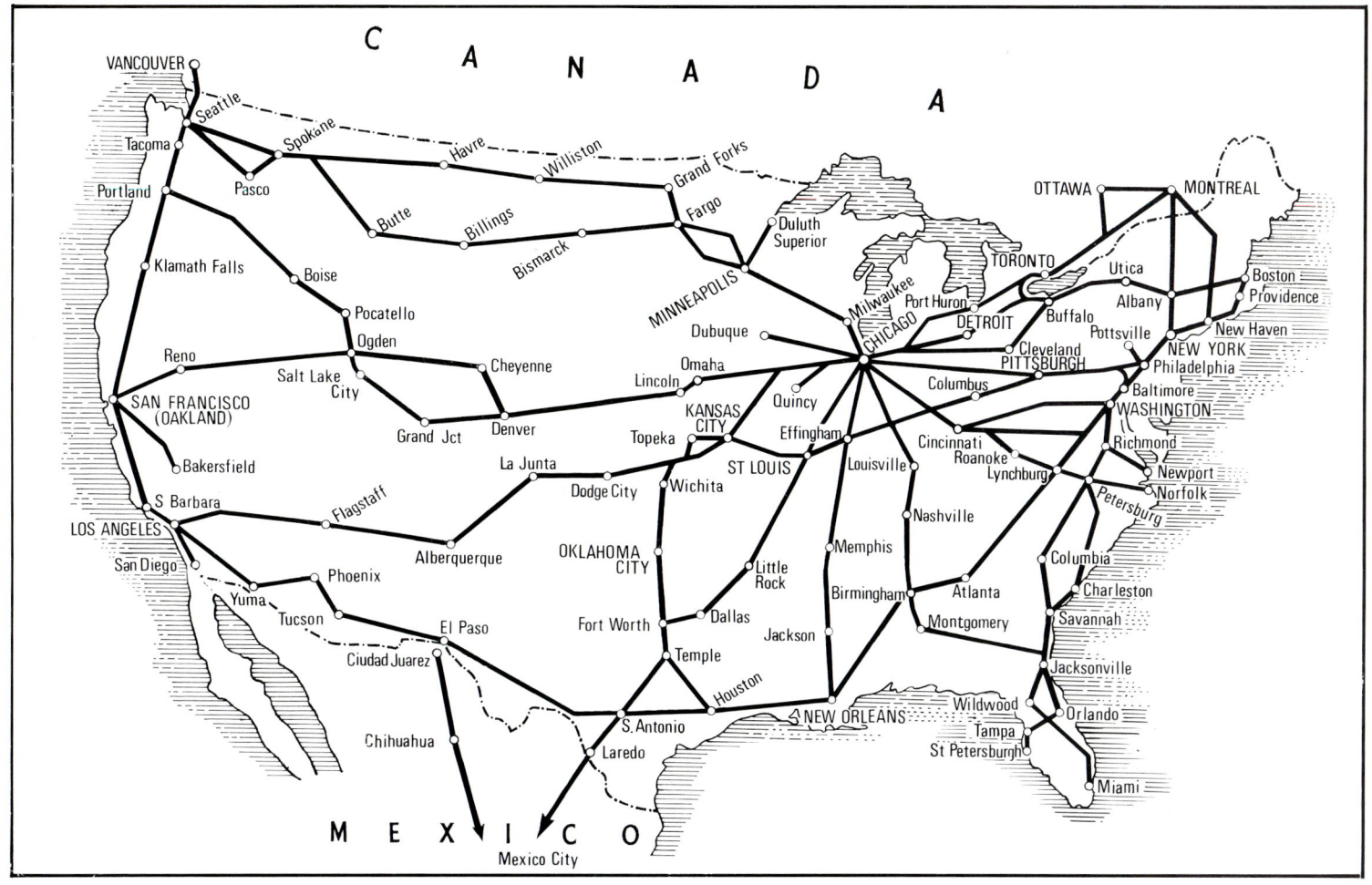

allgemeinen Standard anzuheben, die Züge mit immer ausgefalleneren Annehmlichkeiten zu vergolden und die Zugdichte in den dicht besiedelten Korridoren zu erhöhen.

Man vergleiche den heutigen armseligen einen Amtrak-Zug täglich zwischen Chicago und Milwaukee mit dem Jahre 1950, in dem sieben lange Stromlinienzüge täglich in jeder Richtung zwischen Chicago und der Zwillingsstadt Minneapolis und St. Paul fuhren. Von diesen hatten die jetzt diesellokomotivbespannten „Zephyrs" der Burlington Halt-zu-Halt-Fahrzeiten auf Zwischenabschnitten von 38 Min. für die 54,6 Meilen (87,9 km) von East Dubuque nach Prairie du Chien, mit einem Durchschnitt von 82,6 mph (138,7 km/h) und 41 Min. für die 57,7 Meilen (92,8 km) von La Crosse nach Prairie du Chien, mit einem Durchschnitt von 84,4 mph (135,8 km/h). Die konkurrierenden, jetzt auch dieselbespannten „Hiawathas" hatten fast ebenso schnelle Fahrpläne. Auf beiden Strecken waren 100 mph (160 km/h) unbedingte Regel, um den Fahrplan dieser Züge zu halten.

Auf dem Papier sehen die Reisezeiten der Stromlinienzüge nach der Pazifikküste weit weniger glänzend aus, abgesehen von Flachlandsprints der Art, wie ich sie schon für den „City of Denver" der UP zwischen Grand Island und Platte, westlich von Omaha, geschildert habe. Doch auf dem Hintergrund der ungeheuren Geländeschwierigkeiten, die diese 15-bis 17-Wagenzüge und ihre 6000-PS-Mehrfachdiesellokomotiven zwischen den Prärien und der Westküste zu überwinden hatten, sehen ihre Fahrpläne – und ebenso einige der Rekordfahrten, die in diesem Kapitel beschrieben wurden – doch etwas anders aus: Insbesondere die San Francisco- und Portland-,,Cities" der UP mußten westlich von Cheyenne, Wyo., die 2440 m des Sherman-Hill-Scheitels erklimmen. Santa Fé's „Super Chief" und „El Capitan" gingen vier Scheitelpunkte nacheinander an, jeder über 2100 m hoch, wobei der höchste mit 2325 m im Ratonpaßtunnel von Osten her mit einer stolzen 1 : 28¹/₂-Steigung erstiegen wird. Der spätere ,,California Zephyr", der beliebteste aller Stromlinienzüge des Goldenen Zeitalters, der gemeinsam von der Burlington, Denver & Rio Grande Wes-

tern und Western Pacific betrieben wurde, hatte nicht weniger als 2800 m zum Moffat-Tunnel, westlich von Denver, zu erklimmen.

Jetzt müssen wir Zeit und Schauplatz wechseln, um die wichtigsten Entwicklungen der Geschwindigkeit mit Diesel und Elektrik bis zum Vorabend des 2. Weltkriegs in Europa zu betrachten. Auf dieser Seite des Atlantiks zieht Deutschland als der andere und gleichzeitige Pionier des Dieselantriebs alle Aufmerksamkeit auf sich.

Ein weiterer Grund für Deutschlands Desinteresse an Kruckenbergs *Schienenzeppelin*, trotz dessen aufsehenerregender Demonstrationsfahrt im Jahr 1931, war die Entwicklung des Verfahrens von Dr. Rudolf Diesel. Schon als der Kruckenberg-Wagen von Hamburg nach Berlin flog, hatte die Reichsbahn eine Akte voll schlüssiger Daten, die zeigten, daß ihr langgehegter Wunsch nach einer unangreifbaren Weltgeschwindigkeitskrone in Reichweite eines dieselgetriebenen Doppeltriebwagens lag. So bekam im selben Jahr die Görlitzer Waggon- und Maschinenfabrik AG, die WUMAG, die Bestellung auf den Bau eines dieselelektrischen Prototyps, die beiden Wagen in Gelenkbauart und bestückt mit zwei schnellaufenden 410-PS-12-Zylinder-Maybachmotoren.

Der Prototyp war 1932 fertig und wurde ausgedehnten Probefahrten unterworfen. Dann, am 15. Mai 1933 wurde er auf der Rennstrecke Berlin – Hamburg im Regelverkehr als der „Fliegende Hamburger" eingesetzt und leitete damit ein neues Zeitalter im europäischen Intercity-Reiseverkehr ein.

Komfort war nicht gerade das Kennzeichen des 78-t-Gelenktriebwagens, dessen Stromlinienform das Ergebnis ausgedehnter Versuche in den Zeppelinwerken in Friedrichshafen war. In den beiden Großräumen waren 102 Sitzplätze eng angeordnet, in Abteilen zu 3 und 1 entlang einem Mittelgang, und für die Verpflegung gab es nur 4 Sitzplätze in einer Mitropa-Bar, die nur Imbiß und Getränke ausgab. In scharfem Gegensatz dazu wählten mindestens zwei britische Bahnen die zwei- und zwei-Anordnung in der 1. Klasse des Luxusverkehrs, wie bei „Royal Scot" und „Flying Scotsman". Kein Wunder, daß die Leitung

der London North Eastern Railway die spartanische Einrichtung der deutschen Dieseltriebwagen als Debet in der Bilanz werteten und zu dem Entschluß kamen, Gresleys dampfgetriebene Stromlinienzüge „Silber Jubiläum" zu bestellen, wie in Kapitel 2 beschrieben.

Für die Schnellfahrt eröffnete der „Fliegende Hamburger" unmittelbar ein neues europäisches Kapitel. Seine Fahrzeit von 138 Min. für die 270 km zwischen Berlin und Hamburg verlangten einen Halt-zu-Halt-Durchschnitt von 124,6 km/h. Das war 1933 nicht nur der schnellste Halt-zu-Halt-Fahrplan der Welt: Um ihn einzuhalten und in Anbetracht einiger strenger Geschwindigkeitsbegrenzungen unterwegs mußte der neue Dieselzug planmäßig über lange Streckenabschnitte 160 km/h fahren – zum ersten Mal wurde eine solche Geschwindigkeit für die tägliche Routine angewendet.

Die Deutsche Reichsbahn duldete eine solch hohe Geschwindigkeit nicht ohne zusätzliche Sicherheitsvorkehrungen. Die Züge selbst hatten eine schnellwirkende Knorr-Druckluftbremse und elektromagnetische Schienenbremsen, die die Triebwagen von 160 km/h auf 850 m zum Stillstand bringen konnten. Die ganze Strecke Berlin – Hamburg war mit der automatischen Indusi-Zugsicherung ausgerüstet worden, einer induktiven Einrichtung, bei der jedes Streckensignal durch einen Magneten gesichert ist, der an den Schienenschwellen angeschraubt ist. Wenn das zugehörige Signal auf Halt steht, übermittelt das ortsfeste Gerät eine bestimmte Frequenz, die auf einen Empfänger im Zug wirkt, und entweder eine sofortige Zwangsbremsung auslöst oder eine akustische Warnung, der nach einigen Sekunden eine Zwangsbremsung folgt, wenn der Führer nicht darauf reagiert, oder eine Warnklingel ertönen läßt, um dem Führer anzuzeigen, daß er die hier zulässige Höchstgeschwindigkeit überschritten hat. Der sofortige wirtschaftliche Erfolg des „Fliegenden Hamburgers" und die nachweisliche Ersparnis an Betriebskosten gegenüber dem Dampfbetrieb veranlaßte die Reichsbahn sehr bald, ein Intercity-Netz mit gleichartigen Triebwagen zu planen, doch nicht ohne vorherigen Streckenausbau: eine Strecke mußte nach einer Sondernorm aufgearbeitet und über die ganze Länge mit Indusi versehen werden, ehe die Reichsbahn sie für die neuen Dieselzüge freigab.

1935 wurden weitere siebzehn Triebwagen bestellt. Davon waren dreizehn dieselelektrische Doppeltriebwagen im Grunde wie der Prototyp, den die Reichsbahn SVT 877 nannte (und der jetzt im Nürnberger Verkehrsmuseum steht). Doch die Serienwagen Reihe SVT 137 der Bauart „Hamburg" waren in der äußeren Form und der Innenein-

richtung verbessert; insbesondere war das Platzangebot ausgedünnt worden zu bequemeren 76 Sitzplätzen in der Anordnung 2 und 1, und die Wagenenden waren mit Scharfenberg-Kupplung versehen, so daß die Wagen zu mehreren gefahren werden konnten. Das Gewicht des Doppeltriebwagens war auf 91 t gestiegen.

Vier aus der Bestellung von 1935, die Reihe SVT 137 Bauart „Leipzig", waren Dreiwageneinheiten mit dem neu entwickelten 600-PS-Maybach-Dieselmotor. Zwei davon hatten außerdem einen neuartigen Antrieb, der später der Hauptunterschied zwischen deutscher und amerikanischer Dieselpraxis wurde: Voith-Strömungsgetriebe statt elektrischer Übertragung. Die Dreifachtriebwagen, mit je 139 Sitzplätzen, hatten anders als die Doppelwagen, an jedem Ende ein Abteil für die Motorenanlage. Bei der dieselelektrischen Bauart waren die beiden inneren Gelenkdrehgestelle angetrieben (bei den Doppeltriebwagen war nur das eine innere Drehgestell angetrieben), doch bei der dieselhydraulischen Bauart waren die beiden Enddrehgestelle angetrieben. Nach deutschen Quellen kam einer der dieselelektrischen „Leipzig"-Wagen kurz nach seiner Auslieferung im Februar 1936 bei seiner Probefahrt auf der Strecke Berlin – Hamburg zwischen Ludwigslust und Wittenberge auf eine Spitze von 205 km/h, doch ich konnte nie eine volle Bestätigung auftreiben: Immerhin waren die Dreifachwagen für eine etwas höhere Dienstgeschwindigkeit von 170 km/h ausgelegt. Ein Hauptunterschied aller Dreifach- gegenüber den Doppelwagen war, daß sie zwei Klassen hatten und alle Sitzplätze in Abteilen waren; im Büffet gab es keine Sitzplätze, die Fahrgäste wurden in den Abteilen bedient. Das Triebwagengewicht war 117 t.

Die Dieseltriebwagen regten eine ebenso sensationell schnelle Erhöhung der allgemeinen deutschen Schienengeschwindigkeit an wie die Dieselstromlinienzüge in den USA. Mitte der dreißiger Jahre verband die Reichsbahn stufenweise alle großen Siedlungszentren untereinander und mit der Hauptstadt Berlin durch ein Verkehrsnetz mit derselben wirtschaftlichen Absicht, die nach dem 2. Weltkrieg den größten Teil der Entwicklung des westeuropäischen Intercity-Verkehrs bestimmte: Einrichtung eines Verkehrs, der in erster Linie dazu bestimmt war, Geschäftsleute gegen Mittag so früh ans Ziel zu bringen, daß sie Zeit für eine ausreichende Tagesarbeit hatten und am selben Abend wieder bequem im heimatlichen Bett waren. Die meisten dieser Verbindungen wurden unter dem gemeinsamen Namen „Fliegender..." angeboten: „Fliegender Kölner", „Fliegender Münchner" und so weiter.

Oben links: *Der „Fliegende Hamburger" gibt sein Debüt in Berlin Lehrter Bahnhof für eine Probefahrt nach Hamburg.*

Oben: *Einer der Diesel-Doppeltriebwagen Bauart „Hamburg" der Reichsbahn* (K. Buchholz).

Links: *Ein Dreiwagen-„Leipzig" in der Nähe von Berlin als „Fliegender Schlesier" zwischen der Hauptstadt und Frankfurt a. d. Oder im Jahr 1936* (Alfred B. Gottwaldt).

Oben: Der Diesel-Triebzug „Berlin" der Reichsbahn von der MAN war der letzte in Zweiklassenausführung vor dem Krieg. Diese Bilder zeigen ein Abteil 2. Klasse und den Speisewagen (MAN-Foto).

Rechts: Der letzte Diesel-Einheits-Dreiwagentriebzug der Reichsbahn war die Bauart „Köln"; hier einer nach dem 2. Weltkrieg in Hamburg Hbf als Reihe VT 06 der Deutschen Bundesbahn (Deutsche Bundesbahn).

Im Sommer 1935 hatte die Reichsbahn nicht nur das europäische Geschwindigkeitstablett gründlich leergefegt, sondern hatte auch die Weltführung ergriffen in bezug auf tägliche Halt-zu-Halt-Regelfahrten mit nicht nur einer, sondern 13 Verbindungen. An der Spitze der Liste standen die ersten Fahrpläne der Welt über 80 mph (128,7 km/h) – es waren vier: Berlin Zoo – Hannover mit dem Abendzug FDt 16 in 115 Min., Durchschnitt 132,6 km/h, zweimal Leipzig – Berlin Anhalter Bahnhof, 164,4 km mit dem Morgenzug von Frankfurt und dem von Stuttgart in 76 Min., Durchschnitt 129,8 km/h und Sagan – Guben, 60,3 km in 28 Min., Durchschnitt 129,4 km/h. Ebenso außergewöhnlich wie diese knappen Fahrzeiten waren die großen Entfernungen, die einige der Triebwagen an einem einzigen Schnellfahrtag zurücklegten. Der „Fliegende Kölner" z.B. hatte einen täglichen Weg von 1157 km und fuhr das Ganze mit einem Durchschnitt von 114,6 km/h; die tägliche Schicht des Zuges Berlin – München betrug 1369 km, deren Gesamtdurchschnitt von 103,8 km/h oberflächlich betrachtet unbedeutend scheint, doch in Anbetracht der niedrigen Geschwindigkeiten über den kurvenreichen

und steilen Abschnitt durch das Mittelgebirge zwischen Leipzig und Nürnberg war er für damals außergewöhnlich. Auf die Pünktlichkeit der Triebwagen wurde peinlich geachtet; das Personal war von der Hauptverwaltung der Reichsbahn angewiesen, sie nicht wegen verspäteter Anschlüsse zurückzuhalten.

Bei ihrer letzten Serie von Schnelltriebwagen verließ die Reichsbahn die Gelenkbauart, um die Wagen zu verlängern und mehr Sitzplätze unterzubringen. Ein neues Lastenheft wurde 1936 herausgegeben, und MAN und die Linke-Hoffmann-Werke machten Entwürfe. Der MAN-Prototyp, der 1938 herauskam und als Bauart „Berlin" bekannt wurde, unterschied sich im Aussehen von jedem andern Triebwagen der Flotte. Er hatte einen einzelnen Motorwagen, kürzer als die andern drei Wagen des Triebzuges, der abweichend von den andern mit einem einzelnen langsam laufenden MAN-Motor mit 700 Umdrehungen pro Minute von 1400 PS bestückt war und den Strom lieferte für die Fahrmotoren am inneren Drehgestell des Motorwagens und dem inneren Drehgestell des Schlußwagens; dieser hatte kein Führerabteil, so daß der Triebzug nicht einfach wenden konnte. Das volle Dienstgewicht des MAN-Versuchs war 207 t, wodurch sein Leistungs/Gewichtsverhältnis deutlich unter dem der andern Triebzüge lag.

Es überrascht nicht, daß die Reichsbahn die sogenannte Bauart „Köln" der Linke-Hoffmann-Werke als Regelbauart wählte, von der 14 bestellt wurden und deren Auslieferung 1938 begann. In diesen Dreiwagenzügen, die nicht als Gelenkwagen konstruiert waren, war der Mittelwagen nicht angetrieben, die beiden Endwagen hatten jeder einen aufgeladenen schnell laufenden 600-PS-12-Zylinder-Maybachmotor mit elektrischer Übertragung. Die Reichsbahn hatte nun grundsätzlich ihre Dieselflieger nur für eine Klasse eingerichtet, in der Bauart „Köln" als Abteilwagen, die in einem End- und dem Mittelwagen 102 Sitzplätze boten. Der andere Endwagen war ein vollgültiger Speisewagen mit 30 Sitzplätzen.

Eine kürzlich veröffentlichte Eisenbahn-Weltgeschichte will wissen, daß die Dieselflieger der Reichsbahn alle im Winter 1937/38 aus dem Verkehr gezogen und nie wieder in Betrieb genommen wurden. Das ist eine „Ente". Tatsächlich wurde eine Anzahl von Verbindungen zu dieser Zeit für eine Weile eingestellt, zum Teil, weil sich an den Achsen Dauerbrüche gezeigt hatten und die ganze Flotte untersucht werden mußte, zum Teil, weil das Dritte Reich große Anstrengungen in der ganzen Volkswirtschaft machte, insbesondere in seinem Streben nach Autarkie und daher den Verbrauch des eingeführten Erdöls einschränkte. Doch die allermeisten der Triebwagenverbindungen wurden nach wenigen Wochen wieder in Betrieb genommen und waren erst beim Ausbruch des Krieges endgültig erledigt. Viele der Triebzüge überlebten den 2. Weltkrieg und dienten sowohl der westdeutschen wie auch der ostdeutschen Bahn noch eine Anzahl von Jahren: Triebzüge der Bauart „Hamburg" und „Köln" waren bei der Reichsbahn der DDR bis 1959 in Betrieb.

Eine letzte deutsche Vorkriegskonstruktion eines Dieselschnelltriebwagens muß noch erwähnt werden. Hier betritt der abenteuerliche Dr. Kruckenberg wieder die Szene. Im Jahr 1937 veranlaßte er die Kölner Firma Westwaggon, einen Dreifach-Stromliniengelenkzug mit Wagenkästen aus Aluminium zu bauen, mit einer vorspringenden Nase, die aussah wie eine groteske Karikatur des deutschen Trans-Europa-Express-Dieselgelenktriebzugs von nach dem Krieg. Nach bedeutenden Schwierigkeiten beim Einbau von zwei 600-PS-Maybachmotoren und Voith-Strömungsgetrieben, um das Wunderding zu bestücken, kriegte Kruckenberg seinen sogenannten „Fliegenden Silberfisch" gegen Ende 1937 auf die Schienen. Im nächsten Jahr wurde berichtet, er habe bei einer Probefahrt zwischen Berlin und Köln 195 km/h erreicht. Dann, am 26. Juni 1939, wurde er auf die beliebte Strecke Berlin – Hamburg geschickt und hielt dem Vernehmen nach über eine längere Strecke 200 km/h, mit einer Spitze von 215 km/h. Doch wie weit auch der Tachometerzeiger ausgeschlagen haben mag, die Anstrengung beanspruchte die Befestigung der Antriebsanlage und das

Fahrwerk so verheerend, daß er vor Ausbruch des Krieges nicht wieder hergerichtet werden konnte und dann der Vergessenheit anheimfiel.

Kurz vor Ausbruch des 2. Weltkrieges, als die Elektrifizierung von München nach Berlin geplant war (wegen des Krieges kam die Fahrleitung von München nach Norden nicht weiter als bis Dessau), setzten die Deutschen schließlich auf die Entwicklung von elektrischen Schnellfahrlokomotiven. Vorläufer der neuen Reihe war die Reichsbahnreihe E18 (später Deutsche Bundesbahn Reihe 118), eine 4075-PS-1Do1 mit 150 km/h Höchstgeschwindigkeit, die die AEG 1933 auf die Zeichenbretter brachte; 55 wurden gebaut, die letzten 2 nach Kriegsende. Versuchsfahrten zeigten, daß die E18, die auf der Pariser Weltausstellung 1937 einen großen Preis errang, eine Kurzzeitleistung von 8000 PS aufbringen konnte für Geschwindigkeiten über 160 km/h, was sie mit weitem Abstand zu der damals stärksten elektrischen Lokomotive der Welt machte. Und das wurde der Anlaß zu einem weiteren Schritt zu einer besonderen Schnellfahrkonstruktion für den Schnellzugsdienst auf der Strecke München – Nürnberg – Leipzig – Berlin, wenn deren Elektrifizierung fertig sein würde.

Die erste E19 (später DB-Reihe 119) wurde durch die AEG Ende 1938 ausgeliefert. Wieder eine 1Do1, die fast wie eine Zwillingsschwester der E18 aussah, doch mit einer auf 5360 PS erhöhten Dauerleistung wurde sie für eine Höchstgeschwindigkeit von nicht weniger als 225 km/h ausgelegt, und ihr Lastenheft verlangte die Fähigkeit, einen Achtwagenzug von 360 t innerhalb 4½ Min. auf ebener und gerader Strecke auf 180 km/h zu beschleunigen. Die höchste Kurzzeitleistung der E19 war weit über 8000 PS, und auf Probefahrten soll das erste Paar die Leistungsforderungen so übertroffen haben, daß sie 400 t innerhalb 4 Min. 48 Sek. aus dem Stand auf 200 km/h gejagt hat. Die ersten zwei E19 wurden nie mit ihrer Auslegungsgeschwindigkeit gefahren, und tatsächlich wurde ihre erlaubte Spitze auf 180 km/h herabgesetzt, doch deutsche Unterlagen zeigen, daß das letzte Paar, von Henschel gebaut und als E19 [1] eingereiht, bei den Abnahmefahrten zweifellos auf die beabsichtigte Geschwindigkeit von 225 km/h hochgefahren wurde. Der Krieg ließ den Vorhang vor einer weiteren Vermehrung der Reihe fallen, doch das ursprüngliche Quartett überlebte und wurde nach dem Krieg von der Deutschen Bundesbahn zwischen München und der Grenze zur DDR bei Probstzella in Dienst gestellt. Doch während ihres ganzen Nachkriegsdienstes waren die E19 auf 140 km/h beschränkt. Die letzte, Nr. 119 12, wurde 1977 zur Erhaltung aus dem Dienst gezogen.

Keiner sonst in Westeuropa konnte den Deutschen in der Entwicklung des Dieselschnellverkehrs vor 1939 das Wasser reichen, Ende 1930 hatten die Franzosen weit mehr Triebwagen mit Motoren innerer Verbrennung in Betrieb als die Deutschen, sowohl für Nahverkehrs- wie auch für Intercity-Expreßdienst. Doch in Frankreich war die Geschwindigkeit durch Gesetz auf dem ganzen Schienennetz auf 120 km/h begrenzt (ob unter der Härte des Gesetzes oder nicht, diese Höchstgeschwindigkeit wurde damals durchweg auf fast dem ganzen europäischen Festland eingehalten). Als die französischen Triebwagen oder Triebzüge immer mehr wurden, zuerst mit Benzin und dann Diesel, wurde ihnen eine Höchstgeschwindigkeit von 140 km/h erlaubt, doch das genügte bei weitem nicht, um irgendeine französische Verbindung in den Verein derselben Halt-zu-Halt-Pläne aufzunehmen wie die deutschen. Einige Male wurden Geschwindigkeiten über 160 km/h auf Versuchsfahrten erreicht, doch auch das genügte nicht um es mit den deutschen Leistungen aufnehmen zu können.

Dieselben Hemmungen – hinzu kam, wie ich bereits bemerkte, kurzsichtiges Desinteresse, zu den Horizonten vorzustoßen, die schon 1903 durch die Versuchsfahrten Marienfelde – Zossen eröffnet waren – begrenzten die Geschwindigkeit des elektrischen Betriebs vor dem 2. Weltkrieg. Doch es gab gelegentliche Freudenfeuer. Über ein solches wurde 1938 aus der Schweiz berichtet, dem dafür unwahrscheinlichsten aller Schauplätze, mit ihren meist kurvenreichen und steilen Hauptstrecken. Auf der Simplonstrecke durch das Rhonetal zwischen

Oben: *Der Diesel-Triebzug mit Aluminium-Wagenkästen von Kruckenberg von 1937, der sogenannte „Fliegende Silberfisch", der 215 km/h erreicht haben soll (Nachlaß Kruckenberg).*

Links: *Die Krönung der elektrischen Schnellfahrlokomotiventwicklung der Deutschen Reichsbahn, die 1 Do 1 Reihe E 19; diese hier steht im Dienst der Deutschen Bundesbahn als Nr. 119 011-5 (Deutsche Bundesbahn).*

Unten links: *Einer der dieselelektrischen 820-PS-Triebzüge mit 2 Maybach-Motoren, die die französische Nordbahn 1934 in Betrieb nahm zwischen Paris, Lille und Tourcoing, hier im Gare du Nord in Paris. Bei einer Probefahrt fuhr einer mit 158 km/h.*

Genf und Brig sind einige verlockende, gerade und ebene Abschnitte, und hier wurde einer der beiden elektrischen Dreiwagengelenkzüge „Roter Pfeil" der Schweizerischen Bundesbahnen, die 1937–38 für Tagesrundfahrten gebaut wurden, versuchsweise auf 180 km/h ausgefahren. Jahrelang konnte eine Spritztour eines der „Roten Pfeile", ob mit einem der Einzelwagen von 1935–38 oder mit den späteren Dreifachwagen, ohne Anstände auf höhere Geschwindigkeiten als der Norm für die schweizerischen Hauptstrecken kommen; in der Tat waren die Dreifachwagen für eine Spitzengeschwindigkeit von 150 km/h ausgelegt.

Die 180 km/h des Dreifachtriebwagens stand als der schweizerische Nationalrekord bis zum Sommer 1977, als die Schweizerische Bundesbahn sich von der Deutschen Bundesbahn eine elektrische Lokomotive Reihe 103 auslieh für ein Versuchsprogramm im Tunnel ihrer neuen Heitersberg-Abkürzungsstrecke und den Gast auf 212,4 km/h hochfuhr. Der Zweck des Versuchs war, das Verhalten einer neuen Fahrleitungsbauart bei hoher Geschwindigkeit zu untersuchen, für den möglichen Bau eines neuen Gotthard-Basistunnels durch die Alpen.

Die bedeutendsten Vorkriegswegweiser für den elektrischen Vormarsch kamen aus Frankreich und Italien. Im Jahre 1938 ließen die französischen Nationalbahnen ein Schnellfahrversuchsprogramm auf der Hauptstrecke Paris – Bordeaux ablaufen, die an ihrem Nordende für hohe Geschwindigkeiten wunderbar trassiert ist. Die Versuchslokomotive war Nr. E704, eine von vier 4950-PS-2Do2 (das heißt, mit vorderem und hinterem Laufdrehgestell und dazwischen 4 einzeln angetriebenen Treibachsen), die 1934 bestellt worden waren, um Lokomotiven mit wesentlich höherer Leistung als den damals üblichen zu erproben. Als Vorahnung dessen, was in den sechziger Jahren kommen sollte, als diese Strecke das Schaufenster der französischen Schnellfahrtechnik wurde, krönte die Nr. E704 die Versuche damit, einen 176-t-Zug aus 4 Wagen auf 185 km/h hochzujagen, bei einem Durchschnitt von 170 km/h über 20 km zwischen Blois und St. Pierre-des-Corps.

„Die ersten zu Land, zu Wasser und in der Luft" war das italienische Ziel, das Mussolinis Propagandamaschine in den dreißiger Jahren mit

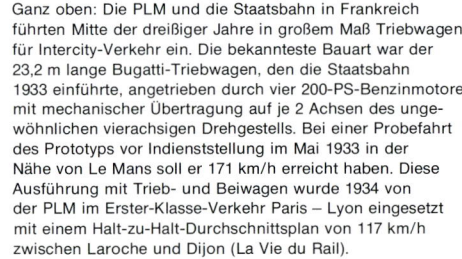

Ganz oben: Die PLM und die Staatsbahn in Frankreich führten Mitte der dreißiger Jahre in großem Maß Triebwagen für Intercity-Verkehr ein. Die bekannteste Bauart war der 23,2 m lange Bugatti-Triebwagen, den die Staatsbahn 1933 einführte, angetrieben durch vier 200-PS-Benzinmotoren mit mechanischer Übertragung auf je 2 Achsen des ungewöhnlichen vierachsigen Drehgestells. Bei einer Probefahrt des Prototyps vor Indienststellung im Mai 1933 in der Nähe von Le Mans soll er 171 km/h erreicht haben. Diese Ausführung mit Trieb- und Beiwagen wurde 1934 von der PLM im Erster-Klasse-Verkehr Paris – Lyon eingesetzt mit einem Halt-zu-Halt-Durchschnittsplan von 117 km/h zwischen Laroche und Dijon (La Vie du Rail).

Oben: Die Zweiwagen-Ausführung des elektrischen Triebwagens „Roter Pfeil" der Schweizerischen Bundesbahn. Dieser eine, Bauart RAe 4/8 Nr. 1021, wurde 1939 gebaut und heißt „Churchill", nachdem Sir Winston Churchill 1946 damit gefahren war. Aufgenommen in der Nähe von La Chaux de Fonds (Sébastian Jacobi).

Links: Die elektrische Lokomotive Reihe 103 der Deutschen Bundesbahn und ihr deutscher Meßwagenzug 1977 auf der neuen Heitersberg-Abkürzungsstrecke der Schweizerischen Bundesbahn, als ein neuer Schweizer Schienenrekord aufgestellt wurde (Schweizerische Bundesbahn).

unermüdlicher Ausdauer ausposaunte. Was die Eisenbahn betrifft, so gibt die volkstümliche Geschichtsüberlieferung dem Duce hauptsächlich das Verdienst, den Zügen die Pünktlichkeit beigebracht zu haben. Mag das sein, wie es will, harte Tatsache ist, daß in den späten dreißiger Jahren kein anderes europäisches Land seinen Intercity-Verkehr in bezug auf die Geschwindigkeit so gründlich umgewandelt hat wie Italien. Der 841,5-km-Trip von Neapel nach Mailand, der sich noch 1914 über ermüdende 17 Stunden hinschleppte – und wegen der chronischen Unpünktlichkeit oft mehr, war im Sommer 1939 mit dem elektrischen *Rapido* auf 8 Stunden herunter. Verglichen mit 1914 zeigte nicht nur jeder Hauptstreckenfahrplan Verkürzungen der durchschnittlichen Reisezeiten von 20 bis 45% (die Spitzenzüge waren im allgemeinen 100% schneller), sondern auch eine massive Erhöhung der Zugdichte, bis zu 114% zwischen Rom und Neapel.

Die neuen Flaggschiffe dieses revolutionierten Zugverkehrs waren eine Serie von elektrischen Intercity-Dreiwagengelenktriebzügen der Reihen ETR 201 und ETR 221, die ab 1936 auf den 3000-V-Gleichstromstrecken der Italienischen Staatsbahn eingeführt wurden. Diese 110 t schweren 1100-kW-Triebzüge waren für eine Höchstgeschwindigkeit von 160 km/h im Regeldienst gebaut, wurden aber mit wesentlich höheren Geschwindigkeiten erprobt. Auf der kurz vorher fertiggestellten *Direttissima* Rom – Neapel entlang der Küste z.B. wurde die Nr.ETR 201 selbst am 27.Juni 1938 auf eine Spitze von 201,3 km/h gebracht, während sie die 210 km in 83 Min. von Halt zu Halt hinter sich brachte mit einem Durchschnitt von 152 km/h.

Doch diese Leistung wurde durch die außergewöhnliche Fahrt des ETR 201 am 20.Juli 1939 in den Schatten gestellt. Die zweite von Italiens neuen *Direttissima*-Strecken, die eine der gewundensten und steilsten Strecken der Bahn durch eine günstigere Linienführung ersetzte, war eben eröffnet worden. Sie führte über die Berge zwischen Florenz und Bologna mit dem neuen eindrucksvollen 18,5 km langen Appenin-Tunnel. Hauptsächlich um des höheren Ruhms des Regimes willen, denn für kalkulierte Eisenbahnzwecke – so wird vermutet – wurde an diesem Julitag eine Sonderfahrt für den Verkehrsminister und einige Hundert seiner Gäste auf der neuen Strecke veranstaltet. Nun ist die *Direttissima* zwar eine große Verbesserung gegenüber der

alten Strecke in bezug auf die Kurven, doch hat sie immer noch ein gerütteltes Maß an scharfen Krümmungen. Ich erinnere mich noch lebhaft an eine Fahrt auf dieser Strecke mit dem „Settebello" der Italienischen Staatsbahn aus neuester Zeit, dem extravaganten Luxuswundertier, das den Führerstand in einer Art „Hochparterre" hat, so daß die Stromliniennase an jedem Ende einem Aussichtsabteil für die Fahrgäste gewidmet werden kann. Ich möchte den Autofahrer sehen, der sich in die Frontsessel des vorderen Abteils des „Settebello" auf dem Abschnitt Florenz – Bologna von dessen Rom-Mailand-Fahrt setzt und nicht jedesmal unwillkürlich mit dem Fuß hart auf ein nicht existierendes Bremspedal tritt, sobald eine Kurve auftaucht. Insbesondere wo die Kurven ein Gefälle beenden, scheint der Führer bis zum allerletzten Moment zu warten, ehe er den flitzenden Zug abbremst.

Seitdem verblüfft mich diese Fahrt, die am 20.Juli 1939 stattfand. Die Fahrdrahtspannung war extra von 3 kV auf 4 kV Gleichstrom erhöht worden, doch soweit mir bekannt ist, waren weder die Strecke besonders aufgearbeitet noch irgendwelche außergewöhnlichen Vorsichtsmaßnahmen getroffen worden, und so fuhren sie die 315 km von Florenz nach Mailand in 115¼ Min. mit einem Halt-zu-Halt-Durchschnitt von 164 km/h. Während der Fahrt durch diese Kurven müssen die Fahrgäste gezittert haben. Selbst auf der *Direttissima* ist der Aufstieg zum Appenintunnel 1:106, und das auf beinahe 18 km, doch spielend schaffte der Zug die Steigung mit stetigen 130–145 km/h und sprang dann auf dem ebenen Stück tief unter den Bergen auf 175,4 km/h. Der Höhepunkt des Tages war die Fahrt der gesamten 199,5 km von Lavino nördlich Bologna nach Rovoredo südlich von Mailand mit einem Durchschnitt von 175,8 km/h, von Durchfahrt zu Durchfahrt gerechnet, mit einer Spitze von 203 km/h. Es war die schnellste Fernfahrt auf Schienen auf der ganzen Welt bis zur Eröffnung eines neuen Schnellfahrzeitalters nach dem Krieg durch die japanische Neue-Tokaido-Linie.

Unten: Ein elektrischer Vielfach-Triebzug Reihe ETR 200 der Italienischen Staatsbahn, die Bauart, die im Juli 1939 die bemerkenswerte Fahrt von Florenz nach Mailand mit einem Durchschnitt von 164 km/h gemacht hat (Italienische Staatsbahn).

4. Die Franzosen weisen den Weg in die Nachkriegszeit

Vor dem 2. Weltkrieg – wie Sie aus dem vorigen Kapitel richtig geschlossen haben – waren die französischen Eisenbahnen keine Spitzenreiter in bezug auf Geschwindigkeit. Die Höchstgeschwindigkeit von 120 km/h, die für Dampfzüge gesetzlich vorgeschrieben war, wurde obendrein durch schreibende Geschwindigkeitsmesser erzwungen, lange nachdem auf einigen benachbarten britischen Hauptstrecken 145 km/h üblich und 160 km/h tägliche Routine der deutschen und der US-Dieselzüge geworden waren – sogar mit Dampf bei den „Hiawatha" der Milwaukee in den USA und bei den London-North-Eastern-Stromlinienzügen in Britannien. Beim Ausbruch des 2. Weltkriegs zeigten die schnellsten Halt-zu-Halt-Fahrzeiten in französischen Fahrplänen Durchschnittsgeschwindigkeiten von nur 108,2 km/h für Dampf, 112,9 km/h für elektrischen und 117,6 km/h für Dieselantrieb.

Die Grundlage für das glänzende Aufblühen der französischen Eisenbahngeschwindigkeit war schon in den Nachwehen des 1. Weltkriegs gelegt worden. Die Kriegsschäden in Frankreichs reichsten Kohlenfeldern, dann die Unruhen in der Arbeiterschaft drosselten die Kohlenversorgung und ließen die Kohlepreise steigen. Im Jahre 1920 spornte die französische Regierung deshalb die Orléans-, die Midi- und die Paris-Lyon-Méditerranée-(PLM)-Bahn an, den Wasserreichtum der bergigen Gebiete in ihrem Bereich in Wasserkraftwerke zu leiten, die die Wohnungen und Fabriken mit Strom beliefern und auch die Eisenbahnen antreiben sollten. Der ursprüngliche Plan war zu ehrgeizig, und zu Beginn des 2. Weltkrieges waren die einzigen umgestellten Hauptstrecken, mit 1,5 kV Gleichstrom, die von Paris nach Le Mans und von Paris über Bordeaux zur spanischen Grenze in Hendaye.

Die Eisenbahner hielten ihre Pläne über die ganze Zeit der deutschen Besetzung versteckt, und so waren die französischen Eisenbahnen mit einem detaillierten Programm für weitere Elektrifizierung in den Startlöchern fast unmittelbar nach der Feuereinstellung. Schon 1946 war das Hauptstück im Bau, die Umstellung der Ex-PLM-Hauptstrecke von Paris nach Lyon. Innerhalb 6 Jahren – und 6 Jahren lästiger Nachkriegsbeschwerden dazu – waren ungefähr 600 km von Haupt- und Zweigstrecken zwischen den beiden Städten mit 1,5 kV Gleichstrom elektrifiziert. Im Winter 1952–53 schrieben die französischen Bahnen den Fahrplan Paris – Lyon neu, um der Leistungsfähigkeit des neuen Antriebs Rechnung zu tragen, und damit bekam Europa seinen ersten Intercity-Schienenverkehr im Bereich von 110- bis 120-km/h-Halt-zu-Halt-Fahrplänen.

Kohle war wiederum knapp und die Ersparnisse durch diese Elektrifizierung so deutlich, daß die französische Regierung auf eine rasche Ausbreitung der Fahrleitung erpicht war. Doch die Kaufleute der Bahn scheuten sich. Zu wenige Strecken hatten genügend Verkehr, um die hohen Baukosten der Gleichstromelektrifizierung zu rechtfertigen. Inzwischen begannen aber die Elektroingenieure die Lösung zu

Rechts: *Ab 1931 verwendeten einige französische Bahnen Triebwagen mit gummibereiften Rädern, die von der Firma Michelin entwickelt worden waren für einen leiseren stoßfreien Lauf. Eine der ersten Nachkriegsentwicklungen der französischen Eisenbahnen war 1948 die Einführung von drei lokomotivbespannten Stromlinienzügen aus Leichtbauwagen, die auf einem von Michelin konstruierten Untergestell liefen mit neuartigen Drehgestellen mit fünf Achsen, alle mit gummibereiften Rädern. Bespannt mit einer Stromlinien-2C mit dem Spitznamen „Wal", wegen ihres Aussehens, verkehrte der Zug zwischen Paris und Straßburg. Ein solcher Michelin-Zug ist hier in Nancy aufgenommen (Y. Broncard).*

Rechts und unten: *Buffet und Speisewagen in einem Michelin-Zug von 1948.*

Ganz rechts: *An der Spitze der Wiederbelebung der Schnellfahrt der französischen Bahnen auf der Hauptstrecke Paris – Dijon in den Jahren unmittelbar nach dem 2. Weltkrieg standen die 1,5-kV-Gleichstrom-2D2 von vor dem Krieg und deren Nachkriegsbauten nach derselben Grundkonstruktion. 2D2-9103 aus der Bauserie 1950–51 mit 4950 PS Leistung an der Spitze des „Mistral" der fünfziger Jahre mit zwei Pullman-Wagen hinter dem Packwagen bei der Ausfahrt aus Paris, Gare de Lyon, in Richtung Riviera (Lucien Viguier).*

sehen. Die Knochen dazu waren durch das Kriegsende in französische Hände gekommen, doch mußte durch französisches Genie noch eine Menge Fleisch darauf gepackt werden.

Als Deutschland am Ende des 2. Weltkrieges in Besatzungszonen aufgeteilt wurde, enthielt das französische Gebiet die kurze Höllentalstrecke im Schwarzwald. In den dreißiger Jahren hatten diese die Deutschen versuchsweise umgestellt, um für den Lokomotivantrieb direkt Hochspannungswechselstrom mit Industriefrequenz verwenden zu können. Die zeitweiligen Oberherren begriffen schnell die Bedeutung: Einfachere Streckenausrüstung und wesentlich leichtere Fahrleitung waren möglich, und die Bahnen mußten nicht länger ihre eigenen Kraftwerke bauen, was alles zusammenwirkte auf eine starke Kürzung der Baukosten für die Elektrifizierung. Hier ist es nicht nötig, in die weiteren Forschungen und Entwicklungen einzusteigen, mit der bedeutenden Hilfe durch die Entwicklung der Halbleitergleichrichter, die nötig waren, bis die moderne Wechselstromantriebstechnik perfekt war: doch das war Mitte der fünfziger Jahre erreicht.

Die Ersparnisse des neuen Systems waren jedoch nicht so blendend, daß es sich ausgezahlt hätte, alle Gleichstromfahrleitungen abzureißen und neu zu beginnen. Bestehende Gleichstromelektrifizierungen wurden logischerweise weitergeführt – z.B. von Lyon südwärts nach Marseille, außerdem waren die Ingenieure bald soweit, Mehrsystemlokomotiven zu bauen, die gleicherweise unter den Fahrdrähten von bis zu 4 verschiedenen Stromsystemen fahren konnten, 15 kV 16²/₃ Hz Wechselstrom in Mitteleuropa, 3 kV Gleichstrom in den Niederlanden und Italien und 25 kV 50 Hz Wechselstrom und 1,5 kV Gleichstrom in Frankreich. Doch von 1957 an gab es eine explosionsartige Ausbreitung der Wechselstromelektrifizierung, die ein Netz zusammenknüpfte, das sich über den ganzen Norden Frankreichs erstreckt, einschließlich der Hauptstrecken von Paris nach Amiens und Lille, zur belgischen Grenze in Aulnoye auf dem Weg nach Brüssel, und nach Metz, Straßburg und Basel. Dazu erlaubte die Entwicklung der Mehrsystemantriebstechnik die Wechselstromfortsetzung von Gleichstromnetzen, wie z.B. von Marseille nach Nizza und zur italienischen Grenze in Ventimiglia.

Schneller Intercity-Reiseverkehr war stets ein Hauptpunkt im Nachkriegs-Wiederaufbauplan der SNCF. Neben der Elektrifizierung war der andere Schlüssel zur Erreichung des Ziels eine durchgehende

Neuauslegung des Fahrplans, damit man das Beste machen konnte aus der großen Kraftreserve, die die Franzosen aus Grundsatz in jede neue Generation von Lokomotiven einbauten. Mit dieser hohen Leistung am Stromabnehmer für schnelle Beschleunigung vom Stand auf die volle Fahrgeschwindigkeit, dann um die größte erlaubte Streckengeschwindigkeit beinahe unverändert bergauf oder bergab einzuhalten, und durch Zusammenfassen der wichtigsten Schnellzüge in Fahrplangruppen, der „Schwärme", mit gleicher Plangeschwindigkeit, bauten die Franzosen auf jeder Hauptstrecke ein Betriebsgrundmuster auf, das für eine Reihe von Jahren wirtschaftliche Gültigkeit behielt. Danach konnten die Ingenieure sich ununterbrochen einer geordneten programmierten Erforschung neuer technischer Grenzen widmen.

Schon 1952 zeigten die Franzosen, wie die Theorie in der Praxis arbeitete. An einem Juliabend hatte eine der 5550-PS-2Do2 des Jahrgangs 1950–51, deren Ursprung auf die Lokomotive von 1934 zurückgeht, die im letzten Kapitel erwähnt wurde, bei der Ausfahrt aus Paris mit einem 642 t schweren Abend-*Rapide* 14 Minuten Verspätung. Trotz einiger Langsamfahrstellen unterwegs legte sie die 315,8 km nach Dijon in 138 Min. zurück mit einem Halt-zu-Halt-Durchschnitt von 136,8 km/h, doch ohne jemals die auf der Strecke gültige Höchstgeschwindigkeit von 145 km/h zu überschreiten.

1954 starteten die französischen Eisenbahningenieure ein weitsichtiges Schnellfahr-Forschungs- und -Entwicklungsprogramm. Hauptziele waren die Feststellung der praktischen Leistungsgrenze normaler elektrischer Lokomotiven, die Untersuchung des Schnellfahrverhaltens des Wagenparks und die Feststellung der Elastizität der Gleise, der Leistungsfähigkeit der Stromabnehmer und der Tauglichkeit der elektrischen Ausrüstung – ortsfest und beweglich – bei der größten Beanspruchung durch höchste Geschwindigkeit. Eine Kette neuer Rekorde war die Folge.

Streckenversuche wurden im Februar 1954 gestartet auf einem 37 km langen Streckenstück südlich Dijon, zwischen dieser Stadt und Beaune, das fast ganz gerade und praktisch eben war.

Versuchskaninchen war eine der ersten allachsgetriebenen Gleichstromlokomotiven der französischen Eisenbahnen, die 106 t schwere 4740-PS-Nr. CC7121. Diese Maschinen hatten schon den täglichen Verkehr auf der neu elektrifizierten Strecke Paris – Lyon revolutioniert, indem sie die einzige bedeutende Steigung der Strecke, den Auf-

Oben: Der „Mistral" mit seinem klimatisierten Edelstahl-Wagenzug der frühen Sechziger, bespannt mit einer der 4700-PS-Lokomotiven der Reihe CC 7100 von 1952–54, der auch der bisher ungeschlagene Weltrekordbrecher entstammt (Französische Eisenbahnen).

stieg zu den Bergen Burgunds mit der Endsteigung 1:125 nach Blaisy-Bas, mit 700 t schweren *Rapides* mit 130 km/h hinauffuhren. Die Nr. CC7121, damals gerade wenige Monate alt, wurde für den Versuch direkt aus dem Verkehr genommen und bekam keine besonderen Vorbereitungen.

Die Versuche dauerten vom 17. bis zum 21. Februar 1954. Wenn der 109 t schwere Dreiwagenzug aus normalen Edelstahlwagen unterwegs war, wurde der Abschnitt Dijon – Beaune für andere Züge gesperrt, und auf den Bahnsteigen war nur Bahnpersonal zugelassen. In diesem frühen Stadium der Untersuchung von Nebenwirkungen der hohen Geschwindigkeiten zurrten die Franzosen als zusätzliche Vorsichtsmaßnahme alle Wagen auf den Nachbargleisen fest, damit sie nicht etwa durch den Luftzug des Versuchszuges ins Rollen kommen sollten.

An den ersten beiden Tagen wurden nur vergleichsweise bescheidene Werte erreicht mit 180 km/h und 194,7 km/h, ohne die Lokomotive zu überanstrengen. Der dritte Tag sah in den Fahrtberichten Frankreichs ersten 160-km/h-Halt-zu-Halt-Sprint, als die 36,8 km von Dijon nach Beaune in 13^3/$_4$ Min. verschlungen wurden und die Geschwindigkeit auf 230 km/h kam. Glänzende Beschleunigung zeichnete die nächste Fahrt aus, denn obwohl Kurven die Geschwindigkeit über die ersten 2 km aus Dijon heraus begrenzten, erreichte Nr. CC7121 nach 5,2 km 160 km/h, und nach 13,7 hatte sie die Spitze noch etwas höher geschraubt, auf 233,3 km/h. Dann, bei der letzten Fahrt am 21. Februar brauchte die Nr. CC7121 nur 4,8 km vom Start an, einschließlich der geschwindigkeitsbegrenzten Ausfahrt aus Dijon, um den Zug auf 185 km/h zu bringen. Nach 12,9 km Fahrt registrierte sie die höchste Geschwindigkeit dieser Versuchsreihe und einen neuen Weltrekord, 243 km/h als Spitze bei einem Durchschnitt von 234,1 km/h über die letzten 8 km. An diesem Punkt war die Stromabnahme leicht gestört, und die Geschwindigkeit sank auf 222 km/h über den nächsten Kilometer, doch nach weiteren zwei Kilometern hatten sie wieder etwa die Spitzengeschwindigkeit der Fahrt erreicht, bevor sie mit voller Absicht abgebremst wurde. Bei der höchsten Geschwindigkeit leistete die Lokomotive 4100 PS, weit unter der ausgelegten Leistung. Aufschriebe von Meßinstrumenten der Querbewegungen und -stöße an Lokomotive und Wagen bezeugten, daß diese weit innerhalb des sicheren Bereichs lagen, und bestätigten den Eindruck neutraler Journalisten, daß der Versuchszug so ruhig gefahren sei, wie ein *Rapide* Paris – Lyon mit der normalen Streckengeschwindigkeit.

Es zeigte sich, daß die Versuchsfahrten von 1954 nur den Vorhang gehoben hatten für den Hauptakt. Die französischen Ingenieure beschlossen nun, die allgemein anerkannten Geschwindigkeitsgrenzen weit zu überschreiten. Die Versuche vom Februar hatten bewiesen, daß moderne Lokomotiven mindestens 240 km/h erreichen konnten, ohne ihre Leistung zu überfordern oder mehr Strom zu verbrauchen, als die elektrische Ausrüstung zulassen konnte. Es war recht einfach, das Übersetzungsverhältnis von den Fahrmotoren auf die Räder für noch größere Geschwindigkeiten zu ändern. Die einzige wichtige weitere Änderung war der Schauplatz: der Abschnitt Dijon – Beaune war nicht lang genug für das angestrebte Ziel.

Die verlockendste Alternative war die Ex-Midi-Strecke von Bordeaux zur spanischen Grenze in Hendaye, denn Kilometer für Kilometer quer durch die flachen Landes ist die Strecke praktisch eben und in einem 85-km-Abschnitt von Lamothe südlich Bordeaux bis Landes gibt es nur eine einzige Kurve, und diese verläuft sehr sanft, durch den Bahnhof Labouheyre. Es war die ideale Rennstrecke und wäre schon für die Versuchsfahrten von 1954 gewählt worden, wenn sie nicht einen Mangel gehabt hätte.

Der Midi war 1927 elektrifiziert worden, und seine Fahrleitung, aufgehängt an seltsamen Portalträgern, war ziemlich leicht gebaut. Im normalen Betrieb war 120 km/h die darunter erlaubte Höchstgeschwindigkeit, trotz der zur Schnellfahrt verleitenden Strecke. Würde sie den beabsichtigten nie dagewesenen Beanspruchungen standhalten?

Im Juni 1954 schickten die französischen Bahnen die Nr. CC7122, eine Schwester der Versuchslok vom Februar, auf den Midi zur Erkundung. Zu diesem Zweck war die Nr. CC7122 leicht verändert durch einen neuartigen Stromabnehmer in Rohrbauweise, entworfen um den Luftwiderstand zu vermindern und auch den Druck gegen die Fahrleitung. Die Vorzeichen waren gut. Am 22. Juni fuhr die Nr. CC7122 mit einem Dreiwagenzug los und hielt 200 km/h oder mehr über 19,3 km, mit einer Spitze von 226 km/h. Am nächsten Tag wurde ein 430 t schwerer Zehnwagenzug zusammengestellt, um das Verhalten von Fahrleitung und Stromabnehmer unter schwerer Belastung zu prüfen. Der Zug war eine Mischung, wahrscheinlich in der Nachbarschaft schnell zusammengesucht, denn er enthielt einige be-

Links: *Der Inhaber des Dampfweltrekords, die LNER-Lokomotive 2C1 Reihe A4 Nr. 4468* Mallard, *jetzt im Ursprungszustand in Britanniens National Railway Museum in York* (D. A. Halsall).

Unten: *Eine der belgischen Stromlinien-2B1, die 1939 für kurze Zeit der Welt schnellsten täglichen Zug fuhren* (G. Freeman Allen).

Links: Dies ist der russische elektrische Triebzug ER 200,
gebaut für eine Höchstgeschwindigkeit von 200 km/h.
Er sollte 1978 die „Aurora"-Verbindung zwischen Moskau
und Leningrad übernehmen und die bisherige Reisezeit
von 4 Std. 59 Min. für die 650 km auf 4 Std. oder etwas
weniger beschneiden, mit einem Durchschnitt von mindestens
160 km/h. Doch bei der Drucklegung dieses Buches gab
es erhebliche Zweifel, ob die für diese Geschwindigkeit
nötigen Streckenarbeiten rechtzeitig 1978 fertig würden
(John Dunn).

Ganz oben: Bei einigen der 4920- und 6000-PS-Mehrsystem-
Lokomotiven mit Einmotor-Drehgestellen und Zweiganggе-
triebe, die von den französischen Bahnen zwischen 1964
und 1970 gebaut wurden, wurde der Schnellgang für sehr
hohe Geschwindigkeiten ausgelegt, obwohl die Spitzengeschwindigkeit bis jetzt im fahrplanmäßigen Dienst noch
nicht gefahren wird. Die Nrn. CC 40101–104 haben eine
Höchstgeschwindigkeit von 240 km/h, Nrn. CC 40105–110
eine Höchstgeschwindigkeit von 220 km/h. Die Nr. CC40103
wurde aufgenommen unter der französischen 25-kV-Wechsel-
stromfahrleitung auf der Hauptstrecke der Nord-Region
vor einem Schnellzug Amsterdam – Paris bei Survilliers
(Y. Broncard).

Oben: Ein japanischer Shinkansen-Triebzug vor der Skyline
von Tokio (John Dunn).

Ganz oben: *Eine elektrische 8000-PS-Lokomotive Reihe 103 der Deutschen Bundesbahn vor einem „Trans-Europ-Expreß" bei Heigenbrücken im Spessart* (Deutsche Bundesbahn).

Oben: *Ein UAC-Turbotrain im neuen Anstrich der kanadischen VIA RAIL* (Canadian National).

Rechts: *Frankreichs elektrischer 8000-PS-Antrieb für 200 km/h der siebziger Jahre – Nr. CC 6568 vor dem „Mistral" Paris – Nizza bei Brunoy* (Yves Broncard).

Oben: Ein HST-Dieseltriebzug im 125-mph-/200-km/h-/Verkehr Paddington – Wales von British Rail in voller Fahrt im Sonning-Einschnitt bei Reading (British Rail).

Unten: Ein Steuerbeiwagen eines Voraus-APT-P von British Rail, die den Schnellverkehr zwischen London und Glasgow 1980 aufnehmen sollen (British Rail).

Rechts: *Der Versuchstriebzug TGV 001 der französischen Bahnen für Schnellfahrt mit Turbinenantrieb, dem Vorläufer der TGV Paris-Südost-Triebzüge* (Französische Eisenbahnen)

Unten: *Der elektrische Vierwagen-Triebzug „Pendolino" mit automatischer Kastenneigung, konstruiert und gebaut von Fiat, fuhr auf der Verbindung Rom – Rimini* (Fiat Ferrovia Savigliano).

Oben: *Nr. CC 7107 im Anlauf zu ihrem bis jetzt ungebrochenen Weltrekord von 331 km/h am 28. März 1955 (Französische Eisenbahnen).*

jahrt aussehende Wagen. Das war vielleicht auch der Grund, daß die Geschwindigkeit bei dieser 2. Fahrt nicht über 160 km/h getrieben wurde, doch dies oder auch mehr wurde 24 km weit durchgehalten. Diese Vorversuche hatten die Ingenieure überzeugt, daß die Fahrleistung der rein mechanischen Beanspruchung durch den Stromabnehmer bei weit über 160 km/h und für längere Zeit standhalten würde. Doch die übertragene Leistung war doch sehr weit unterhalb der Beanspruchung gewesen, die für die beabsichtigten Geschwindigkeiten nötig war. Bei 185 km/h mit dem 430-t-Zug war die Strombelastung unterhalb 2000 A gewesen; sie würde 4000 A erreichen bei den geplanten Geschwindigkeiten, und das konnten die Motoren einer einzelnen Lokomotive nicht verkraften, wenn die Übersetzung zu den Treibrädern nicht geändert würde. Für die nächste Versuchsreihe Anfang Dezember 1954 kuppelten die Ingenieure daher ein Paar CoCo, die Nr. CC7107 und 7113 zusammen, doch so, daß ihr gemeinsamer Strombedarf durch nur einen Stromabnehmer auf der führenden Lokomotive übertragen wurde. Um gleichmäßige Strombelastung über die ganze Versuchsstrecke sicherzustellen, wurde zusätzlich zu den 5 Unterwerken, noch ein fahrbares Unterwerk eingesetzt.

Am 30. November wurden die beiden CoCo an einen 715 t schweren 17-Wagenzug gekuppelt. An diesem und dem nächsten Tag gab es drei Fahrten, die mit dieser schweren Last nacheinander 165, 185 und 195 km/h erreichten. Für den Abschlußversuch am 2. Dezember wurden zwei Wagen abgehängt und die Garnitur auf 620 t erleichtert, und mit diesen hielt das Paar CoCo einen Durchschnitt von 191 km/h über 16,9 km, mit einer Spitze von 211,3 km/h. Über diesen ganzen Schnellfahrabschnitt übertrug der einzige angelegte Stromabnehmer 4000 A, und so hatten die Ingenieure jetzt mehr der benötigten Daten. Etwas war beunruhigend. Die Ingenieure waren besonders bestürzt über eine bedrohliche Funkenbildung zwischen den Lokomotivrädern und den Schienen, wenn der Strom mit seiner größten Stärke floß. Das war zwar der normale Rückweg für den Strom, doch normalerweise mit einer Stärke, die keine Schwierigkeiten machte. Starke Funken an dieser Stelle würden in gefährlicher Weise entweder das Radreifenprofil oder das der Schienen angreifen. Ein anderes Problem war der starke Verschleiß der Kontaktleiste am Stromabnehmerbügel. Das war schlimm genug, um die Zuverlässigkeit nur eines Stromabnehmers

bei den beabsichtigten Geschwindigkeiten zu überfordern; doch auf der andern Seite war der gleichzeitige Gebrauch beider Stromabnehmer einer Lokomotive ausgeschlossen, da ihre unkontrollierten Schwingungen bei 240 km/h und mehr sich aufschaukeln und den Fahrdraht herunterreißen könnten.

Die Ingenieure machten sich nun an intensive Windkanalversuche an neuen Stromabnehmerbauarten, um den bei den Versuchen sehr genau erkannten Anforderungen zu genügen. Die gewählte Bauart mußte sich gegen extreme Winddrücke schnell und sicher heben und senken lassen, denn man hatte jetzt die Absicht, auf halber Strecke der Schnellfahrversuche den einen Stromabnehmer der Versuchslokomotive zu senken und gleichzeitig den andern so zu heben, daß er innerhalb Sekundenbruchteilen die Arbeit übernehmen konnte. Der Stromabnehmer mußte außerdem in gehobener Stellung so stabil wie möglich sein, trotz des gewaltigen Luftwiderstands, um den Fahrdraht möglichst wenig zu belasten. Schließlich wurde ein neues Modell entwickelt, mit Federn von größerer Standfestigkeit, das in 6 Sek. gehoben und in einer gesenkt werden konnte.

Um der Funkenbildung zu begegnen, wurde der Dreiwagenversuchszug durch eine Leitung verbunden, so daß der Rückstrom auf die Räder des ganzen Zuges und der Lokomotive aufgeteilt wurde. Die 3 Wagen, zusammen 100 t schwer, waren auch anderweitig vorbereitet. Weitere Windkanalversuche hatten aufgezeigt, wie weit der Luftwiderstand bei wirklich hohen Geschwindigkeiten herabgesetzt werden konnte, wenn Seitenwände und Dächer der Wagen wirklich windschlüpfig waren. So wurden alle vorstehenden Beschläge entfernt, wie Türgriffe, Lüfteraufsätze und Tritte, und zwischen den Wagenenden wurden Gummiverkleidungen angebracht, ebenso zwischen Lokomotive und erstem Wagen; zusätzlich bekam der Schlußwagen noch einen 2,4 m langen Stromlinienschwanz. Jede Achse hatte Wälzlager, Doppelbremsklötze hatten die üblichen Einzelbremsklötze ersetzt, und der Zug hatte durchweg Monoblockräder, um das Risiko loser Radreifen üblicher Bauart bei hohen Drehzahlen oder starker Bremsbeanspruchung zu vermeiden.

Die beiden für die endgültigen Versuche ausgewählten Lokomotiven, Nr. BB9004 und CC7107, bekamen ebenfalls Monoblockräder, die neue Stromabnehmerbauart und eine geänderte Getriebeübersetzung; bei der vierachsigen Lokomotive war diese von 2,517 auf 0,849 : 1, und bei der sechsachsigen von 2,606 auf 1,145 : 1 geändert. Als Vorsichtsmaßnahme wurden Schutzwiderstände in Reihe vor die

73

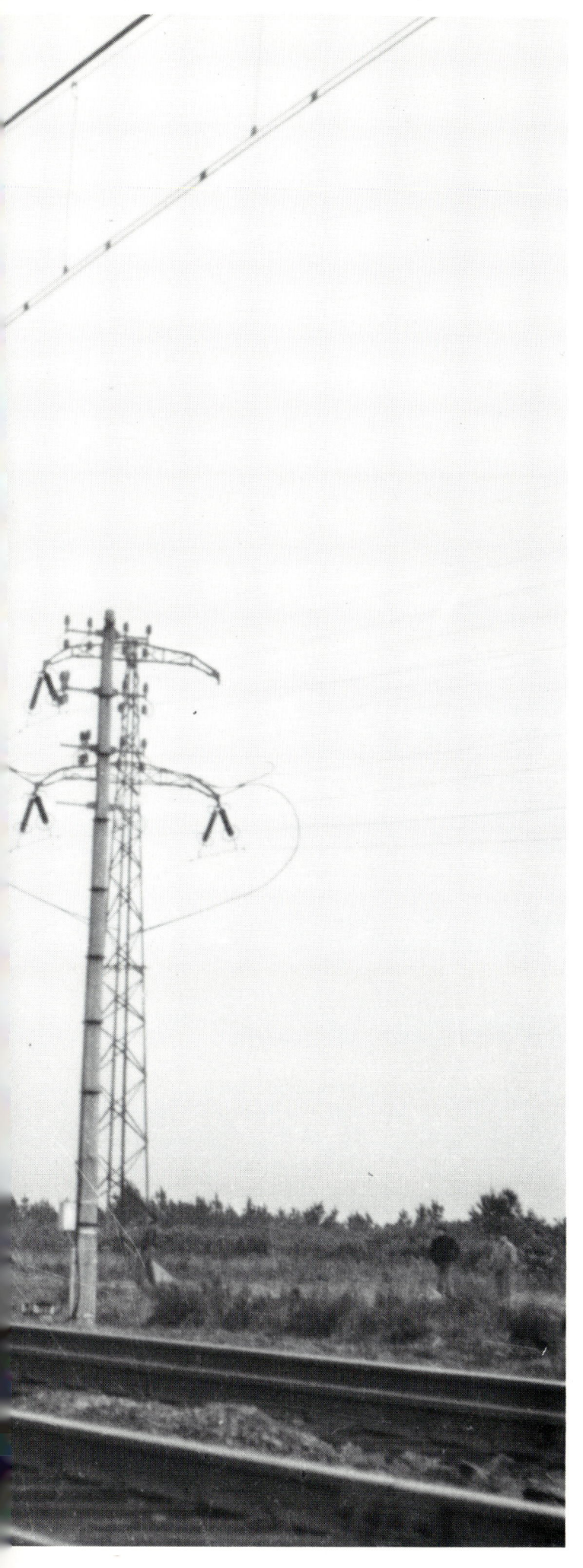

Lüfter und Kompressoren geschaltet und so unwesentliche Einrichtungen wie Licht und Heizung zeitweilig abgeschaltet. Die Fahrmotoren und alle drehenden Teile jeder Lokomotive wurden erbarmungslosen Prüfstandsversuchen unterworfen bis zum Gegenwert von 450 km/h, bevor die Streckenversuche begannen.

Draußen auf der Strecke bekam der einzige Bogen in Labouheyre, für den normalen Betrieb mit einer Überhöhung für gemütliche 120 km/h versehen, eine stärkere Schienenüberhöhung und neu trassierte Übergangsbögen, wobei der Halbmesser auf 4000 m erhöht wurde, wars für 220 km/h als ausreichend angesehen wurde. Die Kurve war zwar weit hinter – ungefähr 13,7 km – dem beabsichtigten Punkt für die Spitzengeschwindigkeit bei Ychoux, doch wollten die Ingenieure im oberen Geschwindigkeitsbereich kein scharfes Bremsen riskieren.

Ausgetüftelte fotografische Ausrüstung war entlang der Strecke aufgebaut. An jedem Kilometerpfosten des ausgewählten Schnellfahrabschnitts wurden Schienenkontakte eingebaut, die beim Überfahren durch die erste Achse der Lokomotive elektronisch eine Kamera mit Blitzlicht auslösten, die in einem lichtdichten Kasten eingebaut und auf eine Anordnung von Chronometern eingestellt war, die auf $^1/_{200}$ Sek. genau anzeigten. Schließlich wurde ein zweites fahrbares Unterwerk herangebracht und an die Fahrleitung angeschlossen neben dem Unterwerk von Lamothe, wo der Zug seine größte Beschleunigungsleistung aufbringen sollte.

Am 17. März wurde jedes feste und bewegliche Stück der Ausrüstung noch einer Feldprobe unterworfen durch eine normale Lokomotive, Nr. CC7113, die mit 160 km/h die Rennstrecke entlangglitt und sich mit 183 km/h sicher in die Kurve von Labouheyre legte. Immerhin zeigte dieses Vorspiel den Ingenieuren, daß sie noch einige Feinarbeit machen mußten: Es deckte einige Streckenunregelmäßigkeiten auf, die bei normaler Fahrt unbedeutend gewesen wären, doch bei der angestrebten ungewöhnlich hohen Geschwindigkeit möglicherweise Kummer gemacht hätten und einige wenige häßliche Ärgernisse mit der Stromabnahme. Acht Tage später wurde die dafür hergerichtete Nr. CC7107 mit bescheidenen 180 km/h losgelassen, und nun schienen die Rennkommissare zufriedengestellt. Das „große Ereignis" konnte ablaufen.

Am Morgen des 26. März wurde die BoBo von der Leine gelassen. Wenige Minuten später hatte die Nr. BB9004 einen neuen Schienenrekord von 276 km/h mit so wenig Grund zur Sorge angeschrieben, daß die Ingenieure entschieden, sie seien jetzt für die 300 bereit – natürlich in km/h – was von Anfang an ihre Absicht gewesen war.

Der Morgen des 28. März sah gut aus. Die Wettervorhersage versprach eine Temperatur nicht über 15 Grad Celsius; das war wichtig, denn eine für die Jahreszeit zu hohe Temperatur hatte eine früheren Schnellfahrversuch verhindert: durch die Wärmedehnung war der Fahrdraht nicht gespannt genug. Bei diesen Aussichten konnte um 13.25 Uhr an diesem Nachmittag die Abfahrt der Nr. CC7107 von der Startlinie in Facture gemeldet werden.

Allzufrüh wurde an den Nerven gezerrt. Der Wechsel der Stromabnehmer war für 110 km/h vorgesehen, doch hatte der Versuchsstab übersehen, daß dieser Punkt in der Nähe einer Trennstelle der Fahrleitung erreicht wurde; genau an dieser kritischen Stelle berührte der hochgehende Stromabnehmer den Fahrdraht. Sofort gab es einen heftigen Funken, was sich auf den Verschleiß der Kontaktleiste des Stromabnehmers ganz entschieden schlimm auswirkte. Es störte die Stromabnahme, so daß die Lokomotive von 160 km/h an nicht mehr so sanft und schnell beschleunigte, wie erwartet. Auf dem ersten Wagen waren Spiegel montiert, so daß die Versuchsmannschaft ihre Blicke auf das alles entscheidende Verhalten des Stromabnehmers heften konnte. Jetzt war das eine schmerzhafte Aufgabe: An jeder Fahrdrahtaufhägung gab es einen bösen Funken, der die Beobachter

Links: Eine bemerkenswerte Aufnahme der Nr. BB 9004 bei ihrer Spitzengeschwindigkeit von 331 km/h am 29. März 1955. Der vordere Stromabnehmer ist eben angelegt worden, und seine Kontaktleisten sind schon rotglühend durch den deutlich sichtbaren Lichtbogen (Französische Eisenbahnen).

Oben: Als erste elektrische Lokomotiven der französischen Eisenbahnen erhielten die BB Reihe BB 9200 mit 82 t und 5160 PS für das 1,5-kV-Gleichstromnetz eine Getriebeübersetzung für 160-km/h-Geschwindigkeit, in Dienst gestellt 1957. Auf diesem Bild von 1969 eine davon vor dem „Mistral", aufgenommen nach der Neuausrüstung des Zuges mit neuen klimatisierten Garnituren (Y. Broncard).

fast blendete. Doch in den immer kürzeren Abständen zwischen den Funken, als die Geschwindigkeit auf 240 km/h hochschnellte, konnten sie genug sehen, um nun erregt zu debattieren, ob der Versuch nicht abgebrochen werden sollte. Besorgte Gespräche gingen über den direkten Draht zum Lokomotivführerstand und über den Sprechfunk zu den Versuchsleitern im Befehlsstand an der Strecke.

Dann plötzlich wurde der Stromfluß weniger stotternd. Während die Geschwindigkeit auf etwa 300 km/h anstieg, stabilisierte er sich allmählich. Diese Nachricht wurde aufgeregt dem Befehlsstand mitgeteilt, und zurück kam der Befehl: Riskiert es – solange die Leistung normal bleibt und der Stromabnehmer durchhält.

Der Stromabnehmer hielt durch – doch es blieb nur ein fadendünner Rest von Metall übrig. Bei ungefähr 305 km/h erschraken die Beobachter, als die Kontaktleiste rotglühend wurde und sich so grotesk verbog, daß sie drohte, die Fahrleitung zu beschädigen. Kaum war die Lokomotivmannschaft gewarnt worden, um zu sofortigem Senken des Stromabnehmers bereit zu sein – sie rasten jetzt mit 320 km/h –, da streifte die sich auflösende Leiste eine Fahrdrahtaufhängung und wurde teilweise abgeschert. Das milderte die Gefahr für den Augenblick. Doch kurz danach begannen die Reste der Kontaktleiste zu schmelzen; und nun strich das Gestell des Stromabnehmers selbst am Fahrdraht entlang.

Jetzt wurde es gefährlich. Die Beobachter drückten auf einen Knopf, ein rotes Licht flammte auf dem Fahrpult auf, und auf dieses vereinbarte Zeichen hin senkte der Führer augenblicklich den zerstörten Stromabnehmer. In diesem Augenblick war die Geschwindigkeit 331 km/h. Etwa 11 km weit war der Zug mit mehr als 300 km/h gejagt, und fast 6,5 km mit mehr als 320 km/h, wobei er den Schotter durch den Luftzug bis zur Höhe der Wagenfenster hochpeitschte. Trotz der Neuausrichtung ließ die Kurve von Labouheyre den Zug einigemale zum Seekrankwerden schwanken, als er vorsichtig abbremste, doch sonst hatte wenigstens das Fahrverhalten nichts zu den Aufregungen des Tages beigesteuert.

Die Wissenschaft um das sichere Abbremsen aus dieser unerhörten Geschwindigkeit war vorher ebenso sorgfältig studiert worden wie jeder andere Punkt der Operation. Ausgedehnte Versuche hatten den möglichen Grad der Bremsung erforscht, bei dem kein Schaden für

Bremsklötze, Räder und andere Teile des Fahrwerks – und keine Gefahr für den Zug zu erwarten war. Eine Folgerung war, daß Lokomotive und Wagen unabhängig voneinander gebremst werden sollten: Die Bremsen der Lokomotive waren die stärkeren, und bei dieser Geschwindigkeit war es lebenswichtig, daß der Zug während der Abbremsung an der Lokomotive hängenblieb und nicht auf sie auflief. Zwei sorgfältig geplante Bremsverfahren waren ausgearbeitet worden, Normal- und Schnellbremsung (die aber nicht gebraucht wurde). Das normale Programm schrieb vor, daß über die ersten 13 km hinter Ychoux, der vorbestimmten Stelle für die höchste Geschwindigkeit, nur die Wagen gebremst wurden, bis die Geschwindigkeit auf 195 km/h abgesunken wäre, eine Höhe, die bei der Kurve von Labouheyre erwartet wurde. Während dieser Anfangsphase der Abbremsung sollten alle Wagenfenster geöffnet werden, um den Luftwiderstand zu erhöhen, bevor dann in Labouheyre die Lokomotivbremse angelegt werden sollte. Diese letzte Vorsichtsmaßnahme führte zu der Behauptung, man habe den Versuchszug nur durch das Öffnen der Fenster gezügelt, um von der Spitzengeschwindigkeit herunterzukommen.

Trotz der stotternden Beschleunigung nach dem Stromabnehmerwechsel erreichte die Nr. CC7107 die Spitzengeschwindigkeit etwa 4 km vor der erwarteten Stelle. In den folgenden Wochen, nachdem genau dieselbe Geschwindigkeit für die Nr. BB9004 beansprucht wurde, gab es einige Schwierigkeiten. Einige britische und amerikanische Kommentatoren zweifelten offen daran, daß zwei Fahrten mit solcher Orkangeschwindigkeit so genau gemessen werden konnten, eine Zeitung behauptete, ein geheimes Geständnis von einem Teilnehmer erhalten zu haben, daß die sechsachsige Lokomotive schon bei 317 km/h gezügelt wurde. Die französischen Bahnen wiesen den Bericht offiziell zurück. Selbst wenn er wahr wäre, so wäre eine Unstimmigkeit von 13–15 km/h in diesem Geschwindigkeitsbereich noch lange nicht faul, geschweige denn ein Schandfleck auf einer ungeheuren technischen Leistung. Wie dem auch sei, niemand hat je angezweifelt, daß am 29. März 1955 die Nr. BB9004 wirklich 331 km/h erreicht hat, diesmal sogar 7,2 km vor dem erwarteten Punkt.

Für diese zweite Fahrt waren neue Vorkehrungen getroffen worden, um die Beanspruchung des Stromabnehmers zu mildern. Die kupfernen Kontaktleisten waren durch solche aus verschleißfestem Stahl ersetzt und der Fahrdraht durchgehend eingefettet worden, um die Reibungshitze zu vermindern. Diesmal sollte der Stromabnehmerwechsel weiter hinausgeschoben werden, bis auf eine Geschwindigkeit um

175 km/h, um die Zeit abzukürzen, in der der hintere Stromabnehmer der wirklichen Schnellfahrbeanspruchung ausgesetzt wäre. Das ergab natürlich einen neuen Gefahrenpunkt: Bei der höheren Geschwindigkeit mußte der Führer eine noch größere Geschicklichkeit entwickeln, um sicherzustellen, daß nicht beide Stromabnehmer gleichzeitig mit dem Fahrdraht in Berührung waren, aber auch nicht mehr als den Bruchteil einer Sekunde ohne einen Stromabnehmer am Fahrdraht, was die Beschleunigung unterbrochen hätte. Schließlich wurde diese zweite Fahrt viel früher am Tag angesetzt, um 7.35 Uhr, um jede Gefahr zu vermeiden, daß ansteigende Temperaturen die Fahrleistung erschlaffen ließen.

Diesmal gab es in den frühen Phasen der Fahrt keine Tritte gegen das Schienbein. Der Wechsel der Stromabnehmer vollzog sich sehr geschickt bei der vorgesehenen höheren Geschwindigkeit, und zunächst war alles, was die Leute im Zug störte, eine Rauchwolke von brennendem Fett am Fahrdraht. Doch dann, stählerne Leiste oder nicht, der Stromabnehmerkummer kam wieder.

Wie bei der ersten Fahrt wurde eine verbogene und sich auflösende Kontaktleiste zum Teil abgehackt, als sie auf eine Fahrdrahtaufhängung traf. Die Besorgnis der Zugmannschaft, die durch einen Spiegel spähte, der mehr und mehr durch Spritzer von brennendem Fett und schmelzendem rotglühendem Metall getrübt wurde, wuchs in Sekunden, als sie durch immer schlimmere Funken geblendet wurde. Bei etwa 290 km/h wurde der Führer durch Telefon gewarnt, zum Absenken des Stromabnehmers bereit zu sein – und fast gleichzeitig schmolz die Kontaktleiste völlig weg.

Auf dem Führerstand der Nr. BB9004 entschied man sich für ein verzweifeltes Wagnis. Noch einmal – doch diesmal bei einer Geschwindigkeit, die gegen 320 km/h anstieg – wechselten sie die Stromabnehmer. Und noch einmal geschah dies mit außerordentlichem Geschick. Trotz seiner ersten Schicht während der höchsten Beschleunigung vom Stand aus war im vorderen Stromabnehmer noch genug Reserve, um den letzten Phasen des Anstiegs auf 331 km/h standzuhalten, doch dann waren auch seine Kontaktleisten rotglühend. Als die Spitze erreicht war, wurde er abgesenkt, und die geregelte Abbremsung begann.

Diese Rekorde von 1955 sind noch nicht überboten, und es kann Jahre dauern, ehe sie untergehen. Als sie aufgestellt wurden, zeigten sie den großen Spielraum, der praktisch für höhere Geschwindigkeiten üblicher Stahlräder auf Stahlschienen vorhanden ist. Doch ich habe diese sorgfältige Vorarbeit und die Ängste der Versuchsfahrten selbst im Detail beschrieben, um den großen Unterschied zu unterstreichen zwischen einer einmaligen Leistung und dem alltäglichen Betrieb. Bevor ein Regelbetrieb auf einer höheren Geschwindigkeitsstufe aufgenommen werden kann, muß sich jede kleinste Kleinigkeit Monat für Monat als sicher erwiesen haben gegen alle die erwarteten Gefahren, gegen die vor diesen französischen Fahrten besondere Vorkehrungen getroffen wurden und gegen diejenigen, denen man nicht entkommen war. Strecke und Fahrzeuge müssen beinahe unverwundbar sein für die extreme Beanspruchung der täglichen Fahrt mit dieser Geschwindigkeit. Nicht zuletzt, natürlich, ist wahrscheinlich eine ganze Reihe neuer Signal- und Sicherheitseinrichtungen auf der ganzen Strecke notwendig, auf der schneller gefahren werden soll. Und, wie ich in einem früheren Kapitel aufgezeigt habe, wenn irgendeine bedeutsame Beschleunigung sich finanziell auswirken soll, muß die Geschwindigkeit aller Züge, die auf der betreffenden Strecke fahren, entsprechend erhöht werden.

Nach den Rekordfahrten von 1955 betrieben die französischen Bahnen mehrere Jahre lang die Beschleunigung eher durch hohe Dauergeschwindigkeit als durch sensationelle Höchstwerte. Nicht vor 1965, in der Tat, wurde auf günstigen Abschnitten der Hauptstrecke Paris – Lyon die Höchstgeschwindigkeit von 150 km/h auf 160 km/h angehoben, aber erst nach der Entwicklung neuer Bremssysteme an dem *Rapide*-Fahrpark. Doch lange vorher, 1957, hatten die französischen Bahnen Europa den ersten regelmäßigen Nachkriegsfahrplan mit ei-

nem Halt-zu-Halt-Durchschnitt von 128,7 km/h beschert mit der Fahrt des „Mistral" von Paris nach Dijon, 314,2 km in 146 Min., und 1959 hatten die Franzosen den Titel „Schnellster der Welt" dem welkenden amerikanischen Intercity-Verkehr entrissen, indem sie die 66 km zwischen Arras und Longueau in 29 Min. fuhren, Durchschnitt 137 km/h, mit einem der neuen *Rapides*, die nach der Elektrifizierung der ehemaligen Nord-Hauptstrecke mit 25 kV Wechselstrom zwischen Paris und Lille eingeführt wurden. Doch diese Glanzleistungen waren nur die Rüschen, mit denen ein Fächer von Intercity-Verbindungen besetzt wurde, der von Paris nach jedem größeren Siedlungszentrum ausstrahlte, dem in bezug auf Reisegeschwindigkeit nichts gleichkam in Europa.

Zu Beginn der sechziger Jahre kalkulierten die französischen Bahnen die beabsichtigte Erhöhung der Reisegeschwindigkeiten, und von 1961 bis 1964 führten sie eine Reihe langwieriger Versuche durch, um die Kosten festzustellen, die in solchen Gebieten durch zusätzliche Signal- und Sicherheitsanlagen, Streckenausbau mit schwereren Schienen, Milderungen von Kurven und Verstärkung der Brücken entstehen. Das Thema dieses Forschungsprogramms war stetige hohe Geschwindigkeit mit großen Zuglasten, und nicht außergewöhnliche Höchstwerte.

Eine bemerkenswerte Versuchsreihe dauerte von Dezember 1963 bis Juni 1964. Wieder waren die Landes der Schauplatz, südlich Bordeaux, auf einem 24 km-Abschnitt auf dem Gleis Richtung Paris zwischen Solférino und Caudos, gerade und eben, außer der schwungvollen Kurve in Labouheyre. Wie bei den früheren Versuchen war das Nebengleis frei, wenn die Versuchszüge unterwegs waren; Publikum war auf den Bahnsteigen nicht zugelassen, an den 31 Straßenübergängen waren Schalter eingebaut, um im Notfall den Strom abzuschalten; und Elektrozäune waren errichtet, um streunendes Vieh abzuschrecken. Der Hauptakteur war eine der neuesten 1,5-kV-Gleichstrom-BoBo-Bauarten, Nr. BB9291, besonders abgeändert in Dingen wie Getriebeübersetzung (für Höchstgeschwindigkeit bis 250 km/h), Isolierung zur Erhöhung der Stundenleistung der Fahrmotoren auf 5940 PS, Spurkranzschmierung und Widerstandsbremse. Im ganzen machte die Nr. BB9291 99 Schnellfahrten mit einem Fünfwagenzug, zwei Drittel davon mit mindestens 200 km/h, und 11 davon bis zu 250 km/h. Das Fahrverhalten wurde als fehlerlos bezeichnet, selbst bei Wagen, die seit der letzten Überholung schon 160 000 km gefahren waren.

Die französischen Bahnen begannen ihren ersten 200-km/h-Betrieb im täglichen Dienst im Jahr 1967. Der ausgewählte Streckenabschnitt, die 50,1 km der Hauptstrecke Paris – Limoges – Toulouse zwischen Les Aubrais und Vierzon, auf der Umgehung von Orléans, wurde mit Signal- und Sicherheitsanlagen versehen, die genügend entwickelt waren, um 250 km/h zu gestatten, und 4 elektrische Einheitslokomotiven Reihe BB9200 für 1,5 kV Gleichstrom wurden abgeändert, um mit diesem Tempo zu fahren. Doch obwohl jetzt eine beachtliche Anzahl Einheiten im französischen Lokomotivbestand dazu in der Lage ist, scheint es unwahrscheinlich, daß sie das in absehbarer Zukunft auch ausüben. Wie ihre Kollegen in anderen großen Eisenbahnverwaltungen sind die Franzosen zurückgeschreckt vor den hohen Kosten für den Einbau der Sondersignalanlagen zuzüglich zum vorhandenen System für vergleichsweise wenige Züge und vor den wirtschaftlichen Folgen des Versuchs, auf ein und derselben Strecke Züge mit so verschiedenen Höchstgeschwindigkeiten zu betreiben. Statt dessen, wie wir später in diesem Buch besprechen werden, gehen die französischen Vorstellungen aus auf den Bau von ganz neuen Bahnen ausschließlich für den Reiseverkehr, wo der jetzige und der erwartete Verkehrsfluß die Investition für eine wirklich glänzende Veränderung der Reisegeschwindigkeiten rechtfertigt.

Die automatische Führerstandsanzeige und der Überwachungsapparat, die zwischen Les Aubrais und Vierzon eingebaut sind, benutzen auf den Schwellen montierte *Balises* oder Umsetzer und kodierte Ströme, die dem Gleisstrom des üblichen automatischen Blocksystems überlagert sind (diese letzte Methode wurde in Europa durch die Niederländischen Eisenbahnen entwickelt, die sie 1965 auf der Strecke Amsterdam – Amersfoort anwendeten und seither auf einen großen Teil ihres Hauptstreckennetzes ausgedehnt haben). Beim französischen System übermitteln die *Balises* induktiv die Stellung des unmittelbar davor liegenden Signals auf einen Empfänger an der Unterseite der Lokomotive; die Aufgabe des kodierten Stroms ist es, die Information zu löschen, sobald die Signalstellung wechselt. So versorgen die beiden Einrichtungen im Zusammenwirken den Empfänger an der Lokomotive mit einer laufenden Vorinformation über die Stellung der kommenden Signale. Einige der *Balises* haben einen Stromkreis mit einer einzelnen festen Frequenz, doch andere haben mehrfache Stromkreise und können für bis zu 5 Signalstellungen geschaltet werden; die einfache *Balise* mit festem Stromkreis übermittelt unveränderliche Daten, wie Ankündigung einer Langsamfahrstelle, eines Neigungswechsels oder der Markierung des Punktes für den Beginn des sicheren Bremsweges zu dem folgenden Haltsignal.

Die Schnellfahrlokomotiven sind mit einem Minicomputer ausgerüstet, der die vom Empfänger aufgefangenen Impulse entschlüsselt und sie in eine fortlaufende Signalanzeige auf dem Fahrpult umsetzt. Die *Balises* sind so angeordnet, daß sie in 5 Stufen den Bremsabstand zu einem Haltsignal anzeigen, und wenn der Zug auf ein Halt zeigendes Signal zufährt, errechnet der Apparat nicht nur augenblicklich die ideale Bremskurve und zeigt sie dem Führer an, sondern prüft dessen Bremsreaktion und fügt einen Schuß Druck zu, wenn dieser nicht die Geschwindigkeit auf das richtige Maß herunterbringt. Es sei angefügt, daß die Kontrolle dem Führer nur dann aus der Hand genommen wird, wenn er vorgeschriebene Geschwindigkeiten überschreitet. Der Hauptpunkt des besonderen Signalsystems ist es, den Führer von der ausschließlichen Abhängigkeit von sporadischer Information durch Streckensignale zu befreien, ihm fortlaufende und viel weiter vorausreichende Kenntnis des Streckenzustands zu vermitteln und ihn bei seinen Entschlüssen zu unterstützen.

Auf dem Abschnitt Les Aubrais – Vierzon wurde das Sondersignalsystem für Dreiblockbetrieb der Schnellfahrzüge eingerichtet. Das bedeutet, daß der Führer die erste Warnung vor einem auf Halt stehenden Signal auf seiner Führerstandsanzeige etwa 7,5 km vor diesem erhielt. Er hatte dann zwei ganze Blockabschnitte vor sich, in denen er auf 160 km/h herunterkommen konnte. Als in der Folge der 200-km/h-Betrieb auf große Abschnitte der Hauptstrecke Paris – Bordeaux ausgedehnt wurde und die Franzosen zu dem Schluß gekommen waren, das scheine für Jahre die höchste Betriebsgeschwindigkeit auf bestehenden Strecken zu sein, wurde auf dieser Strecke ein weit einfacheres Doppelblocksystem eingebaut. Hier bekommt der 200-km/h-Zug seine besondere Anzeige eines auf Halt stehenden Signals voraus durch ein grünes Blinklicht – die *Préannonce* – an dem Signal vor dem normalen Gelblicht, veranlaßt durch Impulse von einer *Balise* auf den Schwellen.

Straßenübergänge sind auf dem europäischen Festland ein größeres Problem als in Britannien. Die französischen Bahnen hatten es mit nicht weniger als 350 zu tun, als sie z. B. den 200-km/h-Betrieb auf der Hauptstrecke Paris – Bordeaux planten. Bei jedem, der nicht aufgehoben werden konnte oder bei dem der Ersatz durch eine Brücke zu teuer geworden wäre, mußten die Sicherheitseinrichtungen in kostspieliger Weise geändert werden. Die Schienenkontakte, die die „Zug kommt"-Warnungen für den Straßenverkehr auslösten, mußten durch einen Doppelkontakt ergänzt werden, der die Geschwindigkeit des herankommenden Zuges mißt und die Straßensignale früher auslöst, wenn das Tempo über dem normalen von 140 km/h liegt. An wichtigen Übergängen wurden für die Wärter Notschalter eingebaut, mit denen sie nicht nur alle benachbarten Signale auf Halt stellen, sondern noch eine Kette von starken roten Warnsignalen einschalten konnten, die extra in unmittelbarer Nähe des Übergangs entlang der Strecke eingebaut wurden.

Der erste planmäßige 200-km/h-Zug auf dem Abschnitt Les Aubrais

– Vierzon war der „Capitôle", eingeführt Ende Mai 1967 mit einem abendlichen Sechsstundenplan für 713 km zwischen Paris Austerlitz und Toulouse in jeder Richtung. Zu Beginn wurde er ausschließlich von sechs besonders abgeänderten Lokomotiven Reihe BB9200 gefahren und zwei verschiedenen klimatisierten Zuggarnituren, im wesentlichen nach der damaligen UIC(Internationaler Eisenbahnverband)-Regelbauart mit etlichen Verfeinerungen, wie elektromagnetische Schienenbremse zusätzlich zum normalen elektropneumatischen Bremssystem. Nebenbei: elektromagnetische Schienenbremsen sind Balken, die federnd unmittelbar über Schienenhöhe an den Ausgleichhebeln der Drehgestelle aufgehängt sind. Ihre bremsende Wirkung kommt nicht von der Reibung, sondern von ihrer magnetischen Wirkung, wenn sie durch Spulen erregt werden, die an die elektrische Anlage des Fahrzeugs angeschlossen sind. Eine Bremskraft von 30 t kann erreicht werden, wenn alle vier elektromagnetischen Bremsen eines Wagens gleichzeitig wirken; folgerichtig werden sie ausgeschaltet, um im Endbereich der Bremsung von etwa 50 km/h herunter bis zum Halt die Kontrolle völlig der normalen Bremsausrüstung des Wagens zu überlassen. Sowohl Lokomotive wie Wagengarnitur waren in einem besonderen Rot gestrichen, mit einem breiten goldenen Band unterhalb der Fenster.

Bei einer Abendverbindung in jeder Richtung war der Dienst zu Beginn eine regelrechte Verschwendung zweier vollständiger Zuggarnituren, jede mit eigener Speisewagenmannschaft, deren ganzes Tagewerk nur das Servieren eines Abendessens war. Doch ab September 1968 wurde der Betrieb verdoppelt zu einem „Capitôle du Matin" und einem „Capitôle du Soir" in jeder Richtung, wodurch jede Zuggarnitur einen weit lukrativeren Dienstplan von 1426 km täglich hin und zurück bekam – und dazuhin einen mit stetig hoher Geschwindigkeit. Doch wenn die „Capitôles" für ihren knappen Fahrplan, bei dem sie nur 2 Std. 54 Min. für die 400 km von Paris Austerlitz bis zum ersten Halt in Limoges für einen Durchschnitt von 138 km/h brauchen durften, dazu die Hilfe der 200 km/h zwischen Les Aubrais und Vierzon nötig hatten, so erlaubte die Erhöhung auf nur 160 km/h auf beachtlichen Längen anderer französischer Hauptstrecken, wie Paris – Lille, Paris – Aulnoye (auf dem Weg nach Brüssel), Paris – Le Havre und Paris – Bordeaux, der Zugkraft des französischen elektrischen Betriebs dort noch schnellere Reisegeschwindigkeiten. Ende 1967 war die Rekordzeit für Arras – Longueau der Verbindung Paris – Lille in der Nord-Region auf einen Halt-zu-Halt-Durchschnitt von 141,8 km/h hinaufgeschraubt, und zwei Züge legten die 217,4 km von Paris nach Douai mit einem planmäßigen Halt-zu-Halt-Durchschnitt von 138,7 km/h zurück.

Im Jahre 1970 hatten die französischen Bahnen eine Akte, die bewies, daß die höheren Geschwindigkeiten sich auszahlten. Die „Capitôles", trotz exklusiver 1. Klasse und Zuschlag, hatten die Zahl der Reisenden in der Hauptverkehrszeit auf der Strecke Paris – Toulouse verdoppelt und verursachten neue Fahrgasteinkünfte von 70% über den zusätzlich direkten Kosten, die der Einrichtung des 200-km/h-Verkehrs anzulasten sind. Ihre zusätzliche Werbewirkung war bedeutend. Der ganze Reiseverkehr auf der Strecke von Paris nach dem Südwesten erhöhte sich um fast 9%, doch die Wachstumsrate des parallellaufenden innerfranzösischen Luftverkehrs war um zwei Drittel geringer.

Die Betriebskosten waren nicht erschreckend angestiegen. Technische Verbesserungen hatten die Beanspruchung durch den neuesten Lokomotiv- und Wagenpark so gemildert, daß sich die Normen der Streckenunterhaltung für 160 km/h als ausreichend für die höheren Geschwindigkeiten erwiesen. Zugegeben, die Wagenradsätze mußten dreimal so oft ausgebaut und mit Ultraschall auf Anrisse geprüft werden wie die, die nicht schneller als 160 km/h fuhren, doch auch so waren die Unterhaltungskosten der „Capitôle"-Lokomotiven und -Wagengarnituren nur 10–15% höher als die Norm des französischen Intercity-Verkehrs; und diese Mehrausgabe wurde beinahe gedeckt durch die Einnahme, die zwei Fahrgäste zum Zuschlagtarif einbrachten, die für jede Fahrt zusätzlich gewonnen wurden.

Links: Der Speisewagen des 200-km/h-„Capitôle" hatte an der Wand einen Geschwindigkeitsanzeiger, auf diesem Bild rechts oben (Internationale Schlafwagen-Gesellschaft).

Unten: Ein Beweis, daß sich Schnellfahrt auszahlt: Die vier Züge rechts auf dieser Ansicht von Paris–Austerlitz am Freitag, 28. Mai 1971, heißen alle „Capitôle du Soir", da an diesem Tag der Zug wegen des Bedarfs in vier Teilen gefahren werden mußte, alle mit einer 8000-PS-CC-6500 an der Spitze. Die drei Teile am mittleren Bahnsteig bestehen aus „Grand-Confort"-Wagen, der Teil ganz rechts aus der ursprünglichen „Capitôle"-Garnitur. Eine weitere CC 6500 steht vor dem „Aquitaine", und links davon ist noch der Nachtzug nach Madrid, der „Puerta des Sol" (Y. Broncard).

In den späten sechziger Jahren bereiteten die französischen Bahnen 200-km/h-Fahrten über eine weit größere Entfernung vor, als es die Gegebenheiten der Strecke Paris – Toulouse erlaubten. Der Schwerpunkt lag jetzt auf der Strecke Paris – Bordeaux, vermutlich die Strecke in ganz Westeuropa, die für hohe Dauergeschwindigkeit am besten trassiert ist. Die Erbauer hielten sie so frei von Krümmungen und Abzweigungen, daß zwei Drittel der 579 km langen Strecke von Paris nach Bordeaux durch das flache Ackerland in Mittelfrankreich praktisch 200-km/h-Gebiet sind. Erst dann wird die Strecke schwieriger quer durch die Vorberge und herrlich bewaldeten Täler, die sich vom Zentralmassiv westwärts zum Atlantik hinziehen. Im Mai 1971 waren die Franzosen auf dieser Strecke soweit, daß sie Europa wieder einmal in Staunen versetzten mit dem schnellsten echten Fernzug, den der Kontinent je gesehen hatte, dem „Aquitaine".

Der „Aquitaine" brachte neuen Wind in die französische Schnellfahrt. An der Spitze war die neueste Version der französischen Hochleistungsentwicklung, eine aus der neuen Familie von elektrischen 2-mal-3 Achsen-Drehgestellokomotiven, gebaut nach einem Lastenheft für außerordentliche Leistungsanforderungen. Die Maschinen sollten 160 km/h halten auf einer Steigung 1:200 mit einem 800- bis 850-t-Zug, nicht unter 150 km/h fallen auf einer 1:125-Steigung mit demselben Gewicht am Haken und mit 550 bis 600 t in der Ebene dauernd 200 km/h fahren können. Drei Ausführungen dieser 8000-PS-Maschine fahren jetzt die Creme von Frankreichs schwersten und schnellsten Intercity-*Rapides*: die 1,5-kV-Gleichstromreihe CC6500, die 25-kV-Wechselstromreihe CC8500 und die Zweisystemreihe CC21000 für Wechsel- und Gleichstrom.

Die Wagen des „Aquitaine" hatten einen neuen Anstrich – grau abgesetzt mit roten Horizontalstreifen und schmalen orangenen Linien – und eine neue Querschnittsform. Die Seitenwände der Wagen gingen von dem hochgewölbten Dach an deutlich nach außen bis weit unter die Fensterlinie, tatsächlich fast bis zum Fußboden, und die Länge war um 50 cm kürzer als die französische und allgemein-europäische Norm für Intercity-Wagen in den Siebzigern. Der Grund für die Querschnittsänderung war, daß die Konstruktion für „Pendelaufhängung" bestimmt war, d. h. für die automatische Kastenneigung in Kurven, um diese mit höherer Geschwindigkeit zu befahren, als es deren Schienenüberhöhung den üblich abgestützten Wagen erlaubt, ohne die Fahrgäste unangenehmen Fliehkräften auszusetzen.

Zu dieser Zeit erprobten mehrere europäische Bahnen automatische Kastenneigungen, doch die französische Konstruktion war die erste, die das Stadium der Erprobung in der Praxis erreichte. In der französischen Ausführung wird die automatische Wirkung durch Änderung des Öldrucks in einem hydraulischen Kreislauf bewirkt, der an Kolben angeschlossen ist, die quer an jeder Drehgestellseite sitzen. Diese An-

Links: *Nahaufnahme eines „Grand-Confort"-Wagens (Französische Eisenbahnen).*

Mitte links: *Inneres eines „Grand-Confort"-Abteils und -Großraums (Französische Eisenbahnen).*

Unten links: *Vergleiche das Innere des Grand-Confort"-Großraums darüber mit diesem Großraum der „Mistral"-TEE-Garnitur: die wegen der Kastenneigung schräge Seitenwand des „Grand-Confort"-Wagens ist deutlich zu sehen (Französische Eisenbahnen).*

Rechts und unten: *Diese beiden Aufnahmen von „Inter-City"-Zügen der Schweizerischen Bundesbahnen aus den neuen MkIII-Garnituren zeigen besonders deutlich die Wirkung der automatischen Kastenneigung auf die Stellung eines Fahrzeugs in der Kurve. Wegen der kurvenreichen Führung der meisten ihrer wichtigen Hauptstrecken wollten die Schweizerischen Bundesbahnen diese Einrichtung ausgiebig verwenden, doch haben sie den Plan aufgegeben, zum Teil, weil sie als eine Folge der Energiekrise mit dem Bau einer neuen Hochgeschwindigkeitsstrecke quer durch das Land rechnen (Schweizerische Bundesbahnen, Werkaufnahme SIG Neuhausen).*

ordnung spricht augenblicklich an und bringt die Mittellinie des Fahrzeugs in die resultierende Senkrechte, und das in so sanfter Weise vom Augenblick der Einfahrt in die Kurve an, daß ein Fahrgast in einem Wagengang bequem aufrecht stehen bleibt, selbst wenn der Zug mit 200 km/h durch eine Kurve fegt, die normale Züge auf 145 km/h herunterzwingt.

Ende der siebziger Jahre allerdings sind die einzigen europäischen Bahnen, die noch immer vorhaben, automatische Kastenneigung als Regelausführung einzuführen für Fahrzeuge, die auf vorhandenen Strecken fahren sollen, die Schweizerische Bundesbahn und British Rail bei ihren Advanced Passenger Trains (Fortschrittliche Reisezüge).

Alle anderen Bahnen, die mit dem Konzept spielten, die französischen eingeschlossen, sind zurückgeschreckt bei dem Vergleich der Kosten der Einrichtung mit ihrem Nutzen. Die Franzosen errechneten, daß sie 15% zu den Kapitalkosten eines neuen Wagens hinzufügen müßten. Nur über eine sehr große Entfernung oder über Strecken, die dicht mit geschwindigkeitsbeschränkenden Kurven besetzt sind (was für kaum eine französische Intercity-Strecke von wirtschaftlicher Bedeutung zutrifft), bringen die Geschwindigkeitsgewinne von Wagen mit Querneigung eine deutliche Verbesserung der Reisezeiten, der einzige Punkt, der für die große Masse der Reisenden zählt. Darüber hinaus, worauf schon mehr als einmal in diesem Buch hingewiesen wurde, werden sich die Eisenbahnplaner mehr und mehr der wirtschaftlichen Nachteile bewußt, die aus der Verbreiterung des Geschwindigkeitsbereichs auf einer gegebenen Strecke entstehen. Mit anderen Worten, wenige Renommierzüge mit Garnituren auszurüsten, die ihnen einen spürbaren Geschwindigkeitsvorteil gegenüber dem übrigen Verkehr auf der Strecke geben, und sie noch weiter über den allgemeinen Lauf der Güterzüge erheben verringert die Aufnahmefähigkeit der Strecke;

der Vorteil müßte mindestens bei der großen Mehrheit aller Reisezüge zum Tragen kommen.

Da ist noch eine abschließende Überlegung, neben allem andern, die die Franzosen davon abgehalten hat, die täglichen Verbindungen mit sehr hoher Geschwindigkeit auf den für 200 km/h zugelassenen elektrischen Strecken zu vermehren: Das vorhandene Stromversorgungsnetz war nicht so gebaut, daß es den enormen Anforderungen entsprechen kann, die zwei 8000-PS-CC6500 und CC8500-Lokomotiven stellen, die je einen 600- bis 700-t-Zug im selben Speiseabschnitt gleichzeitig aus dem Stand anziehen. Weiter ausgedehnte Zulassung des 200-km/h-Betriebes auf dem vorhandenen Netz würde die Franzosen zu kostspieliger Erneuerung der ortsfesten elektrischen Ausrüstung zwingen. Es sei zugefügt, dies ist ein Problem, das auch die Zukunft der sehr hohen Geschwindigkeit des britischen *Advanced Passenger Trains* in der elektrischen Fassung überschattet.

Um von dieser Abschweifung auf die Premiere des Paris-Bordeaux-„Aquitaine" zurückzukommen, so wurden seine neugestalteten Wagen „Grand Confort" genannt, zum Teil wegen der Verbesserung des Laufs durch ihre Pendelaufhängung. Doch obwohl die Kastenneigung nicht allgemein eingeführt wurde, rechtfertigen der glatte, wonnigleise Lauf der vollklimatisierten Wagen mit normalem Fahrwerk und der entspannende geräumige Komfort ihrer Armsessel völlig ihren Titel. Bei einem anderen aus dem langen französischen Katalog von Dauergeschwindigkeitsversuchen seit 1950 hat die damals fast neue Nr. CC6509 im März 1970 die Zielvorstellung eines Fahrplans für einen neuen Paris-Bordeaux-*Rapide* verwirklicht, die der Fähigkeit der Strecke für 200-km/h-Betrieb entsprach. Mit einem Zehnwagenzug im Gewicht von rund 500 t hatte sie die 579 km in 3 Std. 33 Min. mit einem Halt-zu-Halt-Durchschnitt von 163 km/h heruntergerissen, ohne je 215 km/h zu überschreiten. Der Eröffnungsfahrplan des

„Aquitaine" wurde dann immerhin auf vernünftige 4 Stunden festgesetzt.

Heute hat der „Aquitaine" einen Schwesterzug, den „Etendard". Der „Aquitaine" auf dem Hinweg und der „Etendard" auf dem Rückweg sind zu einer Ohnehaltfahrzeit von 3 Std. 50 Min. heruntergekommen. Ihre Durchschnittsgeschwindigkeit von 151 km/h hat nichts Vergleichbares für einen lokomotivbespannten Zug über eine solche Entfernung irgendwo auf der Welt. In der Gegenrichtung hat jeder Zug Zwischenhalte, und hier hat der „Etendard" einen Sprint mit einem Halt-zu-Halt-Durchschnitt von 163,7 km/h über die 101 km zwischen St-Pierre-des-Corps und Poitiers.

Neben den hier ausführlich besprochenen 200-km/h-Strecken und einigen Abschnitten für 170 km/h ist die Grenze auf den meisten Schnellfahrabschnitten der französischen Hauptstrecke bei 160 km/h. Innerhalb dieser Grenze ist die Norm für die Schnellzuggeschwindigkeit auf jeder von Paris ausgehenden Hauptstrecke eindrucksvoll hoch, dank der großen Beschleunigung und der für unveränderliche Dauergeschwindigkeit erforderlichen Leistung, die in den modernen elektrischen Antrieb eingebaut sind. Der schwere „Mistral" von der Riviera nach Paris z.B. hat neun Zwischenhalte auf seiner 1086-km-Fahrt von Nizza zur Hauptstadt, doch schafft er die Reise in 1 Minute über 9 Std. bei einem Reisedurchschnitt von 120,4 km/h. Auf der Strecke Paris – Straßburg, einer der durch ihre Geländeschwierigkeiten am schlechtesten für hohe Geschwindigkeit geeigneten Hauptstrecken Frankreichs, ist eine verhältnismäßig geringe Streckenlänge für sogar nur 160 km/h zugelassen, und im letzten Abschnitt von Reding nach Straßburg schwankt die Grenze zwischen 120 und 140 km/h, doch der Abend-*Rapide* von Paris macht die 504 km Entfernung nach Straßburg in 2 Minuten über 4 Std., einschließlich zwei Zwischenhalten, mit einem Reisedurchschnitt von 124,9 km/h. Doch nicht mehr sind hohe Geschwindigkeit und bequeme neue Wagen das Vorrecht von Morgen- und Abendzügen für Geschäftsleute mit nur 1. Klasse und Zuschlag und von „Trans-Europ-Express". In den späten siebziger Jahren wurde mit dem neuen klimatisierten, hübsch gestalteten „Corail"-Wagenpark, 1. und 2. Klasse, stufenweise jede wichtige Intercity-Verbindung neu ausgerüstet, außer den TEE und den Zügen mit den „Grand Confort"-Wagen. Grob gesprochen fährt vor oder nach jedem exklusiven *Rapide* ein Schnellzug ohne Zuschlag mit praktisch der gleichen Geschwindigkeit. Und Stück für Stück werden diese langen traditionellen Spätvormittag- und Nachmittagslücken in den Intercity-Plänen ausgefüllt. Eine für 1979 geplante besonders interessante Entwicklung ist die Schaffung von 160 km/h-Wendezügen aus „Corail"-Wagen, mit einem Stromliniensteuerwagen für den Verkehr auf den Strecken Paris – Rouen – Le Havre und Paris – Tours – Poitiers. Die BB-Lokomotiven für diese Formationen (bei denen die ehemaligen 6 „Capitôle"-Maschinen sind) wurden neu gestrichen, um zu den „Corails" mit den beiden Farben grau und orange zu passen.

Jetzt ist es zweifelhaft, ob die französischen Bahnen die Verbindungen mit 200 km/h auf ihrem bestehenden Netz weiter ausbauen werden. In den frühen achtziger Jahren werden sie trotzdem die schnellste Eisenbahn der Welt haben – eine weitgehend neue Bahn, um den gesamten Intercity-Fernreiseverkehr von ihrer am stärksten belegten Hauptstrecke abzuziehen, der Hauptstrecke von Paris nach Dijon und Lyon. Schon wird davon gesprochen, dieser eine zweite neue Schnellfahreisenbahn für Reiseverkehr von Paris zur Atlantikküste zuzufügen. Dann vielleicht werden die Franzosen ein zweites Nachkriegsschnellfahrzeitalter einleiten, diesmal mit neuen Strecken, genau wie damals bei der ersten europäischen Schnellfahr-Wiederauferstehung nach dem Krieg auf dem vorhandenen Bahnkörper in den fünfziger Jahren. Die neue Eisenbahngeneration wird im Kapitel 10 beschrieben.

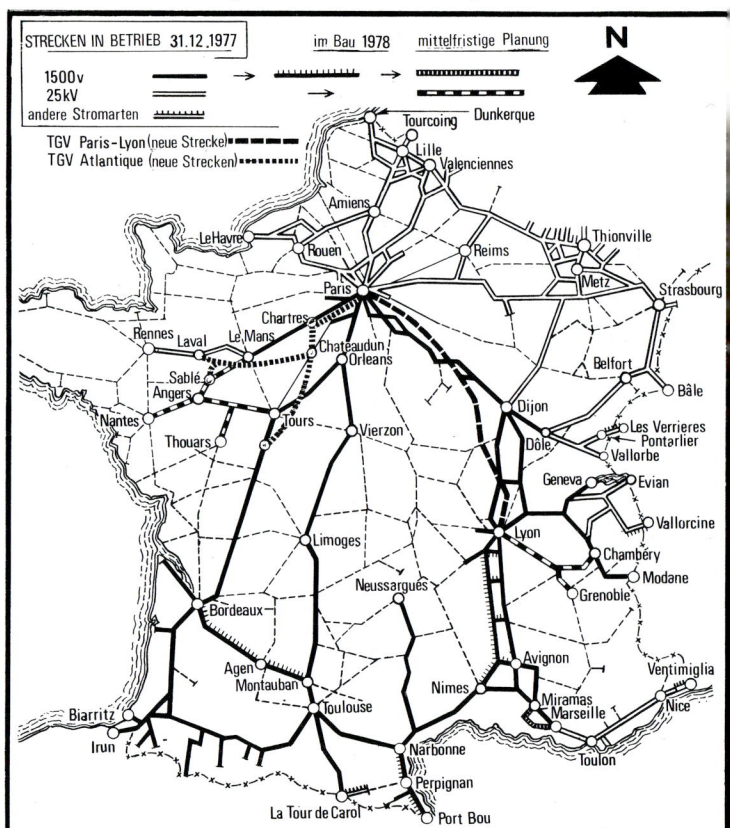

Links: Der „Aquitaine" Paris – Bordeaux in voller Fahrt bei Ste. Genvieve-des-Bois, zwischen Paris und Orléans, hinter einer CC 6500 (Y. Broncard).

Oben: Die 5500-PS-25-kV-Wechselstrom-BB 16000 von 1958–63 können 160 km/h fahren. Eine davon vor diesem Rapide Straßburg – Paris aus „Corail"-Wagen im Tal der Maas (Y. Broncard).

Rechts: Die neueste 160-km/h-Bauart ist die 1,5-kV-Gleichstrom-BB 7200 (und die entsprechenden 25-kV-Wechselstrom-BB-15000- und Zweisystem-BB-22200-Konstruktionen). Diese hier zieht einen schweren Schnellzug Paris – Ventimiglia zum größten Teil aus „Corail"-Wagen bei Villeneuve sur Yonne (Y. Broncard).

5. Japans Bullet Trains – der Shinkansen

Am 1. Oktober 1964, wenige Tage bevor die Olympischen Spiele in Tokio eröffnet wurden, weihte Japan feierlich ein neues Traumbild von Intercity-Eisenbahnbetrieb ein. Eine nagelneue 515 km lange Eisenbahn ausschließlich für Reisezüge, in der Lage, mehr als 6000 Fahrgäste stündlich mit einer Regeldurchschnittsgeschwindigkeit von 160 km/h zu befördern, fast wie eine Fern-Stadtbahn. Es war eine Entwicklung des Massenverkehrs ohne Beispiel auf der Welt.

Diese Neue Tokaido-Linie, die erste von Japans Shinkansen, oder „Neuer Schnellfahr-Eisenbahn", entstand aus Japans unwahrscheinlichem wirtschaftlichem Aufstieg nach dem 2. Weltkrieg. Der geografische Charakter des Landes preßt seine ständig wachsende Bevölkerung in schmale Streifen, hauptsächlich entlang der Küsten der Inseln. Wenig mehr als 15% der Oberfläche des Landes ist so eben, daß die Entwicklung von Industrie und Besiedlung möglich ist. Die Folge ist, daß 40% der Bevölkerung in 1% der gesamten Fläche Japans zusammengepfercht sind. Dieser in die Länge gezogene Ameisenhaufen ist der Tokaido-Streifen auf der Insel Honshu, von Tokio nach Osaka, wo fast ³/₄ der Industrie des Landes konzentriert ist.

Die ursprüngliche Tokaido-Bahn war Japans erste Fernstrecke – gebaut in 3 Fuß 6 Zoll (1067 mm)- oder Kapspur, die die Regelspur auf der ganzen seitherigen Japanischen Staatsbahn ist. Die industrielle Auferstehung nach dem Krieg beanspruchte sie bald bis an ihre Leistungsgrenze. Obwohl sie nur etwa 3% der ganzen Streckenlänge der JNR ausmacht, war sie belastet mit fast einem Viertel des gesamten Fahrgast- und Frachtaufkommens der Bahn und mußte betrieben werden auf einer Strecke mit rund 100 Zwischenbahnhöfen, nicht weniger als 1060 schienengleichen Wegübergängen, mit keineswegs sanften Steigungen und Kurven, und mit allen Beschränkungen durch die schmale Spur. Mit einem Straßenverkehr, der erst noch in Schwung kommen mußte, und Eisenbahntarifen, die als soziale Maßnahme auf absurd unwirtschaftlicher Tiefe eingefroren waren, stand die Bahn offensichtlich vor dem Zusammenbruch. Elektrifizierung und neue Signalanlagen, 1956 vollendet, schoben die Krise nur hinaus.

Die Japanische Staatsbahn hatte während der letzten Phase des Krieges die mögliche Entwicklung vorausgeahnt und den Entwurf für eine neue Kapspur-Eisenbahn im Tokaido-Streifen vorbereitet. Das kühne Konzept einer völlig neuen Eisenbahn, getrennt von der vorhandenen JNR-Bahn, stammt dagegen aus dem Bericht einer Studiengruppe, die die japanische Regierung 1957 aufgestellt hatte. Jede Lösung, die auf der Vergrößerung der Kapazität der Schmalspur aufbaute, wurde darin wegen des starken Übergewichts des Reiseverkehrs auf der

Rechts: Ein Zug der Neuen Tokaido-Linie vor dem charakteristischen industriellen Hintergrund des Tokaido-Küstenstreifens. Die Eisenbahn ist als Hochbahn gebaut, wozu die JNR in wachsendem Maß gezwungen ist und zu einer zunehmend schwereren Bauweise, verglichen mit der der Neuen Tokaido-Linie, um durch Verringerung von Lärm und Erschütterungen die Umweltschützer zu besänftigen. Zum Beispiel wird praktisch die ganze neue Joetsu Shinkansen 7–10 m über dem Erdboden liegen, soweit sie nicht im Tunnel verläuft, zum Teil um die Auswirkung des Lärms zu verringern, zum Teil wegen der vielen Straßen und Wasserläufe, die in diesem dicht besiedelten Landstrich überbrückt werden müssen. Nebenbei, da sie das zentrale Mikumi-Gebirge durchstoßen muß, wird die Joetsu-Strecke 23 Tunnels haben mit zusammen 106 der insgesamt 275 Streckenkilometer; davon ist der Dai-Shimize-Tunnel allein 22,2 km lang (Japanisches Informationszentrum).

Strecke verworfen: Die Vergrößerung der Kapazität des vorhandenen Eisenbahnverkehrs konnte nicht dessen angeborene Geschwindigkeitsbeschränkungen beseitigen. Die Empfehlung wurde von der Regierung erfreut angenommen, und die JNR setzte sofort einen gewaltigen Forschungs- und Entwicklungsapparat in Gang, um eine Technik festzulegen und zu entwickeln, für die es keine Vorbilder gab.

Vier Grundsätze wurden von Anfang an festgelegt. Erstens: alte und neue Strecken sollten mit den engstmöglichen Geschwindigkeitsbereichen betrieben werden, um ein Höchstmaß ihrer jeweiligen Betriebskapazität auszunutzen. Dies setzte die Konzentration des geschäftlichen Zwischenverkehrs und praktisch des ganzen Güterverkehrs auf der alten Strecke voraus. Die neue Bahn sollte weitgehend für den Intercity-Reiseverkehr zwischen einer streng begrenzten Anzahl von Banhöfen der zusammengewachsenen Städte bestimmt sein, zuzüglich einiger schneller Container-Güterzüge in der Nacht. Bald jedoch wurde die Idee der Containerzüge fallengelassen; die Halbierung der auf der alten Strecke möglichen Fahrzeit von 11 Std. von Tokio nach Osaka würde keinen wirtschaftlichen Vorteil bringen gegenüber der Behinderung der nächtlichen Unterhaltungsarbeiten an der neuen Strecke durch die Containerzüge.

Zweitens war man sich einig, daß die neue Bahn eine größere Spur haben müßte als 1067 mm, damit die Geschwindigkeitsgrenzen erheblich angehoben werden könnten, ohne daß Komfort und Sicherheit beeinträchtigt würden. Trotz der daraus folgenden fehlenden Übereinstimmung mit der übrigen Bahn wurde schließlich die Regelspur von 1435 mm gewählt. Drittens, im Licht der französischen Entwicklung der Elektrifizierung mit hoher Spannung in Industriefrequenz, wurde beschlossen, das 25-kV-Wechselstromsystem anzuwenden, jedoch mit 60 Hz. Bis dahin war 1,5 kV Gleichstrom die Norm bei der JNR. Schließlich wurden Vielfachtriebzüge beschlossen, einmal um das Gewicht der Antriebe zu verteilen und die größte Achslast zu senken, was nebenbei Ersparnisse beim Unterbau bringt, und um das Wenden in den Endbahnhöfen zu beschleunigen.

In den nächsten 6 Jahren widmeten sich 9 Teams von Konstrukteuren ausschließlich der Entwicklung der Detailtechnik der neuen Eisenbahn – seiner Streckenbauweise, dem Antrieb, dem Kräftespiel und der Bremsung, dem Stromabnehmersystem, den Signalanlagen und der Verkehrsüberwachung. Nicht nur das hochentwickelte Technische Eisenbahn-Forschungsinstitut der JNR mit seinen 36 Abteilungen und 900 Mann Personal war voll eingespannt, sondern auch die gesamten Forschungsmöglichkeiten der japanischen Industrie, denn bei den Japanern gehört eine enthusiastische Zusammenarbeit des staatlichen und des privaten Sektors zur zweiten Natur bei jedem Projekt, das nationalen Handel und Prestige zu fördern verspricht. Über 170 verschiedene Forschungs- und Entwicklungsversuche wurden in diesen Entwicklungsjahren durchgeführt. Wie ausgedehnt diese waren, kann an der Tatsache abgelesen werden, daß für die Bremsung so ausgefallene unerprobte Dinge wie Raketen und Bremsfallschirme ebenso sorgfältig untersucht wurden wie normalere Methoden.

Der erste Spatenstich an der Neuen Tokaido-Linie wurde im April 1959 getan, noch ehe die Forschungsarbeit beendet war. Unglaublich in Anbetracht des ungeheuren Ausmaßes der Hoch- und Tiefbauleistung: Die neue Eisenbahn war fertig und betriebsbereit innerhalb von 5 Jahren.

Ganz abgesehen von den Schwierigkeiten, die es bereitet einen Weg zu bahnen in die Städte hinein und wieder heraus für die Viadukte aus Spannbeton, die die Strecke von der Behinderung durch Wegeübergänge freihielt, gingen die Ingenieure einige mächtige Tunnel- und Brückenbauten draußen im Land an. Drei Tunnel mit Längen von 5030 m bis 7840 m mußten gebohrt – Otoyahama, Nangoyama und Tanna – und zahlreiche Brücken geschlagen werden über die Ströme und Bäche, die hinunter zum Meer fließen; die längste war der 6035 m lange Viadukt von Fukigawa bei Shizuoka mit 20 Feldern.

Zwischenbahnhöfe auf der neuen Strecke wurden auf zehn beschränkt, doch alle außer drei in Yokohama, Hajima und Shin-Osaka („Shin" heißt ganz einfach „Neu") liegen neben den Bahnsteigen der alten Kapspurstrecke, um den Übergang der Reisenden zu erleichtern; aus demselben Grund wurden die zwei Inselbahnsteige der neuen Strecke in Tokio als Erweiterung des bisherigen Hauptbahnhofs angelegt, statt sie mit einem neuen Bahnhof auszustatten. Die Sparsamkeit mit Bahnhöfen beschränkte die Anzahl der Gleiswechsel

der ganzen Strecke auf 230 Weichen, 80 davon mit beweglichen Herzstückspitzen, um die Durchfahrt im geraden Strang mit Höchstgeschwindigkeit zu gestatten ohne ungebührlichen Verschleiß der Herzstückteile. Unnötig zu sagen, daß die Schienen durchgehend geschweißt sind. Steigungen durften stellenweise bis 1:65 gehen, angesichts der mächtigen Antriebskraft, die in die Triebzüge eingebaut ist. Der kleinste Krümmungshalbmesser für die geplante Höchstgeschwindigkeit von 210 km/h wurde auf 2500 m festgesetzt, etwas großzügiger als das Minimum, das die Untersuchungen für die Bequemlichkeit und Sicherheit der Fahrgäste herausgefunden hatten. Unter den fortschrittlichsten und eindrucksvollsten Seiten eines Eisenbahnprojekts, das schon von sich aus bemerkenswert genug ist, waren seine Signalanlagen und Nachrichtenverbindungen. Dies war die erste Hauptbahn der Welt völlig ohne Streckensignale. Die punktweise Befehlsübermittlung durch Streckensignale und die Anspannung der Sinne des Führers waren völlig unannehmbar für die hohe Geschwindigkeit und die Dichte des beabsichtigten Zugverkehrs. Fortlaufende Führerstandsanzeige war unumgänglich; und damit wurde ein hohes Maß an automatischer Überwachung verbunden, so daß der Betrieb der ganzen Strecke von einem einzigen Nervenzentrum in Tokio geleitet werden kann.

Das Befehlszentrum in Tokio hat die ganze Strecke, die Stellung ihrer Weichen und den Standort der Züge in fortlaufender Sicht auf einer riesigen beleuchteten Tafel. Jeder Zug meldet seinen Standort durch einen elektronischen Code, der seine Zugnummer darstellt und der von aufeinander folgenden Induktionsschleifen auf der Strecke aufgenommen und auf die Tafel in Tokio übertragen wird, auf der die leuchtende Nummer des Zuges entsprechend fortschreitet. In der umgekehrten Übermittlungsrichtung erscheinen die Befehle auf dem Schirm der Führerstandsanzeige. Sie werden durch den Schienenstrom mit kodierten Frequenzen übermittelt und durch Induktionsspulen im Zuge aufgenommen.

Die Beschleunigung des Zuges wird automatisch gesteuert. Wenn der Führer den Fahrschalter aufdreht, steigt die Geschwindigkeit, vorausgesetzt, die Strecke ist frei, mit einer stetigen Beschleunigung von 0,25 m/s² auf die Spitze von 210 km/h, ohne ein weiteres Eingreifen

Oben links: *Zwei Züge der Neuen Tokaido-Linie begegnen sich im Vorfeld des Hauptbahnhofs Tokio. Dies ist die ursprüngliche Bauart der Triebzüge, ausgelegt für die ursprünglich beabsichtigte Höchstgeschwindigkeit von 260 km/h. Wegen des heftigen Feldzugs gegen den Lärm der Shinkansen scheint es jetzt unwahrscheinlich, daß die gegenwärtige Höchstgeschwindigkeit von 210 km/h je erhöht wird; und obwohl der Unterbau der Neuen Shinkansen-Strecken für die höhere Geschwindigkeit ausgelegt ist, werden die Voraustriebzüge für die Tohoku- und die Joetsu-Strecke mit weniger starken Motoren gebaut als die ersten Baureihen (Japanisches Informationszentrum).*

Oben: *Luftbild des Hauptbahnhofs Tokio, Endbahnhof der Neuen Tokaido-Linie, der wegen politischer Verwicklungen keine Verbindung zur Tohoku- und Joetsu-Shinkansen haben wird; diese werden etwa 4 km entfernt in Omiya enden. Die vier Shinkansen-Bahnsteige des Hauptbahnhofs Tokio sind jetzt arg überlastet durch einen täglichen Verkehr von 275 Zügen (Japanisches Informationszentrum).*

des Führers, obwohl er sonst die Führung hat. Die fortlaufende Führerstandsanzeige ist verbunden mit der Fahrschaltung, so daß auch die Bremsung automatisch gesteuert wird. In der Sekunde, in der ein Haltebefehl aufleuchtet, als Wirkung eines Befehls aus den Schienenströmen, wird automatisch durch den Rechenapparat des Zuges eine verminderte Geschwindigkeit angezeigt. Ein achsgetriebener Generator mißt die augenblickliche Geschwindigkeit, der Strom wird ausgeschaltet und die Bremse angelegt, bis die Geschwindigkeit auf das richtige Maß zurückgegangen ist – oder bis die codierten Befehle anzeigen, daß das Hindernis beseitigt ist, worauf der Zug automatisch wieder auf die Spitzengeschwindigkeit beschleunigt. Die Signalabschnitte und der Zugabstand sind so abgestimmt, daß der Bremsprozeß, gleich ob eine zeitweilige oder andauernde Geschwindigkeitsbegrenzung der Grund ist, in fünf Stufen von der vollen Geschwindigkeit bis zum Still-

stand abläuft – 160, 110, 70 und 30 km/h und Halt, wobei die letzte Bremsung bis zum Stillstand vom Führer gesteuert wird.

Auf den Zwischenbahnhöfen stellen die Züge ihre Fahrstraße selbst. Das verlangt nur, jeden Zug mit einem elektrischen Code auszustatten, der den ortsfesten Empfängern anzeigt, ob er in der nächsten Station hält oder nicht. Kein Bahnhof hat individuell gestaltete Gleisanlagen, nur eben das genormte Ausweichgleis aus jedem der durchgehenden Gleise heraus, so daß es für jede Zugart nur eine mögliche Fahrstraße gibt, die eingestellt wird, je nachdem welches der Codesignale ausgestrahlt wird. Das erleichtert wirkungsvoll die Routinearbeit der Fahrdienstleiter in Tokio.

Viele andere Besonderheiten wurden in die Steueranlage der Neuen Tokaido-Linie eingebaut. Zum Beispiel enthält ein Ultrahochfrequenz-Funktelefonsystem Kanäle für die Verbindungen Strecke zum Zug, Zug zur Strecke und Zug zu Zug, dazu für die Verbindung mit dem staatlichen Telefonnetz von Sprechstellen im Zuge aus. Und das funktioniert sogar in den Tunneln dank Zusatzgeräten, Kabel im Tunnel und Verstärkern. Schaltstellen in regelmäßigen Abständen entlang der Strecke erlauben es dem Streckenpersonal, im Falle der Gefahr den Fahrstrom völlig abzuschalten oder die automatische Zugsteuerung so kurzzuschließen, daß ein herankommender Zug sofort auf 30 km/h heruntergebremst wird. Und da Japan ein Erdbebengebiet ist, ist in jedes Unterwerk ein Seismograph eingebaut, der automatisch den Fahrstrom abschaltet, sobald ein Erdstoß oberhalb eines bestimmten Wertes auf der Richterskala registriert wird.

Jede Achse eines Shinkansen-Triebzuges ist angetrieben, wodurch die größtmögliche 16-Wagen-Garnitur (zunächst wurden die Züge mit 12 Wagen gefahren) der ersten Shinkansen-Triebwagen die bemerkenswert hohe installierte Leistung von 15875 PS hat, für ein gesamtes Zuggewicht von 880 t. Die Wagen sind paarweise gekuppelt und bilden so eine Antriebseinheit mit oder ohne Führerabteil. Die gesamte Ausrüstung liegt unter Flur und ist so angeordnet, daß die Last so gleichmäßig wie möglich auf die Achsen verteilt ist. Das hohe Leistungs/Gewichtverhältnis wurde gewonnen durch weitgehende Verwendung von Leichtmetallegierungen und Kunststoffen bei vollklimatisierten Wagenkästen, die bei den ersten Triebwagen aus hochfestem

Stahl waren; wobei das schwere herkömmliche Untergestell vermieden wird durch eine Bauweise, bei der die Seitenwände an ein leiterartiges Rahmenwerk aus Längs- und Querträgern geschweißt sind. Die Drehgestelle haben Gummi- und Luftfederung, und bis herunter auf 50 km/h wird dynamisch mit den Fahrmotoren gebremst, worauf dann Druckluft-Scheibenbremsen zur Wirkung kommen. Was die Stromlinie des Zuges angeht, so dauerte es nicht lange, bis die geschoßartige Form der Endwagen den Spitznamen „Bullet Train" (Gewehrkugelzug) auslöste, unter dem der größte Teil der Welt sie jetzt kennt.

Ursprünglich hatten die Shinkansen-Züge zwei Klassen, doch in den späten sechziger Jahren schaffte Japan die 1. Klasse ab, und heute haben die „Bullet Trains" nicht den Sitzkomfort von, sagen wir Britanniens „Inter-City-125"-HST-Dieseltriebwagen, geschweige denn den exklusiver 1.-Klasse-TEE-Züge auf dem Festland Europas. 3 und 2 Sitze quer zu einem Mittelgang packen 110 Fahrgäste in einen 25 m langen „Bullet Train"-Großraumwagen.

Für die Verpflegung hatte jede Zuggarnitur der ersten Baureihen zwei Wagen, die in einer Hälfte ein Büffet enthielten. In der Mitte des Wagens war eine Bar, die auf einer Seite Stehplätze und auf der anderen Seite Sitzgelegenheiten für einfache Mahlzeiten hatte. Wenn die Bar überfüllt war, so konnte man an seinem Platz abgepackte Gerichte und heiße oder kalte Getränke von einem Servierwagen durch die Stewardessen des Zuges bekommen. Nebenbei, die Büffetwagen hatten an der Wand einen Geschwindigkeitsanzeiger und eine Schautafel, auf der wie bei einem Thermometer die Fahrt des Zuges entlang einem Band mit der Streckenkarte angezeigt wurde.

Eine weitere Einrichtung der „Bullet Trains" muß erwähnt werden. Bei der Erprobung von 6 Vorauswagen, die vor der Eröffnung der Neuen Tokaido-Linie geliefert worden waren, wurde die JNR beunruhigt durch den hohen Anstieg des Luftdrucks im Innern der Wagen, wenn sich zwei Züge im Tunnel mit Spitzengeschwindigkeit begegnen. Für empfindliche Ohren war das äußerst unangenehm. Die Konstrukteure brachten die Abhilfe: durckluftbetätigte Vorrichtungen, die bei der Annäherung an einen Tunnel automatisch die Wagen- und Übergangstüren fest gegen ihren Rahmen pressen, um sie so luftdicht wie möglich abzuschließen. Gleichzeitig werden über den Schienenstrom Klappen in den Lüftungsschächten des Tunnels geschlossen, bis der Zug wieder draußen im Freien ist.

Die Neue Tokaido-Linie war der Stolz Japans und ein sofortiger – und zwar ein phänomenaler – finanzieller Erfolg in seinen erst wenigen Betriebsjahren. Ein Jahr lang wurde aus Vorsicht ein sanfter Fahrplan gefahren, damit der neue Oberbau sich setzen und man den Kinderkrankheiten beikommen konnte. Doch im November 1965 wurde die kürzeste Fahrzeit von Tokio nach Osaka für die „Hikari"-Züge, die unterwegs nur in Nagoya und Kioto hielten, auf 3 Std. 10 Min. heruntergebracht, was einen Reisedurchschnitt von 162,8 km für die 512 km lange Fahrt ergab.

Nach wenigen Jahren bot der Fahrplan der Neuen Tokaido-Linie mehr als 80 Schnellfahrzüge täglich in jeder Richtung an. Jede Stunde innerhalb der Betriebszeit (in den frühen Morgenstunden wurde der Betrieb eingestellt, damit man an der Strecke arbeiten konnte), und dreimal in der Stunde während der Stoßzeiten morgens und abends fuhr ein Zweihalt-„Hikari" von Tokio und Osaka ab. Neben diesen etwa 30 „Hikaris" in jeder Richtung gab es noch ungefähr 50 „Kodamas", meist über die ganze Strecke und mit Halt an jedem der zehn Zwischenbahnhöfe, doch einige mit weniger Halten und andere, die dem Betrieb in den Stoßzeiten noch einige Kurzstreckenfahrten zufügten.

Die schnellsten Pläne zwischen zwei Haltepunkten verlangten für einige „Hikari" einen Halt-zu-Halt-Durchschnitt von 171,5 km/h zwischen Nagoya und Kioto, 134,3 km. Kaum langsamer waren die Ohnehaltfahrzeiten von nur 120 bis 123 Min. für die 342 km zwischen Tokio und Nagoya, deren kürzeste einen Halt-zu-Halt-Durchschnitt von 171 km/h ergab. Ende der sechziger Jahre ergab der Fahrplan der Neuen Tokaido-Linie insgesamt 444 tägliche Fahrten zwischen zwei Haltepunkten mit planmäßigen Geschwindigkeiten oberhalb 145 km/h. Jedem Fahrgast, der mehr als 1 Stunde Verspätung erdulden mußte, wurde die Rückzahlung des hohen „Hikari"-Zuschlags garantiert – dieser verdoppelte ungefähr den Preis einer 2.-Klasse-Fahrkarte –, der für die Fahrt in den „Bullet Trains" erhoben wurde. Genauso elektrisierend wie die Züge selbst war das Echo des Publikums auf den neuen Betrieb. Von rund 60 000 täglich zu Beginn, kletterten die Fahrgastzahlen auf über 200 000 im Jahr 1967 und erreichten einen unglaublichen Rekord am 5. Mai 1969, einem Festtag, als 520 000 Menschen an einem einzigen Tag auf dieser Strecke befördert wurden. Dann kam 1970 die große Ausstellung „Expo 70" in Osaka, und die Zahl der Fahrgäste auf der Neuen Tokaido-Linie betrug sechs Monate lang durchschnittlich 254 000 täglich, als vollgestopfte „Hikaris" und „Kodamas" in den Stoßzeiten mit fünf und zehn Minuten Zugabstand aus Tokio rollten.

Die klassische Einfachheit im Betrieb dieser Bahn und ihr hohes Maß an Automation machte aus ihr ein Modell für gewinnbringende Kapitalanlage. Im Jahr 1969 errechnete die JNR, daß ihr NTL-Personal im Durchschnitt viermal so produktiv war und je Mann neunmal soviel Einnahmen erbrachte wie ihre Kollegen auf dem Kapspurnetz. Während das Schmalspurnetz von Jahr zu Jahr tiefer in ein Mammutdefizit rutschte, entwickelten sich durch die hohe Fahrgastauslastung der NTL Einnahmen, die die direkten Betriebskosten um mehr als 40% überstiegen. Als Ergebnis konnte 1970 die neue isolierte Eisenbahn einen gesunden Überschuß von 175 Millionen Pfund ausweisen, nach Deckung der Abschreibungen und Zinsen auf die Baurechnung.

Als die Neue Tokaido-Linie gezeigt hatte, was in ihr steckt, waren die Planer schon an der Arbeit für ihre erste Verlängerung, und der erste 165-km-Abschnitt der neuen Sanio Shinkansen, von Osaka nach Okayama wurde im März 1972 dem Verkehr übergeben. Auch hier waren umfangreiche Bauarbeiten nötig – fast 97 km Brückenlänge und 56 km Tunnel, einschließlich dem 16,4 km langen Rokko-Tunnel in Kobe, der 4½ Jahre lang durch festen Granit getrieben werden mußte.

Noch bevor die ersten „Bullet Trains" nach Okayama hineinsummten, hatte die japanische Regierung erklärt, die ausgedehnte Verlängerung der Shinkansen sei ein wesentlicher Bestandteil des wirtschaftlichen Wachstums des Landes und das einzige Mittel, die Bevölkerung zu bewegen, sich aus den von Menschen wimmelnden Industriegebieten der Küstenstreifen aufs Land zu verteilen. Im Mai 1970 verkündete sie ein Gesetz über den Bau von Schnellbahnen durch das ganze Land, das eine weitere Verlängerung der Neuen Sanio-Linie nach Hakata auf der Insel Kiushu befahl, und drei völlig neue Shinkansen: die Tohoku von Tokio nordwärts nach Morioka; die Joetsu von Tokio nordwestwärts nach Niigata und die Küste des Japanischen Meeres; und die Narita von Tokio zu seinem neuen Flughafen in Narita, von denen man erwartete, daß ihr Bau ungestört vorangehen würde und sie den vollen Betrieb 1977 aufnehmen könnten. Drei Jahre später wurde die Planung euphorisch ausgedehnt auf die Fortsetzung der Tohoku-Linie zur nördlichen Spitze der Insel Honshu bei Aomori und dann nach Sapporo auf Hokkaido, der nördlichsten der drei Hauptinseln Japans, durch eine Hokkaido Shinkansen, die sich unter der Tsuguru-Straße in einem neuen Seikan-Tunnel durchgräbt, 53,9 km lang, nicht weniger; Verlängerung der Neuen Sanio-Linie über Hakata hinaus nach Nagasaki und Kagoshima durch den Kiushu Shinkansen; und eine zweite

Oben: *Shinkansen-Bahnsteig im Hauptbahnhof Tokio. Obwohl die ersten Reihen der Shinkansen-Triebzüge mit automatischer Zugsteuerung ausgerüstet sind, wird in der Praxis auf dem ganzen Netz die Steuerung durch den Führer beibehalten. Außerdem wird ab den Voraustriebzügen Reihe 962 für die neuen Joetsu- und Tohoku-Shinkansen die automatische Einrichtung weggelassen (Japanische Nationale Touristen-Organisation).*

Links und rechts: *Zweite-Klasse-Großraum- und Speisewagen der ersten Reihen von Shinkansen-Triebzügen. Ab Anfang 1978 gilt die Lebensdauer der für die Neue Tokaido-Linie gebauten Triebzüge als erreicht, und alle werden vor Ende 1979 durch neue Triebzüge gleicher Bauart ersetzt werden (Japanische Nationale Touristen-Organisation).*

Tokio-Osaka Shinkansen, die Hokuriku, die zum Teil befürwortet wurde, weil es denkbar ist, daß der Verkehr auf der ursprünglichen Neuen Tokaido-Linie eines Tages zusammenbricht, und zum Teil, um ein neues Gebiet des Landes wirtschaftlich zu erschließen, da die Hokuriku-Strecke ein umgekehrtes U zwischen Tokio und Osaka bilden soll, um die Westküste am Japanischen Meer bei Toyama zu berühren. Das ergibt weitere 2381 km Shinkansen. Doch weitere zwölf Shinkansen-Strecken sind im Prinzip genehmigt, so daß das endgültig geplante Netz etwa 7000 Streckenkilometer erreicht.

Die Verlängerung der Neuen Sanio-Linie nach Hakata wurde für den durchgehenden Betrieb von Tokio im März 1975 eröffnet. Wieder war die Aufgabe der Bauingenieure ehrfurchtgebietend – wohl mehr als bei jedem früheren Shinkansen-Projekt. Da mußte der 18,6 km lange Tunnel, der zweitlängste der Welt nach dem Simplon in der Schweiz, in der Kammon-Straße zwischen den Inseln Honshu und Kiushu versenkt werden, und auf dem Land arbeitete sich die Bahn aus dem dicht besiedelten Tokaido-Küstenstreifen heraus durch bergige Gebiete von sehr unterschiedlichem Charakter. Auf den 398 km von Okayama nach Hakata mußten 111 Tunnel mit zusammen 222 km gebohrt werden.

Die Erfahrungen auf der Neuen Tokaido-Linie diktierten eine Anzahl Änderungen der Konstruktionswerte für die Neue Sanio-Linie. Vor allem betrafen sie die Strecke. Trotz der außergewöhnlichen Sorgfalt in bezug auf Gewichtssparnis und Lastverteilung bei den Triebzügen wurde der Streckenverschleiß ein wachsender Kummer auf der Neuen Tokaido-Linie, und wurde teurer an Geld und Zeit, als die JNR

Oben: Dieses Shinkansen-Bild zeigt deutlich die starken Steigungswechsel, die heutiger elektrischer Antrieb mit hoher Leistung auf seiner Fahrt nehmen kann. Als Folge der ständig zunehmenden Schienenbrüche und des Verschleißes der ursprünglichen Oberleitung bei dem sehr dichten Zugverkehr werden alle Schienen der ursprünglichen Bauart ersetzt und eine schwerere Oberleitung eingebaut. Da das Auswechseln der Weichen und der dazugehörigen Oberleitung in der nächtlichen Betriebsruhe von sechs Stunden nicht zu schaffen ist, wurde in den letzten Jahren etwa achtmal innerhalb zwölf Monaten der Zugverkehr auf der ursprünglichen Strecke einen ganzen Vormittag lang eingestellt, damit die Bauingenieure 12 Stunden lang durcharbeiten können.

Mitte rechts: Der Betonzaun, den die JNR in besiedelten Gebieten entlang der Shinkansen als Lärmschutz errichten mußte, ist hier deutlich zu sehen. Der Zug ist der umfassend ausgerüstete Inspektionszug, den die JNR auf den Shinkansen einsetzt. Ausgerüstet, um Schäden an der Strecke und der Oberleitung festzustellen und zu messen, wird er wöchentlich mit derselben Geschwindigkeit wie die Fahrgastzüge über die Strecke gefahren, um Daten für die computerberechneten Unterhaltungspläne zu sammeln.

Unten rechts: Ein Zug der Neuen Tokaido-Linie vor dem Hintergrund des Fudschijama. Schneebedeckung war ein Problem auf der Neuen Tokaido- und der Neuen Sanio-Linie und wird es in weit höherem Maße sein auf Teilen der jetzt im Bau befindlichen Shinkansen. Im gebirgigen Mittelabschnitt der Joetsu-Linie zum Beispiel sind Schneehöhen von über 2½ Meter üblich. Hier werden die kurzen Abschnitte der Strecke zwischen den Tunnels durch Schneegalerien geschützt, und anderswo wird die neue Strecke ausgiebig mit Wasserbrausen zum Schneeschmelzen versehen (Japanisches Informationszentrum).

erwartet hatte; die Streckeningenieure wurden allzuoft gezwungen, für ihre Arbeit die nächtliche Betriebspause voll auszunutzen. Daher wurde für die Neue Sanio-Linie ein solider Gleisunterbau vorgeschrieben mit schwereren Schienen (der jetzt auch auf der Neuen Tokaido-Linie eingebaut wird, sobald irgendwo die Erneuerung nötig ist).

Über zwei Drittel der Neuen Sanio-Linie wurde auf Betontafeln verlegt; sie wären über die ganze Länge verwendet worden, gäbe es da nicht Gebiete mit der Neigung zu Senkungen, bei denen das Bauwerk brechen würde. Bei der Ausführung der JNR werden die Schienen direkt auf Befestigungen geschraubt, die in die 5 m lange Betontafel eingegossen sind, die ihrerseits durch eine Mischung von Zement und Bitumen auf einem Gleisbett aus Ortbeton befestigt werden. Mehrere große Eisenbahnen haben verstreute kurze Streckenstücke mit Gleisen auf Betontafeln versehen, doch die meisten prüfen erst noch deren Wirtschaftlichkeit; keine hat sie bisher so weitgehend verlegt wie die Japaner auf ihren Shinkansen. Es gibt keinen Zweifel, daß ihre halbdurchgehende Festigkeit die Unterhaltungskosten bei dichtem und schwerem Verkehr in einem Ausmaß verringert, das ihre hohen Baukosten in ein oder zwei Jahren wettmacht.

Doch nicht nur, daß sie mindestens das Doppelte kosten für Bau und Verlegung als eine herkömmliche Strecke mit Schwellen und Schotter; die Verlegung sperrt eine zu erneuernde Strecke viel länger, und bis jetzt sind die Verlegemaschinen dafür noch knapp.

Das ursprüngliche Geschwindigkeitsziel für die Neue Tokaido-Linie war 260 km/h, doch die Betriebsgrenze wurde schließlich auf 210 km/h herabgesetzt. Das ist noch die Grenze auf allen bis jetzt fertigen Shinkansen, obwohl die Neue Sanio-Linie und ihre Triebzüge laut Bestellung für einen Regelbetrieb mit der höheren Geschwindigkeit gebaut sind. Unter anderem verlangt das eine Vergrößerung des kleinsten Bogenhalbmessers von 2500 m bei der Neuen Tokaido-Linie auf 4000 m bei der Neuen Sanio.

Ein neuer und stärkerer Doppeltriebwagen, die Reihe 961, wurde geschaffen, um den Wagenpark für den vollen Tokio-Osaka-Hakata-Betrieb auf über 1000 Doppelwagen zu bringen. Die Hauptänderung bei der Inneneinrichtung war, daß für die 6- bis 7-Stundenfahrt, die eine Reise über die gesamte Strecke jetzt erforderte, die zwei getrennten Büffetwagen der früheren 16 Wagen-Garnituren durch aneinandergereihte Speise- und Büffetwagen ersetzt wurden. Äußeres Kennzeichen der neuen Triebzüge ist eine knolligere Form der Nase rund um ihre durchscheinende Schnauze, die die Notkupplung verbirgt. Der Leistungssprung der 961 war aufsehenerregend. Eine Bauartänderung zu Leichtmetallegierungen zusammen mit einer feurigeren Antriebsanlage stattete die 961 mit einer verblüffenden Dauerleistung von 23 600 PS bei einem Leergewicht der 16 Wagen von 930 t aus. Einer dieser Triebzüge wurde im Februar 1972 bis auf 286 km/h erprobt.

Die ersten Reihen der Triebzüge hatten oft Störungen durch Schnee, der in die Unterflurausrüstung eindrang und sie beschädigte; der Schaden konnte besonders schwer werden, wenn liegender Schnee, der durch den Zug bei Höchstgeschwindigkeit aufgewirbelt wurde, Schottersteine mitriß. Zuerst versuchte die JNR das zu bekämpfen mit Wasserbrausen längs der Strecke, durch die der gefallene Schnee festfrieren sollte, doch bei den 961 sorgten die Ingenieure vor, indem sie die empfindliche Ausrüstung vollständig einschlossen und ihre Zwangskühlung über hochliegende Einlässe mit einer Schneeschmelzeinrichtung führten.

Nebem dem Bau von genügend Triebwagen der Reihe 961 für die Ausdehnung des Betriebs von Hakata mußte die JNR den Bau fortsetzen, um den gesamten Wagenpark der Shinkansen in den siebziger Jahren zu erneuern, denn ein anderes Kennzeichen des intensiven Zugbetriebs war, daß nach nur einem Jahrzehnt ständiger Schnellfahr-Höchstbelastung die ursprünglichen Triebwagen am Ende waren. Tatsächlich erlitt die Neue Tokaido-Linie im Sommer 1974 eine vier Monate andauernde traumatische Kette von Strecken-, Wagen- und Signalschäden, die für über sechs Wochen ihren Fahrplan zu einem Wunschbild machten. Zutiefst beunruhigt beschloß die JNR sofort, auf der ganzen Strecke schwere Schienen zu verlegen mit einem Kostenaufwand von fast 300 Millionen Pfund und die Erneuerung der gesamten Fahrleitung für 1984 zu planen.

Mit der vollen Eröffnung der Neuen Sanio-Linie stieg der Reisever-

kehr wieder an, und nach zwei Monaten, am 5. Mai 1975, erreichten die Shinkansenstrecken zum ersten Mal eine Million Fahrgäste am Tag.

Heute stehen vom Beginn des Shinkansen-Betriebstages um 6.00 Uhr bis zu seinem Schluß für nächtliche Unterhaltungsarbeiten gegen Mitternacht über 100 Züge in jeder Richtung auf dem Fahrplan über die ganze oder über Teile der Neuen Tokaido-Linie und Neuen Sanio-Linie zusammen – an öffentlichen Feiertagen sind es deutlich mehr. In den meisten Stunden eines normalen Betriebstages gibt es sechs Züge auf dem verkehrsreichsten Abschnitt Tokio – Osaka, doch in den Spitzenstunden werden sie vermehrt auf vier „Hikari" und vier „Kodama". Vom Morgen bis zum frühen Abend eilen zwei Züge in jeder Stunde über die ganze 1069 km lange Strecke von Tokio nach Hakata, der schnellere der beiden hält an sechs der 22 Zwischenbahnhöfe und bringt mit der besten Fahrzeit des Tages die ganze Fahrt in 6 Std. 56 Min. hinter sich mit einem Reisedurchschnitt von 154 km/h – eine bemerkenswerte Leistung in Anbetracht der langen Beschränkungen auf 160 km/h in den Bergwerksgebieten der Neuen Sanio-Linie, wo die Gefahr von Senkungen besteht. Diese Vorsichtsmaßnahme hat die Absicht vereitelt, die ganze Länge der Strecke mit einem Durchschnitt von etwas über 160 km/h bei einer Fahrzeit von 6 Std. 40 Min. einschließlich Halten zu befahren. Die schnellste Halt-zu-Halt-Zeit auf der Strecke sind die 59 Min., die einem „Hikari" für die 174 km von Nagoya nach Shizuoku gestattet sind, was genau 177,5 km/h Durchschnitt ergibt. Das gab es nirgends auf der Welt zur Zeit, da dieses Buch geschrieben wurde. (Überraschend ist, wie in Kapitel 6 berichtet wird, daß nicht elektrischer, sondern der Dieselantrieb von Britanniens *High-Speed-Train*-Triebzügen es ist, der in den Geschwindigkeitstabellen der späten Siebziger den „Bullet Trains" am dichtesten auf den Fersen ist).

Trotz des Triumphs der Shinkansen-Technik, der andere Länder von Süd-Korea bis zum Iran berechnen läßt, was ein in Japan gebauter Shinkansen sie bei sich zu Hause kosten würde (neben dem allgemein fester werdenden, schon jetzt kraftvollen Griff der japanischen Eisenbahnindustrie nach dem Weltmarkt) und trotz der beneidenswerten Rentabilität und Leistungsfähigkeit machen die Erbauer des Shinkansen-Netzes in den späten Siebzigern keine Überstunden. Eine Widerwärtigkeit nach der andern haben die japanische Begeisterung für das Konzept abgekühlt.

Da war zuerst die Energiekrise durch den arabisch-israelischen Krieg von 1973, die nirgends schwerer zuschlug als in Japan, einem Land, das für die Erzeugung von 86% seiner Energie auf eingeführte Brennstoffe angewiesen ist und das 99,7% seines Erdöls aus Übersee bezieht. Die Folge war eine rasende Inflation und ein scharfer Rückschlag für das wirtschaftliche Wachstum Japans. Noch davor hatte die Explosion der Ölpreise die JNR mit einer ernsthaften Steigerung der Kosten beim Bau der Shinkansen konfrontiert. Ganz am Anfang der sechziger Jahre hatte sie die Neue Tokaido-Linie im Durchschnitt mit etwas über 1,1 Millionen Pfund je Kilometer gebaut, doch schon 1972 hatte sich die Summe verdoppelt für den Anfangsabschnitt der Neuen Sanio-Linie. Im Jahr 1977 wurde gerechnet, daß der Durchschnitt über 3,45 Millionen Pfund je Kilometer beträgt. Außerdem rutschte die Kapspurbahn der JNR unaufhaltsam in den finanziellen Ruin durch das Zusammenwirken von Personal-Übersetzung, schwindenden Marktanteil an Reisenden und Gütern, der durch Konkurrenz stark angefressen wurde, Aufrechterhaltung einer völlig unwirtschaftlichen Bedienung des flachen Landes auf Grund politischer Forderungen und völlig unwirtschaftlicher Tarife, auch sie eine Folge politischen Machtspruchs. War jetzt die Zeit, gutes Geld dem schlechten nachzuwerfen?

Auch war die Aufgabe des Shinkansen als Mittel, die Beweglichkeit von Bevölkerung und Industrie zu fördern, nicht mehr so zwingend wie in den frühen Sechzigern. Der Straßenverkehr war viel weiter entwickelt, wie die Bilanz der JNR nur allzu deutlich zeigte. Und großräumige Düsenflugzeuge, begünstigt durch bedeutend verbesserte Verbindungen Stadtzentrum – Flughafen, hatten die Konkurrenz des Luftverkehrs in bezug auf Zeit, Annehmlichkeit und Preis bedeutend verschärft. Das wurde Anfang 1977 einer unglücklichen praktischen Probe unterworfen, nachdem die Regierung endlich das heiße Eisen der unwirtschaftlichen Tarife angefaßt und auf einen Schlag eine 50%-Erhöhung angeordnet hatte. Fast über Nacht sanken die Beförderungszahlen der Shinkansen um drastische 15%, und die Fluglinien übernahmen die meisten Abtrünnigen.

Vielleicht am wenigsten hatte man die Enttäuschung mit Shinkansen erwartet, die die öffentliche Meinung verbitterte. Sie wurde ausgelöst durch wachsende Klagen über den Lärm von den Leuten, die in der Nähe der neuen Bahn wohnten. Bei der Konstruktion der Neuen Tokaido-Linie hatten die Ingenieure der JNR einige Sorgfalt darauf verwandt, Lärm und Erschütterung in Grenzen zu halten, die nicht schlimmer waren als in der Nähe der Kapspurbahn, doch hatten sie nicht die Wirkung vorausgesehen, die der intensive Betrieb hatte, der sich bei den steigenden Verkehrsanforderungen schnell entwickelte. Nun war Japan, das bis dahin die übelste Industrieballung duldete, die es vermutlich in irgendeinem Industrieland gibt, auf einer stark emotionellen ökologischen Welle. Ruhmgierige Politiker stürzten sich auf die angebliche Störung der Umwelt durch die Shinkansen als einem kennzeichnenden Problem, die öffentliche Meinung war erregt, und ein Meinungsstreit brach aus über viele der geplanten neuen Shinkansen-Strecken. Ende 1972 mischte sich die Umweltbehörde der Regierung ein mit einem Diktat des höchstzulässigen Dezibel-Niveaus in der Nähe der Shinkansen-Strecken, das die JNR zwang, fast 200 Millionen Pfund für Lärmschutzanlagen allein auf der ganzen Länge der ursprünglichen neuen Tokaido-Linie auszugeben.

Die schlimmsten Quellen von Lärm und Erschütterungen an der neuen Tokaido-Linie waren die zahllosen Brücken und Viadukte. Besonders schwierig war es bei den stählernen Fachwerkbrücken Abhilfe zu schaffen, wo das Gleis nicht in einem Schotterbett liegt, sondern auf in Beton eingegossenen Stahlträgern; hier mußte die JNR eine Kombination von Dämmtafeln an der Unterseite und von seitlichen Brüstungen anwenden, die mit schallschluckendem Material belegt sind. Auf den Betonviadukten mußten Gummimatten zwischen dem Schotterbett und der Brücke eingezogen werden. Wo immer die Strecke so nahe an Wohnungen entlang führte, daß der Lärm zu laut wurde, mußte sie durch etwa 2 m hohe Lärmschutzwände aus Beton eingefaßt werden; wenn die Wohnungen so nahe an der Bahn lagen, daß mit diesem Schutz die verlangte Lärmgrenze nicht zu erreichen war, mußte an den Wohnungen selbst ein Lärmschutz eingebaut werden. Nebenbei hat sich jetzt noch ein anderes Lärmproblem gezeigt: der deutlich spürbare Schallstrahl, den man am Tunneleingang hört, wenn am anderen Ende ein Zug mit Höchstgeschwindigkeit in den Untergrund eintaucht und dabei die Luft so komprimiert, daß eine niederfrequente Schwingung entsteht. Die JNR milderte schließlich den Mißstand durch den Einbau von Stahlhauben am Tunneleingang, die den Lärm auffangen sollen.

Im kalten Licht von Inflation und Rezession in den späten Siebzigern kam die japanische Meinung immer mehr zu der Überzeugung, daß die abgelegten Strecken, die in den weitläufigen Planungen des Jahres 1973 für das Shinkansen-Netz vorgesehen waren, niemals auch nur die direkten Betriebskosten decken würden. Einige JNR-Beamte hatten das seinerzeit offen gesagt. Sie hatten in der Tat darauf gedrängt, den Entwurf auf ein wirtschaftlicheres realistisches Maß zusammenzudrängen, in der Sorge, daß solche wilden grandiosen Träume die öffentliche Meinung dazu bringen, auch die vernünftigeren Teile des Planes in Frage zu stellen.

Im Frühjahr 1978 war der volle Plan von 1973 fast sicher ein wertloses Blatt Papier geworden, obwohl das Verkehrsministerium und Kräfte der politischen Mehrheit sich noch dafür einsetzten. Die für die regionale Entwicklung zuständige Regierungsabteilung empfahl nachdrücklich, daß das für 1990 angestrebte Netz auf etwa 2100 Streckenkilometer gestutzt und das Endziel auf nur etwa 4500 km angesetzt werden sollte.

Im ersten Viertel des Jahres 1978, als dieses Buch geschrieben wurde, waren die einzigen Erweiterungen, deren Vollendung sicher ist, zwei von den drei schon im Bau befindlichen, die Tohoku und Joetsu. Die kurze Strecke zu Tokios neuem zweitem Flughafen kam kaum weiter als zu einem leeren Gebäude des Flughafenbahnhofs. Ein Grund für den mangelnden Baufortschritt war, daß der Flughafen selbst eines der umstrittensten Opfer von Japans Umweltschützern geworden ist. Doch ernsthafter war, daß die JNR in dem augenblicklichen Klima von Angst um die Umwelt gegen fast unlösbare Probleme anrannte, als sie versuchte, eine weitere Shinkansen-Strecke durch das hauptstädtische Tokio zu bahnen. Die Bewohner der Vorstadt Chiba starteten einen besonders heftigen Kampf gegen den Lärm der Shinkansen. Der neue Flughafen kämpfte sich schließlich durch bis zu seiner Fertigstellung im Jahr 1978, doch da war kristallklar geworden, daß die Narita Shinkansen zum mindesten auf die lange Bank geschoben war und daß die Regierung die Absicht hatte, den Flughafen durch eine Erweiterung der Kapspur-Teito-Schnellbahn zu bedienen.

Die Vorhaben der Tohoku und Joetsu Shinkansen hatten sich inzwischen mühsam durch den Untergrund der wirtschaftlichen Zwänge und den Protest der betroffenen Landstriche durchgekämpft. Einst für die Übergabe ihrer Schienen an den Verkehr im Jahre 1977 vorgesehen, begrüßte die Tohoku-Strecke am Anfang dieses Jahres erst ihre

Rechts: *Auf der hier gezeigten Neuen Tokaido-Linie war ein Betonschwellengleis verlegt. Doch der Großteil der Sanjo-Linie wurde mit einem Gleisbett aus Betontafeln gebaut, und dies wird bei den meisten zukünftigen Bauten auch der Fall sein (Japanisches Informationszentrum).*

ersten Schienenleger. Und erst Mitte 1977 waren Jahre pedantischer Diskussion über die Einführung der Strecke nach Tokio zu Ende. Schon seit 1971 haben die Bewohner von Omiya, einer Satellitenstadt etwa 30 km vom Zentrum entfernt, darum gekämpft, daß die Tohoku in ihrem Bereich unter Grund geführt wird. Man brauchte fünf Jahre, um ihr grollendes Einverständnis für eine Hochbahnstrecke zu gewinnen, doch kostete das die Betreiber der Shinkansen die Unannehmlichkeit, Omiya einen eigenen Shinkansen-Bahnhof zu bewilligen, und ein Übereinkommen, daß alle Züge dort halten müssen. In Tokio selbst war die JNR das Angriffsziel eines örtlichen Grabenkriegs. Die alte Kapspur-Hauptstrecke von Nordjapan hatte einen eigenen Tokioer Endbahnhof in Ueno, und als die JNR ihre vernünftige Absicht kundtat, alle Shinkansen-Strecken in die Hauptstadt in einem Bahnhof anderswo zusammenzufassen, erhoben die Geschäftsleute in der Nähe des Ueno-Bahnhofs ein Geschrei über den drohenden Verlust ihrer Laufkundschaft. Doch ebenso hartnäckig wehrten sich die übrigen Bewohner von Ueno, die es ablehnten, durch irgendeine oberirdische Shinkansen gestört zu werden. Und die Lösung? Wie zu erwarten ein kostspieliger orientalischer Kompromiß, bei dem das Gesicht gewahrt wurde: Die JNR besänftigte widerstrebend beide Parteien, indem sie die Tohoku Shinkansen in einem Untergrundbahnhof in Ueno enden ließ.

Da der Bau der Joetsu-Strecke stetig fortschreitet, bestellte die JNR Ende 1977 den Prototyp eines neuen Sechswagentriebzugs als Modell für die Tohoku- und Joetsu-Strecken; dieser sollte im Frühjahr 1979 geliefert werden. Ein wichtiges Kennzeichen dieses Prototyps wird ein verstärkter Schutz gegen Winterbedingungen sein, die in den nördlichen Gebieten, die von der Tohoku- und Joetsu-Strecke durchquert werden, wesentlich strenger sind als bei den Strecken südlich von Tokio – und auch dort können sie recht störend sein.

Bis Mitte 1977 gab es wenig Hoffnung auf einen baldigen Start weiterer Shinkansen-Vorhaben. Zwar war der 53,9 km lange Seikan-Tunnel unter der Tsuguru-Straße halb fertig, doch gab es weit verbreitete Zweifel, ob darin je ein Shinkansen fahren würde, eher noch eine Verbindung der Kapspurnetze der Inseln Honshu und Hokkaido. Der Pessimismus wurde genährt durch die wuchtige 50%-Tariferhöhung Ende 1976, die den Beförderungsleistungen der Neuen Sanio-Linie schlecht bekommen ist und deren Einkommen weit unter die geplante Höhe fallenließ. Der Verkehr der Shinkansen als ganzes schrumpfte im Geschäftsjahr 1976–77 von Frühjahr zu Frühjahr um 5,2 Millionen Fahrgastkilometer oder fast 10%. Doch Mitte 1977 belebte die Regierung ganz unerwartet wieder die Leichname der Hokkaido, Kiushu und Hokuriku Shinkansen und genehmigte den Beginn der Streckenvermessungen.

Schlimm ist es, daß ein Konzept, das so unwiderleglich die Lebensfähigkeit einer nur für Schnellfahr-Reiseverkehr gebauten Eisenbahn bewiesen hat, die auf den wirtschaftlichen und sozialen Bedarf des späten 20. Jahrhunderts maßgeschneidert ist, schließlich durch Kirchturmpolitik gedemütigt wird. Schlimm auch, daß seine Entwicklung in einem gewissen Maß durch die entsetzliche finanzielle Lage der JNR als Ganzes in Gefahr ist, die so sehr den Sachzwängen zuzuschreiben ist, von denen das Shinkansen-Konzept sich befreit hat: die schmale Spur, die den Fortschritt in der Geschwindigkeit des Reiseverkehrs schlimm beeinträchtigt, und den Güterverkehr verkrüppelt durch strenge Begrenzung der Achslasten und dadurch der Ladefähigkeit der Güterwagen. Der Güterverkehr ist verantwortlich für fast 60% des riesigen JNR-Defizits von 2¼ Milliarden Pfund im Geschäftsjahr 1976–77.

Was den Schmalspur-Reiseverkehr betrifft, so ist es der Erwähnung wert, daß die JNR zur Zeit, da das Buch geschrieben wird, der eifrigste Entwickler der Wagenkastenneigung in der Welt ist. Anschließend an eine langdauernde Entwicklung einer Prototyp-Flotte für die Strecke zwischen Nagoya und Nakano ab 1973 wurde ein neues Geschwader bestellt für den Verkehr auf der Kisei-Strecke von Osaka zu den touristischen Zentren auf der Kii-Halbinsel ab Herbst 1978. Die Lieferung dieser zweiten Bestellung soll die Gesamtzahl dieser Gelenkwagen mit Kastenneigung Reihe 381 auf 167 Wagen bringen.

Ein abschließender Tribut an den Shinkansen muß noch gezollt werden. Viele Schnellfahr-Intercity-Schienenverbindungen der allerletzten Zeit in Westeuropa und Nordamerika wären wohl nie entstanden – zumindest wären sie nicht so vertrauensvoll geplant worden –, wenn es das leuchtende Vorbild der neuen Tokaido-Linie nicht gegeben hätte.

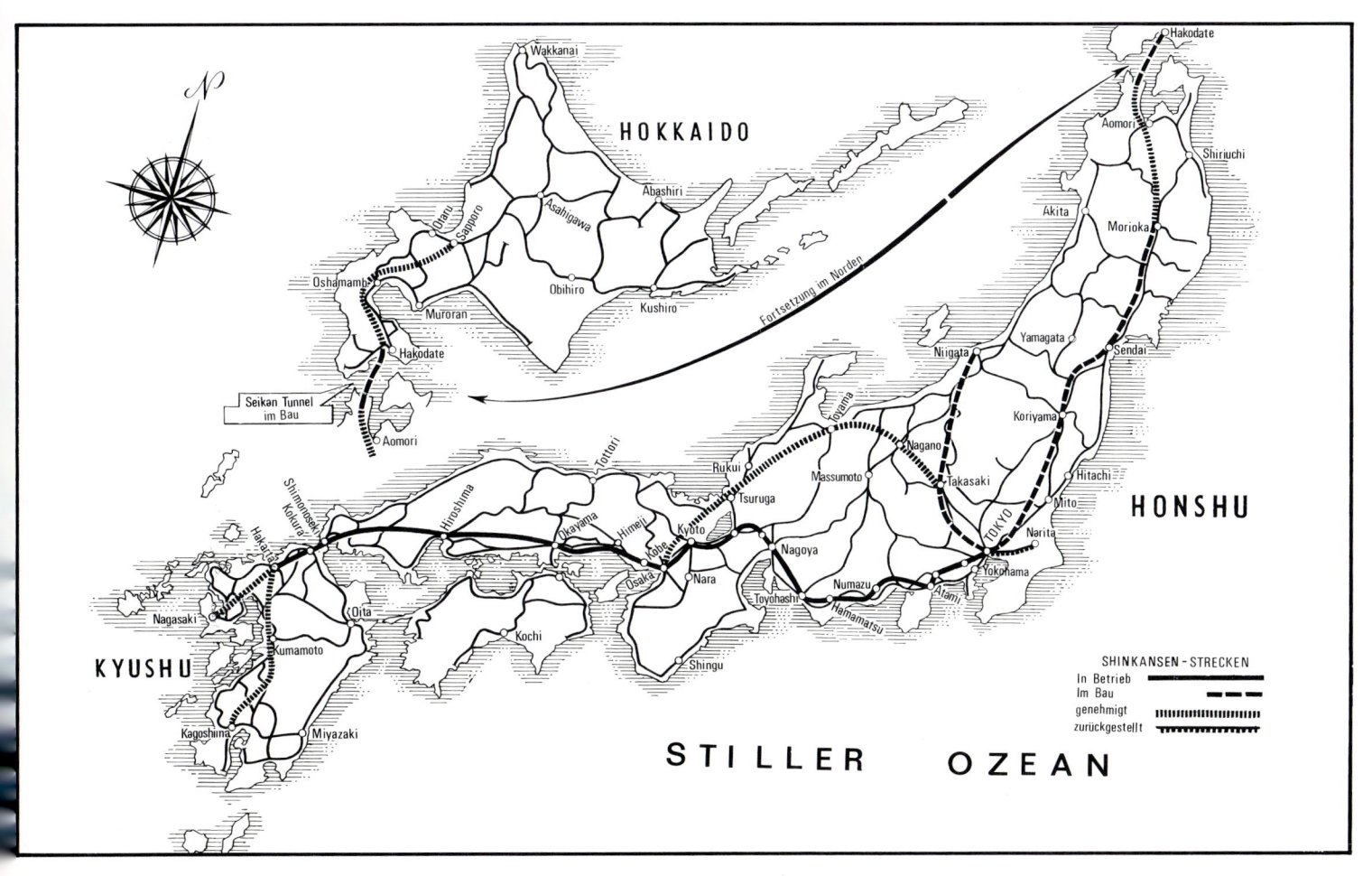

6. Britanniens Inter-City spurtet nach vorn

In den dreißiger Jahren gehörten die britischen Eisenbahnen zu den Schrittmachern in der Welt. Doch zur Zeit des Ausbruchs des Zweiten Weltkriegs behaupteten sie sich nur in bezug auf die höchste Geschwindigkeit, sowohl im täglichen Betrieb als auch bei offenkundigen Rekordversuchen. Was die Reisegeschwindigkeiten betrifft, das einzige, was kommerziell zählt, war Britannien auf der Tabelle arg hinuntergerutscht. Auf diesem Gebiet konnte sich der Dampf nicht mit den neuen Dieselzügen Deutschlands und Nordamerikas messen.

Während vieler müder Jahre nach dem Zweiten Weltkrieg wurden die Vergleiche ständig ungünstiger. Erstens hatte der Krieg Britanniens Bahnen in einem beklagenswert heruntergewirtschaftetem Zustand zurückgelassen. Die Bauwerke hatten nur das Minimum an Pflege bekommen, das eben nötig war, um sie verwendungsfähig zu erhalten. Ersatz war beschränkt auf die Erneuerung von kriegswichtigem Rollmaterial. Nachdem der Krieg vorüber war, hatte z. B. eine Gesellschaft allein, die London Midland & Scottish, errechnet, daß sie 14 Millionen Pfund (wohlgemerkt nach dem Wert von 1945) ausgeben müsse, nur um die Rückstände an Unterhaltung von Strecken und Signalanlagen aufzuholen, und weitere 26 Millionen Pfund, um ihren Oberbau wieder auf echten friedensmäßigen Zustand zu bringen. Finanziell hatten drei Bahnen der „Großen Vier" – die Ausnahme war die Great Western – schon vor dem Krieg einen genügend großen Tiefstand; da das Ausmaß der Regierungszahlungen für den Verkehr in der Kriegszeit völlig unangemessen war, waren sie an Geld noch viel knapper, als wieder Frieden war.

Wenn Britanniens Bahnen durch Feindeinwirkung eben so schlimm verwüstet gewesen wären wie die auf dem europäischen Festland, so wäre ihre Wiederherstellung vielleicht schneller vonstatten gegangen. Wenn Bomben einen großen Teil einer Strecke fast unbrauchbar gemacht haben, ist ein umfassender Neubau nicht zu umgehen; und wenn man neu bauen muß, so ist es logisch, daß man modernisiert und nicht Überholtes ebenso wieder ersetzt – besonders wenn es eine Dollarhilfe gibt, mit der der Wiederaufbau finanziell unterstützt wird. Es ist keine Abwertung des Unternehmungsgeistes und Könnens der Eisenbahner auf der anderen Seite des Ärmel-Kanals, wenn man feststellt, daß das eine wichtige Ursache dafür ist, wie und warum die Bahnen des europäischen Festlands sich vor Britannien bei der Nachkriegsentwicklung an die Spitze setzen konnten.

In Britannien hatten die Eisenbahnen einzelne Schäden erlitten, doch nirgends so schlimm, daß sie nicht hätten geflickt werden können. Sie waren von einem Ende zum andern betriebsfähig. Die einander folgenden Regierungen, Konservative so gut wie die Labour-Partei, entschieden, daß die Bahnen innerhalb der Warteschlange um knappes Rohmaterial und Kapitalinvestitionen nur eine sehr geringe Priorität hatten. Nur eine Handvoll größerer Verbesserungspläne wurde genehmigt, und zum großen Teil mußten die Bahnen in den ersten zehn Jahren nach dem Krieg entweder billig ersetzen oder anderswie sich behelfen und flicken.

Rechts: Der dieselelektrische 3500-PS-CoCo-Prototyp „Deltic" der English Electric, lebhaft angestrichen in hellblau mit gelben Verzierungen, bei der Einfahrt in Preston während seinen ersten Probefahrten Ende der Fünfziger auf der Hauptstrecke Euston – Carlisle von British Rail.

So waren um 1951 nur zwei der 50 wichtigsten Intercity-Schienenwege in Britannien soweit, daß der Betrieb wieder die Geschwindigkeit von 1939 erreicht hatte, von Verbesserung war keine Rede. Noch schlimmer, nur sieben Großstädte – Bradford, York, Newcastle, Edinburgh, Glasgow (über die Ostküstenstrecke von London King's Cross, nicht über die ursprüngliche Westküstenstrecke von London Euston), Portsmouth und Cardiff – hatten von London aus schnellere Züge als vor dem Ersten Weltkrieg. Zwei der wichtigsten Städte des Landes, Birmingham und Sheffield, hatten nicht nur keine schnelleren Züge von der Hauptstadt als 1939, sondern eine ausgesprochen langsamere Allgemeinverbindung als kurz vor dem Ersten Weltkrieg. Anfang 1952 zeigten die Fahrpläne der französischen Bahnen schon mehr als 30 Fahrzeiten täglich von einer Meile je Minute, bis zu einem Höchstwert von 124 km/h allein auf ihrer neu elektrifizierten Hauptstrecke Paris – Dijon. Auf den deutschen Bahnen wurden schon 15 Pläne mit Reisegeschwindigkeiten von einer Meile je Minute gefahren. Die nun verstaatlichten Britischen Eisenbahnen hinkten mit gerade sechs Fahrzeiten von einer Meile je Minute, alle auf dem günstigen Abschnitt Darlington – York der Ostküstenhauptstrecke, sogar hinter Schweden und Dänemark her, die zwölf bzw. zehn aufweisen konnten. In den USA, wo der Intercityreisezug noch nahe dem Gipfel seines Ruhms war, waren die Fahrpläne gespickt mit 2764 täglichen Fahrten mit zusammen über 150 000 Meilen (240 000 km), die mit einer Meile je Minute oder besser vorgesehen waren; von dieser großen Zahl wurden 16 665 Meilen (26 815 km) täglich mit über 70 mph (112,6 km/h) und 3597 Meilen (5788 km) mit über 75 mph (120 km/h) gefahren, mit einem Höchstwert von 86,2 mph (138,7 km/h).

Wohlgemerkt, hätten die Britischen Eisenbahnen früher Gelegenheit bekommen, sich zu modernisieren, so wäre der Unterschied gegenüber diesem traurigen Bild nicht übermäßig groß gewesen. Sicher, schon bevor die Britischen Eisenbahnen schließlich im Jahr 1955 ernsthaft in Modernisierungen investieren durften, war durch zwei Elektrifizierungen schon ein größerer Fortschritt erreicht worden. Doch das war nur eine verspätete Erfüllung von Vorkriegsplänen. Bis 1955 gingen das Geld und die Hilfsmittel, die die Bahnen für den Ersatz ihrer ältesten Dampflokomotiven ausgeben durften, nur in noch mehr Dampflokomotiven. Zu dieser Zeit wurden die Versuchspläne, die von mindestens zwei der „Großen Vier" vor der Verstaatlichung entworfen worden waren, durch die neue Leitung der verstaatlichten Britischen Eisenbahnen beiseite gelegt. Sir Nigel Gresleys Triumph über den deutschen Dieselwettbewerb vor dem Krieg war nicht nur ein Gewinn. Ohne ihn hätten wohl die Britischen Eisenbahnen eine methodische schrittweise Entwicklung des Dieselantriebs aufgebaut, die ihre Nachkriegserholung wesentlich beschleunigt hätte. Statt dessen mußten sie sich verspätet in eine ungeordnete Verdieselung stürzen, übereilter als bei jeder andern Bahn dieser Größe, welche unausweichlich und mehrmals auf die Nase fiel und buchstäblich Millionen Pfund verschleuderte, ehe Konstrukteure, Erbauer und Betreiber das Gute vom Unzuverlässigen geschieden hatten und eine gemeinsame Sprache sprachen.

Die Hoffnung auf eine schließliche Wiederbelebung der Geschwindigkeit in Britannien wurde bestärkt durch den Entschluß des Modernisierungsplans von 1955 zur Elektrifizierung der Ost- und der Westküstenhauptstrecke von London aus, die erste bis in den Westen von Yorkshire und York selbst, die zweite bis Birmingham, Liverpool und Manchester. Doch bald zeigte es sich, daß die Leistungsfähigkeit der Industrie nur einen der Pläne verkraften konnte. Die Wahl fiel auf Euston – Birmingham/Liverpool und Manchester – und auch auf das 25-kV-50-Hz-Wechselstromsystem, entgegen früherer britischer Planung auf Grund des jetzt offensichtlichen Erfolgs der französischen Pionierarbeit im Betrieb mit hochgespanntem Wechselstrom. Doch die Kosten der Elektrifizierung überstiegen die Voranschläge bald um vieles. Der damalige Verkehrsminister, der nie ein Freund der Eisenbahn gewesen war, stoppte den Plan, nachdem dessen erste Abschnitte in der Provinz fertig waren, und die Zukunft des Intercity-Verkehrs in Britannien sah trübe aus. Auf den andern Hauptstrecken der Britischen Eisenbahnen waren die ersten Hauptstrecken-Diesel, schwerfällige Maschinen mit einem wenig eindrucksvollen Leistungs/Gewichtsverhältnis, unfähig, die Reisegeschwindigkeit der Fahrpläne des Dampfbetriebes zu verbessern. Folgerichtig verloren die Bahnen ständig Verkehr an die Straße. Es gab Leute bei den Britischen Eisenbahnen, die dazu rieten, dies in würdiger Haltung zu akzeptieren, als den Beginn vom Ende des Intercity-Reisezugs. In den späten fünfziger Jahren hatte über dem Atlantik in den USA der Ruin begonnen; es wurde getrost vorausgesetzt, daß um 1970 der nordamerikanische Reisezug veraltet wie ein Saurier sein werde – und einige meinten, nichts werde den britischen Intercity-Zug aufhalten, innerhalb eines Jahrzehnts denselben Weg zu gehen.

„Nicht doch", beteuerte die Leitung insbesondere eines Bereichs der Britischen Eisenbahnen. Schon mit Dampf hatte die Ostregion die wirtschaftliche Leistungsfähigkeit eines Verkehrs von verhältnismäßig leichten Zügen bewiesen. Sie fuhren den ganzen Tag über in regelmäßigen Abständen, mit Fahrzeiten soweit wie möglich nach einem Regelplan und mit einer Geschwindigkeit, die an die Grenze der Leistungsfähigkeit und Wirtschaftlichkeit der Lokomotiven reichte. Nun da die Ostregion beschlossen hatte, eine Antriebskraft einzuführen, mit der der Intercity-Verkehr mit Reisedurchschnitten von 75 mph (120 km/h) durchgeführt werden konnte, zeigten Untersuchungen, daß er die Konkurrenz des Autoverkehrs auf den neuen Autobahnen nicht zu fürchten brauchte; auch wenn die Ostregion nicht elektrifiziert werden konnte, so hatte die britische Industrie doch soeben einen Diesel-Prototyp enthüllt, der hinter der Elektrifizierung als das Zweitbeste gelten konnte.

Es war die dieselelektrische 3300-PS-Lokomotive „Deltic" der English Electric, so genannt, weil sie um zwei Gegenkolbenmotoren herumgebaut war, deren dreieckiger Querschnitt an den auf dem Kopf stehenden griechischen Buchstaben *Delta* erinnerte. Diesen Motor hatte die Tochterfirma Napier der English Electric entwickelt nach einem Lastenheft der Britischen Admiralität für einen Hochleistungsdieselmotor zum Antrieb schneller Patrouillenboote. Eine Vorauslokomotive, damals der stärkste Einzeldiesel der Eisenbahnen der ganzen Welt, hatte im Sommer 1956 bei Versuchsfahrten der Britischen Eisenbahnen einige erstaunliche Antriebsleistungen vorgeführt, und sie konnte leicht mit einer Getriebeübersetzung für 105 mph (169 km/h) Höchstgeschwindigkeit gebaut werden. Die Ostregion drängte darauf und erhielt 1958 die 22 Stück der Serienfertigung für die wichtigsten Intercity-Verbindungen zwischen London King's Cross und West-Yorkshire, dem Nordosten und Edinburgh.

Die Eröffnung des ersten Ostküstenfahrplans ausschließlich mit „Deltic"-Lokomotiven im Sommer 1962 war der Wendepunkt des Intercity-Reiseverkehrs der Britischen Eisenbahnen. Es war nicht nur die überraschende Beschleunigung, mit der die Fahrzeit London – Edinburgh des „Flying Scotsman" von einem Tag auf den anderen um eine Stunde auf sechs Stunden für die 392,7 Meilen (631,9 km) gekürzt wurde und die Freigabe neuer Abschnitte der Strecke für 100 mph (160 km/h) Höchstgeschwindigkeit. Ebenso bezeichnend war die geschickte Planung in Fahrplänen und Umlaufplänen sowohl der „Deltic"-Lokomotiven wie der Zuggarnituren, um aus dem Rollmaterial die höchstmögliche tägliche Meilenzahl herauszuholen und eine dichte und schnelle Verbindung in regelmäßigen Abständen von London nach den großen Industriezentren an der Ostküstenstrecke mit eng begrenzten Mitteln anzubieten.

Selbst so wurde die Leistungsfähigkeit der „Deltics" nur teilweise ausgenützt. Die britischen Großstädte liegen so nah beieinander, daß sie fast aneinanderstoßen im Vergleich zu den Entfernungen, die die Städte, sagen wir, in Mittelfrankreich voneinander trennen. Viele Städte in Britannien sind Knotenpunkte, denn Britannien hat mehr Querstrecken mit starkem Verkehr als Frankreich. Viele dieser Knotenpunkte wurden nicht mit dem nötigen Weitblick auf zukünftige Ge-

schwindigkeiten des durchgehenden Verkehrs ausgelegt. Und neben diesen Hindernissen für hohe Dauergeschwindigkeit haben die britischen Hauptstrecken sehr viele Kurven mit Geschwindigkeitsbeschränkungen auf der freien Strecke im Gegensatz zum Beispiel zu Frankreichs Hauptstrecke von Paris nach dem Südwesten. Als Folge verschwendeten die „Deltics" viel zu viel ihrer ungeheuren Leistung, um für kurze Zeiten auf Spitzengeschwindigkeit zu kommen, dann mußten sie auf 20 mph (32 km/h) heruntergehen, um durch die Schlangenlinien in Petersborough zu fahren, oder auf 30 mph (48 km/h) für die scharfe Biegung in Durham (um zwei bekannte Beispiele zu nennen), wonach sie verschwenderisch aufgedreht werden, um so schnell wie möglich wieder 100 mph (160 km/h) zu erreichen, nur um vielleicht 20 Meilen weiter wieder heruntergebremst zu werden: und so fort.

Und wieder war die Ostregion am Zug. Mit vergleichsweise bescheidenen Kosten gegenüber der Elektrifizierung, so behaupten deren Ingenieure, würden mit den „Deltics" Leistungen erreicht werden können, die nicht weit unter denen des elektrischen Betriebs liegen, wenn man ihnen nur einen besseren Untergrund gäbe, um darauf zu arbeiten. Sie behielten Recht. Zu Beginn der siebziger Jahre wurde ein ausgedehntes Programm in Arbeit genommen für die Verbesserung von Gleis- und Signalanlagen auf der Ostküstenstrecke, das über 60 Millionen Pfund kostete. Gleise wurden neu verlegt, Abzweigungen vereinfacht, zweigleisige Flaschenhälse erweitert, einige der schlimmsten Kurven ausgebügelt (zwei der schlimmsten in Petersborough wurden beseitigt durch den Neubau des ganzen Bahnhofs), Wegeübergänge beseitigt und mehrbegriffige Lichtsignale eingeführt, die von wenigen strategischen Punkten aus gesteuert werden, anstelle von handbedienten veralteten Flügelsignalen, damit eine weit bessere Leitung des Verkehrs erreicht und die Bremswege vergrößert werden können. Am Ende war die Strecke geeignet für 100 mph (160 km/h) auf dem ganzen Weg von London King's Cross bis Doncaster, 156 Meilen (251 km) und auf 85 (136,8) der weiteren 112 Meilen (180 km) bis Newcastle; ein großer Teil der Strecke war sogar für 125 mph (200 km/h) aufgearbeitet, mit Blick auf das kommende Zeitalter der Schnellfahrzüge, die später in diesem Kapitel behandelt werden. Zwischen King's Cross und Newcastle sind als einzige lästige Geschwin-

digkeitsbeschränkungen geblieben die über die Drehbrücke in Selby, unter den großen im Bogen liegenden Hallen des Bahnhofs York und über den gebogenen Viadukt in Durham, deren Beseitigung viel zu teuer gewesen wäre.

So konnte im Jahr 1976 der Fahrplan der Ostküstenstrecke eine schnellste Fahrzeit London – Edinburgh von 5 Std. 27 Min. für den „Flying Scotsman" zeigen, die eine Reisegeschwindigkeit von 72,1 mph (116 km/h) für die 392,7 Meilen (631,9 km) bedeutet, einschließlich einem Zwischenhalt in Newcastle. Über kürzere Entfernungen gab es mehrere Fahrzeiten mit 75 mph (120 km/h) oder besser von Halt zu Halt, die besten davon mit 80,8 mph (130 km/h) für die 204,7 Meilen (329,4 km) von Darlington zum Endpunkt des Großlondoner Vorortverkehrs in Stevenage.

Die Elektrifizierungsarbeiten an der Westküstenstrecke gingen schließlich zu Ende. Der volle elektrische Betrieb von Liverpool und Manchester nach Euston wurde im Frühjahr 1966 aufgenommen, und Birmingham und die West-Midlands kamen ein Jahr später zum Netz. Unnötig zu sagen, daß die Fahrpläne geändert wurden, wiederum für eine Zugfolge mit regelmäßigen Abständen bei einheitlich hoher Geschwindigkeit, mit einem Höchstmaß an Ausnutzung von Lokomotiven und Wagen, mit verkürzten Reisezeiten und größeren Höchstgeschwindigkeiten. Die überlegene Beschleunigungskraft des elektrischen Antriebs erlaubt es natürlich, weit größere Streckenanteile mit der erlaubten Höchstgeschwindigkeit von 100 mph (160 km/h) zu fahren als auf der Ostküstenstrecke, so daß die neuelektrifizierte Strecke sofort die schnellste des Landes wurde.

Hier sollte eingeschaltet werden, daß, obwohl 100 mph (160 km/h) die offizielle Grenze für die elektrischen Lokomotiven der Westküstenhauptstrecke ist, die Maschinen keineswegs nur bis zu dieser Geschwindigkeit gefahren werden; außerdem sind sie nicht mit schreibenden Geschwindigkeitsmessern ausgerüstet wie die französischen Lokomotiven, bei denen dem Führer für jeden Übermut das Beweis-

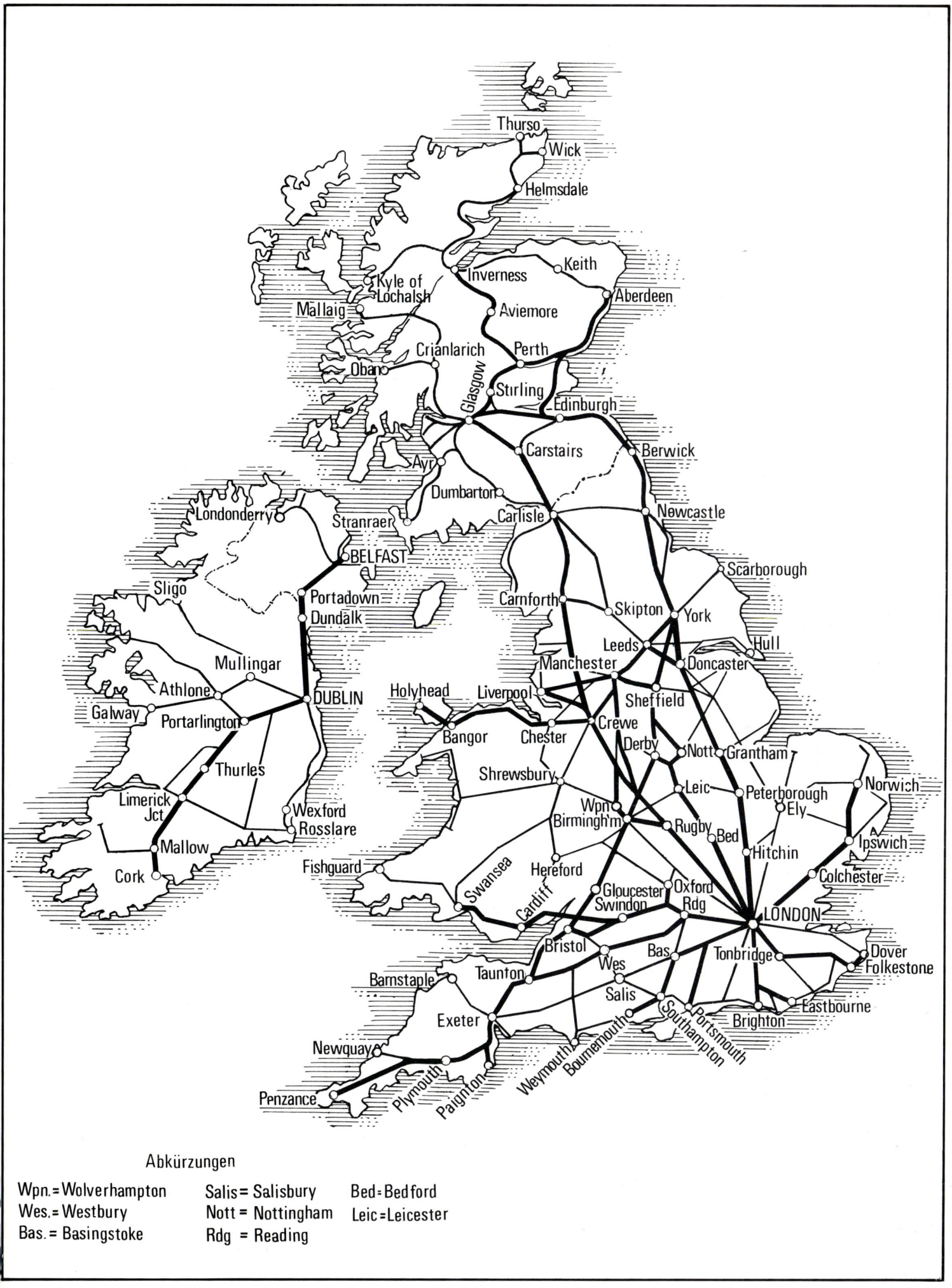

Abkürzungen

Wpn. = Wolverhampton	Salis = Salisbury	Bed = Bedford
Wes. = Westbury	Nott = Nottingham	Leic = Leicester
Bas. = Basingstoke	Rdg = Reading	

mittel vorgehalten wird. Folglich ist es gar nicht so selten, daß hinter einer britischen Elektrolokomotive mindestens 110 mph (117 km/h) erreicht werden, aber ebenso hinter einer „Deltic"-Diesel. Dann kann es gut sein, daß man 75 Meilen (120 km) oder mehr auf der Westküstenhauptstrecke mit einem soliden Durchschnitt von 100 mph (160 km/h) zurücklegt.

Der wirtschaftliche Anstoß durch diese Einführung revolutionierter Fahrpläne auf der Ost- und Westküstenhauptstrecke, Mitte der Sechziger, der eine mit „Deltic"-Dieseln und der andere mit elektrischem Betrieb, verblüffte die Skeptiker in den Korridoren der britischen Staatsgewalt und der Leitung der Britischen Eisenbahnen. Im Jahr 1965 hatten die Britischen Eisenbahnen, damals unter dem Beeching-Regime, ein Planungsdokument veröffentlicht, das das mögliche Verschwinden des Intercity-Reisezugs akzeptierte. Der einzige ungewisse Faktor war, wie lange ein Nachhutgefecht gegen den Luft- und Straßenwettbewerb dauern könnte. Unter dieser Prognose wurden 70 mph (112,6 km/h) Reisegeschwindigkeit für vernünftig gehalten, für die bis 1984 vorauszuplanen sei; für diesen Fall wollte die britische Eisenbahnbehörde verschiedene parallellaufende Hauptstrecken ganz herausreißen oder auf ein Gleis reduzieren, denn sie meinte, ein Durcheinander von bis zu 200 Reise- und Güterzügen könne sich täglich in jeder Richtung auf den übriggebliebenen Gleisen drängen.

Doch das gehätschelte Güteraufkommen schwand stetig, während die Fahrgäste zu den beschleunigten und verdichteten Intercity-Verbindungen strömten. Ende der sechziger Jahre hatte der elektrische Westküstenbetrieb die Fahrgastbeförderung zwischen London und dem Nordwesten verdoppelt, dreiviertel des gesamten Reiseverkehrsmarkts in Beschlag genommen und die innerbritischen Fluglinien dazu gebracht, ihre Flüge zwischen London und Liverpool und Manchester zu verringern. Zwischen London und Birmingham war die Reaktion des Publikums so, daß bald während des ganzen Tages halbstündlich ein Zug in jeder Richtung eingesetzt wurde.

Die Regierung ebenso wie die Chefs der Britischen Eisenbahnen schwenkten um, die letzteren schnell, die ersten mit weniger Eifer. Die erste Frucht der geänderten Haltung war die Ermächtigung, die Elektrifizierung über Weaver Junction (die Abzweigung der Strecke nach Liverpool nördlich Crewe) nach Glasgow fortzusetzen, ein Projekt, das die Regierung über Jahre schmählich vernachlässigt hatte (zeitweilig – ironischerweise – unter einem Verkehrsminister, der später der Vorsitzende der britischen Eisenbahnbehörde wurde und als solcher seine Ministernachfolger heftig beschimpfen mußte, weil sie sein eigenes Elektrifizierungsprogramm blockierten – Sir Richard Marsh).

Heute betreibt keine elektrische Eisenbahn außer Japans Shinkansen einen Intercity-Verkehr mit solcher Geschwindigkeit in Verbindung mit solcher Zugdichte wie British Rail von London Euston-Bahnhof. Selbst in den ruhigen Stunden fahren auf dieser Hauptstrecke sechs 100-mph-(160 km/h)-Züge alle 60 Minuten über die ersten 82,6 Meilen (133 km) zwischen London und Rugby, wo die Züge nach Birmingham abzweigen. Mit der Vollendung der Fahrleitung nach Schottland hinein kam Glasgow in die Reichweite von fünf Stunden von London aus, einschließlich einem Halt in Preston, was eine Reisegeschwindigkeit für die 401,5 Meilen (646 km) von 80,3 mph (128,5 km/h) bedeutet. Dieser Fahrplan konnte nur erreicht werden, weil der elektrische Betrieb es ermöglichte, daß die Züge die berühmten Aufstiege über Englands nördliche Felsenberge und die Hügel von Schottlands Unterland ohne Verzögerung durch die Steigung hinaufjagen: zum Shap-Scheitelpunkt mit seinen letzten 4 Meilen (6,4 km) von 1:75 und nach Beattock, wo die Südrampe eine fast 10-Meilen(16 km)-Schinderei bei 1:74-88 ist. Zur Zeit, da das Buch geschrieben wird, zeigen die Fahrpläne für das ganze 25-kV-Wechselstrom-Intercity-Netz, das von London Euston ausstrahlt, 165 tägliche Halt-zu-Halt-Fahrten mit 80 mph (129 km/h) oder besser, mit insgesamt etwas über 15000 Zugmeilen (24000 km). Die schnellsten sind zwei Züge mit einer Fahrzeit für die 65,1 Meilen (104,7 km) zwischen Rugby und dem Endpunkt des Großlondoner Vorortverkehrs in Wat-

Links: Im Anstieg auf den Gipfel einer der beiden langen und berühmten Rampen der Westküsten-Hauptstrecke von London Euston nach Schottland – Shap zwischen Crewe und Carlisle. Was heute die elektrischen Wechselstromlokomotiven auf dem Gipfel von 100 mph (160 km/h) auf 90 mph (144 km/h) herunterbringt, ist nicht die lange starke Steigung, sondern es sind die Kurven. Nr. 87.001 Royal Scot windet sich durch die Lune-Schlucht bei Tebay mit dem 13.45 London Euston – Glasgow (Brian Morrison).

fod Junction von 44 Min. von Halt zu Halt, mit einem planmäßigen Durchschnitt von 88,8 mph (143 km/h).

Sobald die Elloks der Westküste und die „Deltics" der Ostküste die pessimistischen Erwartungen des Beeching-Regimes widerlegt hatten, drängte die Leitung des Reiseverkehrs der Britischen Eisenbahnen die Maschinen- und Bauingenieure, noch höhere Geschwindigkeiten zu liefern. Aber es war keine Lösung griffbereit fertig.

Es begann damit, daß die Ingenieure einige überraschende Genehmigungen für einen ausgedehnten Betrieb mit zunächst nur 100 mph (160 km/h) bekamen. Wie ihre Kollegen auf dem europäischen Festland merkten sie nach wenigen Monaten des elektrischen Schnellfahrbetriebs von Euston, daß herkömmlich gebaute Lokomotiven und Wagen die Strecke recht schwer mitnehmen, obgleich sie umfassend erneuert worden war mit durchgehend geschweißten Schienen auf einem neuen und schweren Unterbau. Das nächste war das Antriebsproblem. Bei den gegebenen Verhältnissen der britischen Hauptstrecken mit ihren verhältnismäßig vielen Beschränkungen der Höchstgeschwindigkeit sah es so aus, als ob nur der elektrische Antrieb die hohe Beschleunigung bringen könnte, die nötig ist, um die begrenzten Möglichkeiten für Dauergeschwindigkeiten über 100 mph (160 km/h) zu vermehren. Doch die Regierung verschloß die Kasse für die Elektrifizierung. Dann war die Frage nach der Sicherheit. Für regelmäßigen Betrieb mit Geschwindigkeiten über 100 mph (160 km/h) schien irgendeine Form von fortlaufender Führerstandsanzeige wünschenswert; und das würde in der Entwicklung und dem Einbau sehr teuer werden.

Es waren nicht die traditionellen Eisenbahningenieure, die mit anscheinend erfolgreichen Lösungen für die meisten dieser Probleme herauskamen, sondern eine Gruppe von Leuten, die die Britischen Eisenbahnen aus der schrumpfenden Luftfahrtindustrie rekrutiert hatten, um 1962 ihr Forschungs- und Entwicklungszentrum in Derby zu gründen. Das Forschungszentrum wurde eingerichtet zu einer Zeit, als die Laufeigenschaften der Wagen der Britischen Eisenbahnen un-

Oben: Verschiedene Diesellokomotiv-Bauarten von British Rail sind kurze Zeit oder regelmäßig mit 100 mph (160 km/h) gefahren. Im Neuzustand 1959 durften die 2270-PS-dieselhydraulischen „Warship"-BB, eine von der V 200 der Deutschen Bundesbahn abgeleitete Bauart, diese Geschwindigkeit fahren mit dem beschleunigten „Bristolian" Bristol – London Paddington, mit einer planmäßigen Reisegeschwindigkeit von 71 mph (114 km/h). Doch nach einigen Wochen mußten sie wegen Schwierigkeiten bei den Laufeigenschaften auf 80 mph (128 km/h) beschränkt werden. Auf dieser Aufnahme kommt eine „Warship" mit dem „Bristolian" nach London bei der Ausfahrt aus Bristol nach der Stapleton Road-Abzweigung in volle Fahrt (G. F. Heiron).

Mitte links: Beim Streben nach mehr Leistung und Geschwindigkeit, als irgendeine ihrer Einzellokomotiven bringen konnte, erprobte British Rails Westregion im Sommer 1966 kurze Zeit auf einigen ihrer London-Bristol- und -Süd-Wales-Verbindungen die Doppelbespannung mit dieselelektrischen 1750-PS-Lokomotiven von English Electric, mit für 100 mph (160 km/h) geänderter Getriebeübersetzung. Dieses Paar wurde aufgenommen mit dem 18.15 von Bristol beim Anstieg auf der Rampe zum Box-Tunnel (G. F. Heiron).

Unten links: Der 4000-PS-Prototyp Kestrel (Turmfalke) von Hawker-Siddeley mit einem Sulzer-V16-Motor wurde für 125 mph (200 km/h) ausgelegt, doch British Rail fand den Achsdruck zu hoch für dieses Tempo. In Britannien fuhr er nie mit dieser Geschwindigkeit und wurde schließlich nach Rußland verkauft. Auf dem Bild zieht er den 7.55-London-King's-Cross-Newcastle der BR durch Londons Außenbezirke im Oktober 1969 (D. L. Percival).

Oben: *Die elektrischen Wechselstrom-Vielfachtriebzüge, die 1962 für den Kurzstreckendienst London Liverpool Street – Clacton gebaut wurden, sollten eine Inter-City-Bauart für alle Strecken werden und bekamen offiziell 100 mph (160 km/h) Höchstgeschwindigkeit, doch bis jetzt wurde diese noch nicht voll ausgenutzt. Links ist ein solcher Achtwagen-Triebzug Reihe 309 bei der Durchfahrt durch Colchester auf dem Weg von Clacton nach London im Mai 1977 (Brian Morrison).*

Links: *Die dieselelektrische 2700-PS-CoCo Reihe 50 von English Electric ist für 100 mph (160 km/h) ausgelegt – und fährt dieses Tempo regelmäßig auf der Westregion von BR. Nr. 50.019 in voller Fahrt mit dem 10.45 Paddington – Bristol bei der Ausfahrt aus Brunels prachtvollem Portal des mittleren Box-Tunnels im Mai 1975 (Philip D. Hawkins).*

ter schwere Beschuß kamen wegen deren Neigung zum Schlingern oder zu gefährlichen Querschwingungen bei hoher Geschwindigkeit, sogar, wenn die Wagen gerade aus der Überholung kamen. Eine der ersten Aufgaben, die dem neuen Team übertragen wurde, war es daher, das Verhalten des Spurkranzrades auf stählerner Schiene zu untersuchen.

Es begannen 18 Monate der erschöpfendsten Forschungen, die auf diesem Gebiet je durchgeführt wurden. Die Derby-Leute fingen mit den Grundsatzfragen an; sie untersuchten nicht nur die grundsätzlichen Ursachen des Schlingerns, sondern auch die entscheidenden Werte für Gleis und Fahrwerk, die einen sanften und stabilen Lauf im hohen Geschwindigkeitsbereich sicherstellen, sowohl auf gebogenen und leicht unregelmäßigen Gleisen als auch auf den geradesten und genauesten Schienen. Die Erkenntnisse wurden an einem zweiachsigen Güterwagen erfolgreich geprüft, der bis zu 100 mph (160 km/h) auf freier Strecke und bis zu 140 mph (225 km/h) auf dem Rollprüfstand im Forschungszentrum Derby erprobt wurde.

Auf dieser Basis entwickelte das Derby-Team das Konzept eines Reisezugs, das, so wurde behauptet, die kommerziellen Geschwindigkeitsziele erreichen könne, ohne Opfer an Fahrgastbequemlichkeit oder verschwenderischem Energieverbrauch und das auf den vorhandenen Strecken. Die Grundlinien wurden 1967 enthüllt als Britanniens 155 mph (250 km/h) *Advanced Passenger Train* (Fortschrittlicher Reisezug) oder APT. Der Betrieb des APT, sagten sie, würde nicht teurer sein als der eines herkömmlichen lokomotivgezogenen Zuges: Doch er würde um 50% schneller fahren und Kurven um 40% schneller nehmen können, und das alles ohne Veränderung an den bestehenden Gleisen und der für das bestehende Signalsystem nötigen Bremswege. Er würde trotz der hohen Geschwindigkeit nicht nur keinen

Rechts: *Eine andere Ansicht der Reihe 50: Nr. 50.016 fährt die Küste von Devon entlang mit dem 8.45 Plymouth – Paddington im April 1977* (D. Griffiths).

Unten: *Viele Bahnen befassen sich mit Bettungen aus Betontafeln verschiedener Bauart für ihre Schnellfahr-Eisenbahnen. Die Vorteile sind größere Steifheit und Festigkeit, dazu stark verringerter Unterhaltungsaufwand: Nachteile sind die viel höheren Baukosten und ein umständlicheres Verlegeverfahren. Hier ein Versuchsabschnitt von BR* (British Rail).

größeren Verschleiß an Gleisen und Fahrzeugen verursachen, sondern diesen sogar mindern. Das Herzstück des Derby-Konzepts war ein Fahrwerk, das die Achsen in und durch die Kurven zwangsläufig steuert und dadurch die gleitende Berührung zwischen Schienenkopf und Spurkranz beseitigt. Gleichzeitig wirkt ein elektrohydraulisches Servosystem in jedem Fahrzeug der Fliehkraft auf die Fahrgäste entgegen durch eine sanft bemessene Einwärtsneigung des Wagenkastens; die Neigung wird automatisch eingestellt, ausgelöst und gesteuert über Fühler, die fortlaufend die Querbeschleunigung im Fahrgastbereich messen, und jeder Wagen neigt sich unabhängig von seinem Nachbarn, so daß über den ganzen Zug hinweg die ideale Reaktion auf die Gestaltung einer Kurve von deren Beginn bis zum Ende erfolgt.

Es ist nicht so sehr die Sicherheit, sondern die Annehmlichkeit für den Fahrgast, die es erfordert, daß der Wagen sich zwangsgesteuert zusätzlich in die Kurve legt. Für einen herkömmlichen Zug ist die Entgleisungsgeschwindigkeit normalerweise weit über der vorgeschriebenen Grenze, die dort festgelegt wird, wo die Wirkung der Fliehkraft auf die Fahrgäste unerträglich zu werden beginnt. Diese Grenze kann zwar immer hinaufgeschoben werden, indem man durch eine stärkere Überhöhung das Gleis mehr nach innen neigt. Doch das ist nur sinnvoll, wenn man gleichzeitig die Geschwindigkeit aller Züge erhöhen kann, die auf der Strecke verkehren. Eine zu große Überhöhung ergibt bei den langsamsten Zügen einen übermäßigen Verschleiß an der inneren Schiene des Bogens. So ist das Ausmaß der Überhöhung eines Bogens stets ein Kompromiß zwischen den Bestwerten für die schnellsten und die langsamsten Züge auf der Strecke. Wenn man neue Bahnen ausschließlich für genormte Schnellfahr-Reisezüge baut, wie es die Japaner und die Franzosen getan haben oder noch tun, kann man sich natürlich für eine gegebene Geschwindigkeit schärfere Kurven erlauben als bei einer Strecke für gemischten Verkehr, da man die Überhöhung für einen weit schmäleren Geschwindigkeitsbereich bemessen kann. Die entgegengesetzte Gefahr übermäßigen Verschleißes der Außenschienen eines Bogens beim Befahren mit Übergeschwindigkeit, ermöglicht durch die Kastenneigung, ist beim APT ausgeschaltet durch die Achssteuerung des Fahrwerks.

Zu der Zeit, als die ursprüngliche APT-Konstruktion enthüllt wurde, schien der Gasturbinenantrieb die große Hoffnung für wirtschaftliche Schnellfahrzeuge zu sein, mit den neuen kompakten Maschinen der Luftfahrt mit niedrigen Brennstoffkosten. Der APT sollte durch eine einzelne Rolls-Royce-Dart-Turbine von 1500 PS angetrieben werden. Die Zusicherung, daß er von seiner geplanten Höchstgeschwindigkeit von 155 mph (250 km/h) innerhalb der vorhandenen Signalabstände heruntergebremst werden kann, sollte durch eine Mehrscheibenbremse in Flugzeugbauart verwirklicht werden.

„Gebt uns das Geld und die Hilfsmittel, und die APTs können Ende 1972 geschwaderweise im Schnellverkehr sein", versprach eine zuversichtliche britische Eisenbahnbehörde. Das war leider der erste vieler frommer Wünsche, die zunichte wurden durch das Zusammenwirken geteilter Meinungen in der Regierung und der Leitung der Britischen Eisenbahnen, reiflicher und überreiflicher technischer Überlegungen, knapper Finanzmittel und einfachem Überoptimismus. Der Kontrast zwischen den zügigen Schritten zu höherer Geschwindigkeit jenseits des Kanals und den Stürzen beim „großen Sprung nach vorn" ihres eigenen Systems in immer neue Fallgruben war für viele britische Kritiker schmerzlich.

Am Anfang war die Regierung nicht kleinlich, die geldhungrigen Britischen Eisenbahnen mit Mitteln für Forschung und Entwicklung auszustatten. In diesem Stadium war es nicht sicher, ob nicht Luftkissengleisfahrzeuge, „Hovertrains", die bessere Geldanlage wären, besonders seit dem Abschluß der britischen Entwicklung des elektrischen Linearmotors als möglicher Antriebskraft. Erst 1973 erkannte die Regierung endgültig, daß es unsinnig ist, große Summen in den Unterbau eines völlig neuen Intercity-Reiseverkehrs zu stecken, wenn die Leistungsfähigkeit des vorhandenen Eisenbahnunterbaus noch nicht voll ausgeschöpft ist – ohne die noch beträchtliche Skepsis zu bedenken, ob in einem Hovertrain annehmbare Laufeigenschaften erzielt werden können.

Innerhalb der Britischen Eisenbahnen verschmähten die echten Eisenbahningenieure den APT als utopische Phantasie. Sie hatten wenig übrig für die jungen Emporkömmlinge aus der Luftfahrt, die nicht den harten Weg gegangen waren, dreckige Dampfzeit-Maschinerie in gu-

ten Betriebszustand zu versetzen. Die Zukunft des Intercity-Zuges aufs Spiel zu setzen, indem man eine so unerprobte und neuartige Technik in ein Paket zwängt, das war Wahnsinn. Die Britischen Eisenbahnen, forderten sie, müßten erst der herkömmlichen Technik eine Chance geben.

Doch jetzt fanden die Parvenü-Wissenschaftler bei der Bahn verwandte Geister unter neu eingestellten wissenschaftlichen Beratern in der Regierung. Diese waren überzeugt, daß die APT-Technik nicht nur die einzige Hoffnung für das Heil des Intercity-Verkehrs der Britischen Eisenbahnen war, sondern, naheliegend, das Zeichen vom Himmel, nach dem jede andere Bahn der industrialisierten Welt ausgespäht hatte. Es würde ein Welt-Exportschlager werden. So berappte 1968 die Regierung die halben veranschlagten Forschungs- und Entwicklungskosten. Nicht nur das, sie verhinderte jede weitere Investition in herkömmliches Intercity-Reisezug-Rollmaterial, so groß war ihr neugefundenes Vertrauen in den APT. Schließlich wurden im Sommer 1969 die ersten Bestellungen herausgegeben für den Bau eines APT-Prototyps.

Bis dahin war schon mehr als ein Jahr vergeudet mit dem Warten auf die Unterstützung der Regierung. Vielleicht war das gut so, denn die APT-Konstrukteure änderten noch ihre Meinung. Sie schwenkten von zwei Achsen auf ein Drehgestell-Laufwerk und wieder zurück; sie wurden dem Dart untreu und wurden angezogen von einer neuen Reihe billiger 350- bis 500-PS-Turbinen, die die Motorenfabrik Leyland für schwere Straßenlastfahrzeuge entwickelte, und entschieden sich für ein hydrodynamisches System als Hauptbremse. Kurz gesagt: Eine hydrodynamische Bremse wirkt dadurch, daß sie der Bewegung den Widerstand einer Wasser-Glykol-Flüssigkeit entgegensetzt; die so entstehende Arbeit wird in Wärme umgesetzt und in die Atmosphäre abgestrahlt.

Nach Ablauf von drei Jahren, in denen nicht einmal ein Prototyp auf den Schienen stand, gab 1970 die britische Eisenbahnbehörde dem wachsenden Druck seiner Reiseverkehrsabteilung nach und befahl die Weiterentwicklung des herkömmlichen Rollmaterials. Es sollte ein Zweirichtungs-Mehrfachtriebzug werden für 125 mph (200 km/h), in dem sieben oder acht klimatisierte Wagen einer neuen 23 m langen Bauart zwischen zwei Maschinenwagen eingereiht werden, von denen jeder mit einem 12-Zylinder-Paxman-Valenta-Motor von 2250 PS ausgerüstet ist für elektrischen Wechselstromantrieb. Zwei Jahre später war ein Prototyp für die Probefahrten bereit, in deren Verlauf er am 11. Juni 1973 zu einem neuen Weltrekord für Dieselantrieb von 143 mph (230 km/h) auf der fast ebenen Strecke zwischen Darlington und York hochgefahren wurde.

Die ersten Strecken, denen die serienmäßigen *High Speed Trains* (Schnellfahrzüge) oder HSTs, wie die neuen Dieseltriebzüge allgemein heißen, zugeteilt werden sollten, waren die zwischen London Paddington und Bristol und Süd-Wales. Aus verschiedenen Gründen, die meist außerhalb des Einflusses der Leitung der Britischen Eisenbahnen lagen, hinkte das Produktionsprogramm weit hinter dem Plan her, und erst im Frühjahr 1977 konnte der geplante Verkehr voll gestartet werden, unter dem Titel „Inter City 125". Dieser volle Betrieb brachte die Britischen Eisenbahnen mit einem Schlag auf den zweiten Platz der Weltgeschwindigkeits-Tabelle, auf der die japanischen Shinkansen den besten Platz für Geschwindigkeit bei dichter Zugfolge innehalten. Und die Gesamtkosten für Konstruktion und Bau aller Triebzüge und für die Arbeiten an Strecke und Signalanlagen, die nötig waren, um die Geschwindigkeit möglichst voll ausfahren zu können, waren etwas niedriger, als die Abschlußrechnung für Forschung und Entwicklung des APT – unendlich viel niedriger als die Ausgaben für eine völlig neue Eisenbahn.

Wie bei der Ostküstenstrecke der Britischen Eisenbahnen wurde viel zusätzliche Geschwindigkeit dadurch gewonnen, daß man Kurven ausbügelte und Abzweigungen neu verlegte im Verlauf eines durchgehenden Neubaus der Strecke vom Unterbau an, um einen dauernd guten Zustand unter intensivem 200-km/h-Verkehr sicherzustellen. Das Ergebnis ist, daß die HSTs, die aus Paddington herausbrummen, fast sofort ihre Fähigkeit einsetzen können, aus dem Stand heraus auf ebener Strecke 125 mph (200 km/h) innerhalb 5½ Minuten zu erreichen. Sie können diese Geschwindigkeit über 72 Meilen (116 km) dauernd halten bis Swindon, mit Ausnahme einer Begrenzung auf 80 mph (129 km/h) durch Reading. Auf der Strecke nach Bristol verhindern

Oben: *Der Prototyp des HST-Dieseltriebzugs der British Rail, Nr. 252.001 bei 100 mph (160 km/h) im Themse-Tal vor der Einfahrt nach Reading, im Plan des 15.15 Bristol – Paddington im April 1976 (Brian Morrison).*

Links: *Ein Serien-HST Reihe 253 im „Inter-City 125"-Betrieb von British Rail, bei der Einfahrt nach Paddington im Plan des 9.50 von Bristol im Oktober 1977 (Brian Morrison).*

Unten links: *Beim Aufdrehen: eine Rauchwolke aus dem Paxman-Valenta-Motor, wenn der Führer den Fahrschalter aufdreht für einen flotten HST-Start in Bristol (P. J. Fowler).*

Oben: *Zweite-Klasse-Großraum des MK-III-Einheits-Wagens für hohe Geschwindigkeit von British Rail, der im HST und auf anderen Strecken in lokomotivbespannten Zügen verwendet wird* (British Rail).

Oben rechts: *Erste-Klasse-Großraum eines Mk-III-Wagens* (British Rail).

die Kurven die weitere Spitzengeschwindigkeit, doch in Richtung Süd-Wales haben HSTs weitere 25 Meilen (40 km), auf denen sie 125 mph (200 km/h) machen können, ehe sie in den Severn-Tunnel eintauchen. Nur kleine Änderungen wurden bei den Mehrbegriff-Lichtsignalen der Strecke nötig, denn es war ein Hauptpunkt des HST-Lastenheftes, daß ein samtweiches Abbremsen von 125 mph (200 km/h) zum Stillstand unfehlbar sichergestellt sein muß innerhalb des bestehenden kleinsten Bremswegs von 6600 Fuß (2164 m). Diese Forderung wurde dadurch erfüllt, daß jede Achse mit einem Gleitschutz ausgerüstet ist, der mit den elektro-pneumatischen Scheibenbremsen zusammenwirkt und jeder Achse ausreichenden Luftdruck zumißt, ohne daß die Räder auf der Schiene gleiten oder die Lauffläche beschädigt wird. Die einzige Verfeinerung der Signalanlage einer HST-Strecke ist die Einführung eines einfachen oder doppelten gelben Blinklichts vor einigen wichtigen spitz befahrenen Abzweigungen, um die Führer rechtzeitig zu warnen.

In der Zusammensetzung 2 Maschinenwagen und 7 Zwischenwagen hat der HST ein Leistungs/Gewichtsverhältnis von 11,8 PS/t. Weitgehende Leichtbautechnik, einschließlich der Verwendung von Leichtmetallegierungen für Teile wie die Treibstofftanks, brachten das Gewicht jedes Maschinenwagens auf 70 t herunter. So ist der Achsdruck, ein Hauptpunkt für die Begrenzung des Verschleißes an Schienen und Wagen bei Schnellfahrt, kaum mehr als 17 t – ein bemerkenswertes Ergebnis bei einem Diesel-Maschinenwagen, wenn man bedenkt, daß die Franzosen bei den elektrischen Maschinenwagen ihrer Paris-Südost-TGV-Triebzüge nicht unter 16 t kommen konnten (siehe Kapitel 10).

Trotz der relativ kurzen Reisezeiten auf den „Inter City 125"-Strecken der Westregion schlugen die Britischen Eisenbahnen für die Verpflegung einen andern Weg ein als die Franzosen bei ihren Paris-Südost-TGV-Triebzügen. Gleich auf welcher Strecke, die Britischen Eisenbahnen waren überzeugt, daß die HSTs vollen Service mit warmen Mahlzeiten und Büffet-Verpflegung bieten müssen. Doch waren sie ebenso wie die Franzosen bestrebt, keine zahlenden Sitzplätze in einer notwendig begrenzten Zugformation zu vergeuden, daher bekam der Speisewagendienst die keineswegs leichte Aufgabe, beide Arten Ver-

pflegung innerhalb einer Wagenlänge anzubieten. Das hieß zwingend: kein besonderer Speisewagen, sondern Servieren der Mahlzeiten an den Sitzplätzen in Küchennähe, so daß es bei den stark besetzten HST-Verbindungen ratsam ist, Plätze vorzubestellen, wenn man eine volle Mahlzeit einnehmen möchte. Doch da die geräumigen neuartigen Büffets in den HST raffinierte Mikrowellenherde haben, mit denen man eine anständige Auswahl warmer Imbisse über die Theke ausgeben kann (nicht zu vergessen Faßbier aus dem Hahn), so ist es keine zu große Entbehrung, wenn man innerhalb des Speisebereichs keinen Platz mehr bekommt. Die meisten HST haben einen einzelnen Verpflegungswagen, der Büffet und Küche zusammen enthält; als Ausnahme haben die Triebzüge des Ostküsten-London-Schottland-HST-Verkehrs eine größere Küche im Anschluß an die Wagen der 1. Klasse, das Büffet mit seiner kleineren Küche befindet sich in einem besonderen Wagen innerhalb der 2. Klasse.

Sehr eindrucksvoll war die Geschicklichkeit, mit der zu Beginn des HST-Verkehrs auf den Strecken der Westregion und von Süd-Wales nicht weniger als 48 125-mph-(200-km/h)-Verbindungen in jeder Richtung täglich dem übrigen Hauptstreckenverkehr der Westregion überlagert wurde. Denn nicht alle andern Intercity-Verbindungen, die die schnelle Strecke mitbenutzen, hatten genügend Leistung im Antrieb, um auch nur 100 mph (160 km/h) Spitzengeschwindigkeit zu fahren. Auf dem zweigleisigen Abschnitt der HST-Gemeinschaftsstrecke zwischen Didcot und Swindon müssen sich die HST die Gleise sogar teilen mit ganztägigem Güterverkehr zwischen den Industriegebieten von Süd-Wales und Nordengland.

„Schwärmen" löste die meisten Probleme außerhalb der Spitzenzeiten. Das Regelmuster für die Abfahrten von Paddington zeigt drei Züge stündlich, zwei davon mit wenig Halten, im Abstand von 5 Minuten nach Süd-Wales bzw. Bristol, der dritte etwa in der Mitte des Stun-

denabstands ist „halbschnell" (ich füge die Zahlen ein, weil auch diese HST, die die Zwischenstationen bedienen, Fahrpläne haben, die ein so heißes Tempo wie 96,8-mph-Halt-zu-Halt-Durchschnitt für die schwach fallenden geraden 24,2 Meilen von Swindon nach Didcot verlangen). Bei dieser Gruppierung kommen die beiden HST mit wenig Halten am Beginn des 24 Meilen (38 km) langen Flaschenhalses Didcot – Swindon gerade hinter den vorausfahrenden halbschnellen; sie besetzen diese Strecke quasi in einem Schwarm etwa 20 Minuten lang in jeder Stunde. So bleibt von jeder Stunde ein brauchbarer Rest, der den langsameren Zügen der Strecke vorbehalten ist. In den Morgen- und Abendspitzen, wenn sowohl HST wie auch die übrigen Verbindungen vermehrt werden, ist der Fahrplan allerdings sehr gedrängt, besonders im Londoner Vorortbereich, da einige der weiter hinaus fahrenden Vorortzüge über die 58 km bis Reading auf den schnellen Gleisen Platz finden müssen – und deren Geschwindigkeit ist auf 90 mph (145 km/h) begrenzt.

Die HST zeigten bald, daß sie auf der Westregion Halt-zu-Halt-Plänen von 100 mph (160 km/h) voll gewachsen sind. Die Fahrpläne für den alltäglichen Reiseverkehr enthalten täglich vier Züge, die die 66,5 km von Swindon nach Reading in 24¹/₂ Min. mit einem Halt-zu-Halt-Durchschnitt von 101,1 mph (162,8 km/h) fahren, doch wesentlich schnellere Fahrzeiten sind festgestellt worden bei Sondereinsätzen und beim Aufholen von Verspätungen. Bis Ende 1979 war Spitzenleistung die Fahrt des 9.20-Paddington-Bristol am 10. April des Jahres, einem Tag, an dem auf der Strecke keine laufenden Unterhaltungsarbeiten im Gang waren und die Zeitzuschläge dafür nicht gebraucht wurden. Die einzigen Geschwindigkeitsbeschränkungen waren die Abschnitte mit 80 mph durch Reading und mit 100 mph durch Swindon. Und so flitzte der Zug die 151,2 km von Paddington bis zu seinem ersten Halt in Chippenham in nur 50 min. 32 sec. je, mit einem Durchschnitt von 111,6 mph (179,6 km/h), ohne je 125 mph (200 km/h) zu überschreiten – das ist ein wenig schneller als der schnellste zu dieser Zeit gültige Halt-zu-Halt-Plan von Japans elektrischem Shinkansen.

Was die Verbindung von Stadt zu Stadt betrifft, so ist die Ohnehalt-Regelfahrzeit des „Inter City 125" für die 133,4 Meilen (215 km) von Paddington nach Newport, dem ersten Halt entlang der Küste von Wales, 84 Min., was einen Halt-zu-Halt-Durchschnitt von 95,3 mph (153,4 km/h) verlangt. Selbst mit zwei Zwischenhalten schafft es der HST in 92 Min. Das beleuchtet einen wichtigen Vorzug des Leichtbau-Schnellfahrzuges in Siedlungsgebieten eines Landes wie Britannien: die Tatsache, daß er ziemlich viel des dazwischen liegenden Verkehrs mit bedienen kann bei seinem schnellen End-zu-End-Sprung. Und das Ergebnis ist eine erstaunliche Anzahl von Kurzsprints im Fahrplan der „Inter City 125" der Westregion: über 85 jeden Tag mit Fahrzeiten von Halt zu Halt für 90 mph (145 km/h) Durchschnitt oder mehr, bis zu der früher vermerkten Spitze von 101,1 mph (162,8 km/h). Man muß hinzufügen, daß das Fahrverhalten der HST bei 125 mph (200 km/h) auf den neugelegten Schienen der Strecke, die Brunel im letzten Jahrhundert so herrlich gebaut hat, fast so untadelig weich und ruhig ist wie das aller anderen Schienenfahrzeuge in Westeuropa. Das kommt weitgehend von der Verwendung von APT-Grundlagen beim Laufwerk der MK III-Wagen.

In den ersten eineinhalb Betriebsjahren haben die Westregion-HST 28% mehr Reiseverkehr hereingeholt. Das geschah hauptsächlich in Konkurrenz mit der London-Süd-Wales-Autobahn. Demnächst wird der HST gegen härtere Konkurrenz antreten – einen Luftpendelverkehr in regelmäßigen Abständen mit Bezahlung beim Einsteigen, dessen Reisezeit von Stadtmitte zu Stadtmitte außer Konkurrenz war, selbst einschließlich angemessener Zeiten für die Anfahrt zum Flughafen. Zwischen London und Edinburgh ist es soweit, wenn 1978 das 2. Geschwader der HST auf der Ostküstenhauptstrecke voll eingesetzt wird in seinen Verbindungen King's Cross – Newcastle – Edinburgh und King's Cross – West Yorkshire.

Der voll beschleunigte Fahrplan der Ostküsten-Hauptstrecke, der 1979 in Kraft trat, zeigte einige noch schnellere HST-Fahrzeiten – zwei Verbindungen mit 27¹/₂ Min. für die 78,5 km von Stevenage, dem Endpunkt des Groß-Londoner Vorortverkehrs, nach Peterborough, mit einem Halt-zu-Halt-Durchschnitt von 106,5 mph (171,4 km/h). Der historische „Flying Scotsman", jetzt eine normale HST-Verbindung, hatte für die 433 km von London King's Cross bis zu seinem einzigen Zwischenhalt in Newcastle eine Planzeit von

5 Min. unter 3 Std., mit einem Halt-zu-Halt-Durchschnitt von 92 mph (148,1 km/h), und brachte für Edinburgh eine Fahrzeit von nur 4 Std. 37 Min. ab London. Wenn die Verbesserungen an Gleisen und Signalanlagen nördlich der schottischen Grenze fertig sind, kann diese Fahrzeit London – Edinburgh gut auf 4¼ Std. heruntergeschraubt werden, was eine Reisegeschwindigkeit von 92,5 mph (148,8 km/h) für die ganze Entfernung von 632 km bedeuten würde, einschließlich des Zwischenhalts in Newcastle. Darüber hinaus haben die anderen zehn Züge, die täglich zwischen London und Edinburgh in jeder Richtung im Stundenabstand verkehren, fast ebenso schnelle Fahrpläne wie der „Scotsman"; und die ebenso häufigen Verbindungen von London King's Cross nach anderen Großstädten, wie Bradford, Leeds, Darlington und York, haben ebenso gute Fahrzeiten.

Kurz gesagt: Der Dieselbetrieb ist dabei, einen Regel-Intercity-Verkehr einzurichten, mit stündlicher Zugfolge und ohne Fahrpreiszuschlag, mit demselben Niveau an Komfort und Geschwindigkeit, über vergleichbare Entfernungen wie auf dem Kontinent die besteingerichteten Regelverbindungen über bestehende Strecken mit herkömmlichem Signalsystem bei elektrischem Betrieb – dieser aber nur bei zwei exklusiven Zügen mit 1. Klasse und Fahrpreiszuschlag, den französischen „Aquitaine" und „Etendard". Eine gute Leistung.

Was aber wurde inzwischen aus dem Advanced Passenger Train? Schließlich erschien ein turbinengetriebener Prototyp gleichzeitig mit dem HST-Prototyp. Äußerlich war der Vierwagengelenkzug ein ganz anderes Tierchen als die Modelle und Skizzen, die bei der Ankündigung des Projektes veröffentlicht wurden (und selbst diese änderten ihr Aussehen von Jahr zu Jahr). Praktisch geschah die ganze Erprobung im geheimen, die Probefahrten auf einem besonders hergerichteten Abschnitt einer Strecke in den Midlands, die ansonsten nicht mehr in Betrieb war. Während die Franzosen dauernd mit den neuesten Schnellfahrleistungen ihres Paris-Südost-TGV-Prototypzuges TGV 001 prahlten und jede VIP, die zu Besuch kam, zu einer Schnellfahrt mit dem Triebzug schleppten, behandelten die Britischen Eisenbahnen ihren Prototyp, mit Namen APT-E, wie eine Geheimwaffe. Erst 1975 wurden seine Taten bekanntgegeben.

Im August dieses Jahres kam der APT-E auf die Bühne mit einer Reihe sonntäglicher Schnellfahrversuche auf der Hauptstrecke Paddington – Bristol der Westregion und flitzte hoch auf 151 mph (243 km/h) auf einem Fünfmeilenabschnitt zwischen Reading und Swindon. Zwei Monate später wurde der des APT-E auf typischen, nicht erneuerten britischen Hauptstrecken erprobt, indem man ihn auf die Midland-Strecke von London St. Pancras nach Leicester setzte. Hier waren herkömmliche Züge durchweg auf 90 mph (145 km/h) begrenzt. Auf dem größten Teil des Weges fuhr der APT-E nur 125 mph (200 km/h), doch losgelassen auf 135 mph (217 km/h) zwischen Luton und Bedford, war sein Lauf beispielhaft, als er über die 99 Meilen (159 km) in 58 Min. mit einem Halt-zu-Halt-Durchschnitt von 102,4 mph (165 km/h) schwebte. Die Leute im Zug waren besonders beeindruckt von den kaum spürbaren 75 mph (120 km/h) durch eine Kurve in Market Harborough, die alle herkömmlichen Züge auf 50 mph (80 km/h) herunterzwingt.

Um diese Zeit durfte ich eine Fahrt des APT-E auf seiner Versuchsstrecke in Old Dalby in den Midlands mitmachen. Kein Zweifel, Kurven mit hoher Geschwindigkeit zu nehmen war ein seltenes Erlebnis – oder vielmehr, es war gar kein spürbares Erlebnis: Die automatische Steuerung der gegenwirkenden Kastenneigung war so fein auf die wechselnde Überhöhung abgestimmt, daß ich mich nur durch den Blick aus dem Fenster vergewissern konnte, ob wir in einer Kurve waren und wie scharf sie war.

Doch in anderer Beziehung hat mich die Fahrt beunruhigt. Ganz einfach, ein Wagenkasten, der sich außergewöhnlich stark neigen kann, kann keinen so großzügigen Querschnitt haben wie ein herkömmlicher Wagenkasten, oder er streift jeden herkömmlichen Zug, dem er in einer Kurve begegnet. Als Folge davon ist das Innere des APT entschieden beengt gegenüber einem normalen Mk-III-Wagen in einem HST. Kleinere Wagenkastenbreite verengt den Mittelgang des Großraumes und die Breite der einzelnen Sitze, während die ausgesprochene Einwärtsneigung der Wagenwände bis zum Dach, zusammen mit einer notwendigerweise niedrigen Decke, die Gepäcknetze unangenehm nahe an die Kopfhöhe der Fensterplätze bringt. All das engt auch Küche und Büffet ein.

Ich kann mir nicht helfen, ich fürchte, viele Fahrgäste werden sich fragen, ob die zusätzliche Geschwindigkeit – und aus begreiflichen Gründen könnte das jetzt noch mehr der Fall sein – es wert ist, den Komfort der Mk-III-Wagen zu opfern. Ich habe ähnliche Bedenken bei dem Innenraum des französischen TGV-Zuges, wenn auch nicht so stark: Die Franzosen haben nämlich keine Kastenneigung, und selbst wenn, so würden deren Probleme nicht durch das engere britische Lademaß verschlimmert.

Gegen Ende 1974 genehmigte die Regierung den Bau von drei weiteren APT, Vorserie genannt und APT-P bezeichnet. Anders als der APT-E wurden sie elektrisch für 25-kV-Wechselstrom gebaut. Einmal gab es kein brauchbares Antriebsaggregat mehr für einen nichtelektrischen APT. Die frühere Hoffnung auf die Leyland-Gasturbine war verblaßt, noch bevor die Ölkrise von 1973 den wirtschaftlichen Vorsprung des Turbinenantriebs weggewischt hatte, und kein Hochleistungs-Dieselmotor auf dem Markt schien brauchbar für die Bauweise des APT.

Doch außerdem begannen die Britischen Eisenbahnen die erreichbaren Gewinne an Geschwindigkeit bei einer Anzahl von wichtigen Intercity-Strecken zu schätzen, die ohne teuere Streckenverbesserungen schon durch die HST erreichbar waren. Die vernünftige Strecke, auf der der APT mit Leben erfüllt werden sollte, war daher die elektrifizierte Westküstenhauptstrecke von Euston nach Schottland. Und dort bekommen die drei APT-P ihre ersten Fahrgäste im Frühjahr 1979. Doch obwohl sie bis hinauf zu ihrer Auslegungsgeschwindigkeit von 150 mph (240 km/h) auf der freien Strecke erprobt wurden, werden sie im fahrplanmäßigen Verkehr auf 125 mph (200 km/h) begrenzt.

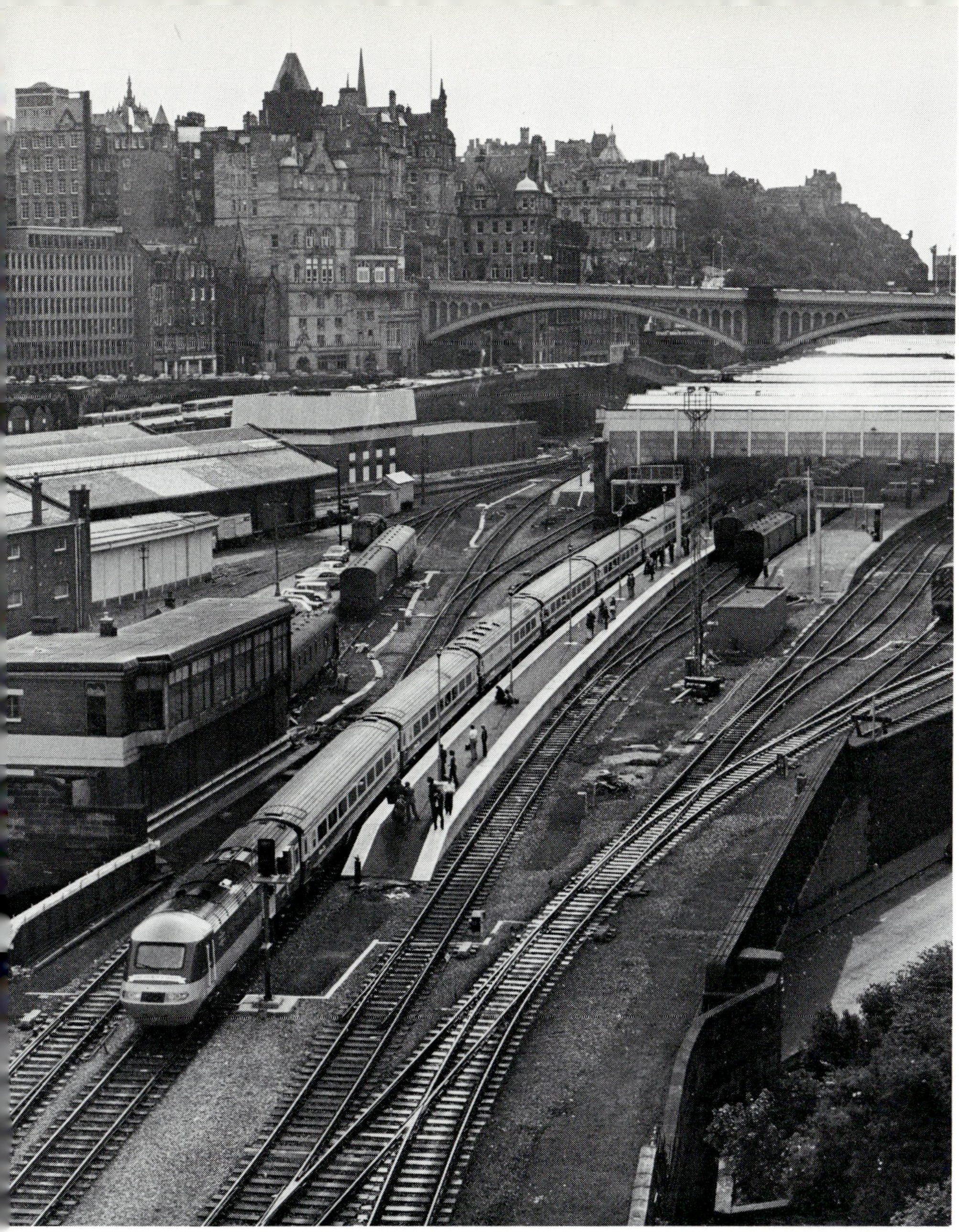

Ganz links: *Kecker Blick auf den HST: eine andere Ansicht des Triebzugs Reihe 253 bei der Einfahrt nach London Paddington nach der Schnellfahrt von Bristol* (Brian Morrison).

Links: *1978 begann der fahrplanmäßige Betrieb der HST auf der Verbindung London King's Cross – Newcastle – Edinburgh. Diese Aufnahme zeigt einen Triebzug Reihe 253, ausgeborgt von der Westregion, bei der Ausfahrt aus Edinburgh Waverley nach London als Sonderzug im Juli 1977* (G. A. Watt).

Unten: *Die dritte Strecke für den Einsatz der HST ist die von Paddington nach Devon und Cornwall der Westregion, der dieser Triebzug im April 1977 als Sonderzug einen Besuch machte; auf der Fahrt von London nach Plymouth hat er soeben in Dawlish Warren die Küste von Devon erreicht* (L. Bertram).

Und dieser Höchstwert wird wohl in den nächsten Jahren kaum erhöht werden.

Warum diese Vorsicht? Erstens, während man einen Zug konstruieren kann, der innerhalb der Grenzen und Abstände der vorhandenen Streckensignale mit bis zu 150 mph (240 km/h) fahren kann – und die hydrodynamische Bremse erfüllte diese Forderungen bei den Probefahrten auf der Westregion –, kann man widerstrebende Eisenbahner nicht dazu zwingen, sie auch zu fahren, ohne daß ihnen hochmoderne Einrichtungen bei ihrer Entscheidung zu Hilfe kommen. Die Britischen Eisenbahnen kamen zu der Erkenntnis, daß sie regelmäßigen Betrieb mit Geschwindigkeiten über 125 mph (200 km/h) nicht ohne irgendeine Form von fortlaufender Führerstandsanzeige einführen können. Die Britischen Eisenbahnen hatten – und haben es noch – ein System bereit, doch sind die Kosten für einen allgemeinen Einbau zu hoch.

Das britische System arbeitet mit Induktionsschleifen, im wesentlichen ähnlich der Einrichtung bei der Deutschen Bundesbahn, die in Kapitel 7 ausführlich beschrieben wird. Wie beim deutschen System erweitert ein zwischen den Fahrschienen verlegtes Kabel mit Induktionsschleifen für die Übermittlung und den Empfang von Daten die Vielfalt der Informationen, die zwischen Steuerzentrum und Zug ausgetauscht werden können, gegenüber der Methode des kodierten Schienenstroms. Das ist ein wichtiger Punkt, wenn Schnellfahrzüge mit anderem herkömmlichen Verkehr auf einer bestehenden Hauptstrecke vermischt werden; baue eine neue Eisenbahn fast ohne Abzweigungen und Bahnhöfe, widme sie dann ausschließlich Schnellfahrzügen, und der kodierte Schienenstrom wird bestens ausreichen

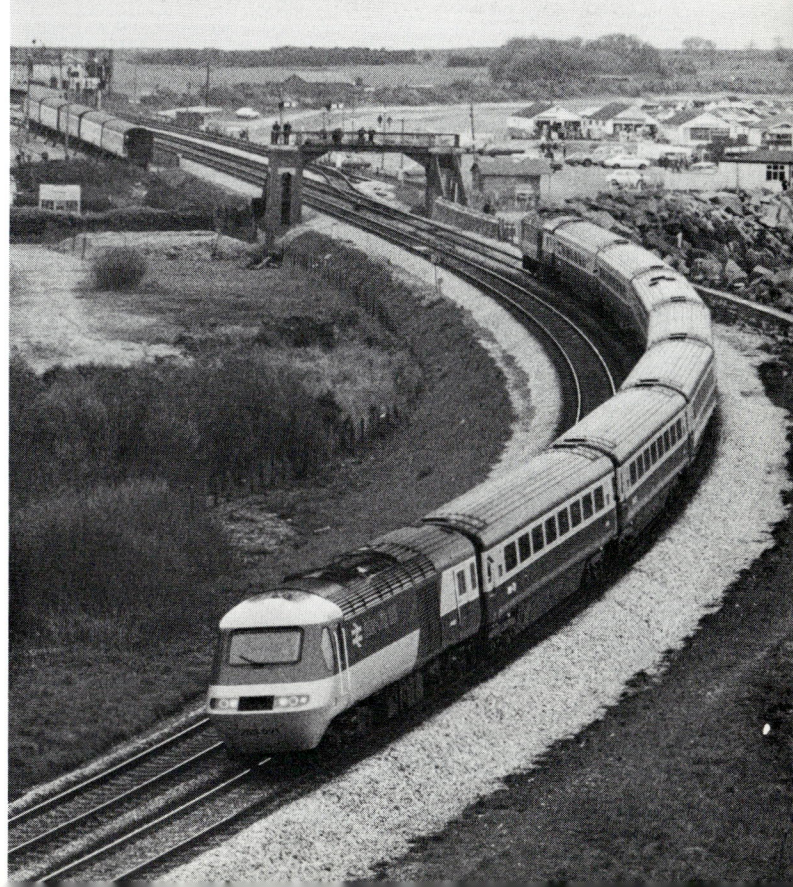

für den geringeren Bedarf an Mitteilungen, wie die Streckenausrüstung für die neuen Paris-Südost-TGV der französischen Bahnen zeigt (siehe Kapitel 10).

Das System der Britischen Eisenbahnen sieht vier Kanäle vor, einschließlich gewöhnlichem Sprechen, von der Strecke zum Zug, und 2 in umgekehrter Richtung vom Zug zur Strecke. Seine wichtigste Eigenschaft ist, daß es anpassungsfähig ist, wodurch auch in Zukunft die Anzahl der Daten vergrößert werden kann, die in jeder Richtung übermittelt werden. Der Prozeßrechner im Zug kann mit so umfassender und fortlaufender Information gespeist werden, nicht nur über Signalstellungen, sondern auch mit Angaben über die Strecke – Steigungen, bevorstehende Abzweigungen und Geschwindigkeitsbeschränkungen, usw. –, daß automatische Steuerung möglich wird. Und weil das System automatisch und fortlaufend eine gleichwertige Anzahl von Daten zurückmelden kann über Zuggeschwindigkeit, Fahrweg und Position, ist das letzte Ziel dieser Entwicklung nicht nur die automatische Steuerung, sondern ein computergesteuerter Betrieb der ganzen Hauptstrecke von einem strategischen Zentrum aus. In kurzen Worten: *Automatic Train Operation* (automatischer Zugbetrieb) oder ATO, wie es heute allgemein genannt wird.

Inzwischen haben sich die Britischen Eisenbahnen mit einer weit einfacheren Zusatzeinrichtung auf der ersten regelmäßigen APT-Strecke begnügt. Selbst mit einer Grenze bei 125 mph (200 km/h) hielt man eine zusätzliche Hilfe für den Führer wegen der erweiterten Geschwindigkeitsgrenzen des APT in Kurven für notwendig. Es ist nämlich menschlich, daß ein Lokführer, der an dem einen Tag einen APT fährt, und am nächsten eine herkömmliche Lokomotive, im Moment vergißt, auf welchem Fahrzeug er ist. Deshalb wird entlang der schnellen Gleise der APT-Strecke jeder Streckenabschnitt, auf dem der APT unter 125 mph (200 km/h) herunter muß, durch Übertrager angezeigt, die zwischen den Fahrschienen liegen. Dies sind Geräte mit einem passiven Stromkreis, die durch einen Apparat am fahrenden Zug erregt werden und infolgedessen keinen Stromanschluß brauchen und im Vergleich selbst mit kodiertem Schienenstrom billig sind. Doch da sie passiv sind, können sie nur eine unveränderliche Nachricht übermitteln; sie können z. B. keine Änderung der Signalstellung anzeigen. Auf der APT-Strecke sind sie überall dort eingebaut, wo die erlaubte Geschwindigkeit sich ändert, ganz gleich ob nach oben oder unten. Die Wirkung auf den entsprechenden Apparat im Zug ist, daß eine Anzeige auf dem Fahrpult sich entsprechend ändert, wodurch der Führer ständig die höchste Geschwindigkeit vor sich hat, die er fahren darf. Ein anderer Grund für die Beschränkung der APT auf 125 mph (200 km/h) in der vorhersehbaren Zukunft war bereits bei der Behandlung der französischen Schnellfahrentwicklung auf schon elektrifizierten Strecken erwähnt worden. Es ist offensichtlich, daß der Lei-

stungsbedarf von mehreren APT bei gleichzeitiger voller Leistung im selben Speiseabschnitt nicht ausreichend erfüllt werden kann ohne ausgedehnte und sehr teure Änderung der ortsfesten Stromversorgung und der Fahrleitung (aus Gründen, die nichts zu tun haben mit dem guten Kontakt zwischen Stromabnehmer und Fahrdraht; dieses Problem ist gelöst).

APT wird in zwei Grundformen vorgestellt. Für den Betrieb mit den hohen 155 mph (250 km/h) ist die Anordnung 2 Antriebswagen und 12 Beiwagen, die größte Zuglänge, die die Bahnsteige der britischen Hauptstrecke im allgemeinen aufnehmen können, obwohl die Antriebswagen ihre Höchstleistung noch gut mit zwei weiteren Beiwagen durchhalten könnten. Alle drei APT-P wurden mit 2 Antriebswagen und 12 Beiwagen gebaut, so daß ihre höchstmögliche Leistungsfähigkeit erprobt werden kann, doch im fahrplanmäßigen Verkehr werden sie mit 1 Antriebswagen zwischen einer Gruppe von 6 und einer von 5 Beiwagen fahren, eine Anordnung, die auf 125 mph (250 km/h) begrenzt wird.

Die Anordnung von Antriebswagen in der Mitte der APT-P-Formation hat verschiedene Vorteile. So erhöht das Gewicht der herkömmlichen Zug- und Stoßvorrichtung nicht den Achsdruck des Antriebswagens, und in den Zügen mit 2 Antriebswagen können beide von demselben Stromabnehmer versorgt werden, was bei deren Trennung nicht möglich wäre: Versuchsfahrten bei hoher Geschwindigkeit haben die Überlegenheit der Stromabnahme durch einen einzigen Stromabnehmer gezeigt. Doch die Kehrseite der Medaille ist, daß entlang der Antriebsanlage kein Platz ist außer für einen bleistiftstarken Notgang zur Verbindung der Beiwagengelenkgruppen an jedem Ende des Antriebswagens. Fahrgäste können nicht zwischen den beiden Fahrgastgruppen hin- und hergehen; das heißt, jede muß ihre eigenen Verpflegungsmöglichkeiten haben. Dazuhin ist Platzvorbestellung erforderlich, sonst kann es vorkommen, daß die eine Zughälfte überfüllt und die andere fast leer ist, da die Fahrgäste nicht durch den Antriebswagen gehen können, um noch nach Abfahrt des Zuges freie Plätze zu suchen. Im ganzen überwiegen die Nachteile bei weitem die Vorteile, weshalb die Konstruktion überarbeitet wird, um für die endgültigen Serien-Triebzüge mit der Bezeichnung APT-S den Antriebswagen an ein Zugende zu setzen. Damit geht zwar ein weiterer Vorteil der mittigen Anordnung verloren – die Tatsache, daß die Räder der Beiwagen in etwa die Schienen vor den Treibrädern reinigen, unabhängig von der Fahrtrichtung, und so die Reibung des Antriebswagens verbessern. Da nun die APT-S diesen Vorteil nicht haben, werden sie nur 10 statt 11 Beiwagen bekommen. Es ist wenig wahrscheinlich, daß es in der nächsten Zukunft eine APT-S-Ausführung mit 2 Antriebswagen geben wird, nicht nur aus den schon genannten Gründen, sondern weil der Bereich für 150 mph Dauergeschwindigkeit auf der elektrischen

Oben links: *Das Fahrpult des APT-P. In der Mitte der Konsole ist die vom Umsetzer gesteuerte Anzeige, die dem Führer dauernd die erlaubte Höchstgeschwindigkeit angibt; sie zeigt „125"* (British Rail).

Ganz oben: *Der Prototyp-Triebzug APT-E mit Antrieb durch Gasturbine auf einer Probefahrt auf der Midland-Hauptstrecke in den Londoner Vororten, wobei er den Verkehr auf der Autobahn M1 London – West-Midlands überholt, im Jahr 1974* (British Rail).

Oben: *Die Kamera hält den turbinengetriebenen APT-E in der Nähe von Steventon fest bei 149 mph (240 km/h) während der Schnellfahr-Versuche auf der Westregion-Hauptstrecke Paddington – Swindon im Sommer 1975.*

Hauptstrecke der BR nicht groß genug ist für einen Gewinn an Reisezeit, der den zusätzlichen Energieverbrauch für die mögliche Spitzengeschwindigkeit der APT rechtfertigen würde.

Die APT-P-Wagen sind außergewöhnlich leicht. Die flugzeugartige Halbschalenbauweise des APT-E wurde als zu aufwendig bei Serienfertigung verlassen, und jetzt ist jeder Beiwagenkasten aus Aluminium-Strangpreßprofilen geschweißt, die über die ganze Länge des Wagens laufen. Zusammen mit Gewichtsersparnis durch die Gelenkbauweise und bei vielen Einzelteilen, insbesondere einer besonders entwickelten Klimaanlage mit niedrigem Leistungsbedarf, bringt das die APT-P-Beiwagen auf nur 23 t herunter, weniger als dreiviertel des Gewichts eines Mk-III-Wagens, aber mit fast der gleichen Sitzplatzzahl.

Obwohl aus Stahl, bringt der 4000-PS-APT-P-Antriebswagen den Zeiger der Waage nur auf 69 t. Wie die ganze übrige Garnitur hat er einen Kasten mit automatischer Kurvenneigung, doch der Stromab-

nehmer muß auf einer Halterung montiert sein, die der Neigung entgegen wirkt und ihn dadurch unter dem Fahrdraht stabilisiert, unabhängig von der Lage des Antriebswagenkastens. Die Anordnung der Übertragung von den Motoren zu den Rädern ist entschieden ungewöhnlich. Je höher die geplante Geschwindigkeit ist, desto geringer müssen die ungefederten Massen eines Fahrzeugs sein, um den Schienenverschleiß nicht zu vergrößern, der durch die vielen Stöße an Weichen und Kreuzungen entsteht. Beim APT-P mußte die ungefederte Masse weit unter der bei einem HST bleiben, was den üblichen Einbau der Fahrmotoren im Drehgestell ausschloß. Die Motoren liegen daher im Wagenkasten in einem Gestell, das die hydrodynamische Bremse enthält; von der Bremse überträgt ein Zwischengetriebe den Antrieb auf eine Gelenkwelle, die zum Achsgetriebe führt, das im Drehgestell eingebaut ist, von wo aus die Räder über eine Hohlwelle angetrieben werden. Nebenbei, die thyristorgesteuerten Fahrmotoren werden in Schweden von ASEA gebaut, der Firma, die allgemein als die beste für die Thyristorsteuerung anerkannt ist; allerdings, die Entscheidung, Antriebsmaschinen für einen solchen Spitzenreiter bei den Exportbemühungen der britischen Eisenbahnindustrie zu importieren, erzeugte manches schmerzliche Stirnrunzeln.

Die drei APT-P-Triebzüge waren schließlich soweit, daß sie die Verbindung London Euston – Glasgow im Frühjahr 1980 aufnehmen konnten. Aus den schon aufgezeigten Gründen werden sie im fahrplanmäßigen Verkehr zunächst nicht schneller als 125 mph fahren (wenn auch die BR hoffen, die Höchstgeschwindigkeit in den 80er Jahren auf 130 oder 135 mph anzuheben).

Deswegen und wegen der Schwierigkeiten, den Fahrplan einer Handvoll 125-mph-Züge inmitten eines dichten Verkehrs mit 100-mph-Lokomotiven unterzubringen, war der Anfangsfahrplan der APT-P für die 646 km von London nach Glasgow nicht schneller als 4¼ Std. einschließlich einem Halt in Preston. Doch wenn eine Flotte von APT-S-Zügen im Dienst sein wird und gewisse Änderungen an Signalanlagen und Gleisen durchgeführt sind, so ist zu hoffen, daß diese Fahrzeit auf glatte 4 Std. verringert werden kann, mit einem Reisedurchschnitt von 100,4 mph (161,5 km/h). Das wäre dann nur eine Viertelstunde mehr als die Leistungsfähigkeit eines Zuges mit zwei Antriebswagen, was aufzeigt, wie sehr die Linienführung der Westküsten-Hauptstrecke die Möglichkeit einschränkt, eine hohe Dauergeschwindigkeit auszufahren.

Auf der günstigeren Ostküstenstrecke von London nach Schottland würde die volle Geschwindigkeitsleistung der APT mit zwei Antriebswagen sich wesentlich besser auszahlen. Vermutlich wird der dieselgetriebene HST nie schneller als 4 Std. 5 Min. über die Strecke London King's Cross – Edinburgh fahren, einschließlich einem Halt in Newcastle. Auch wenn keine Unterbauverbesserungen – z.B. einen geraden Weg durch York zu bahnen – vorgenommen werden, sagen die Computer, könne ein elektrischer APT mit zwei Antriebswagen 3 Std. 28 Min. erreichen. Das würde eine Reisegeschwindigkeit von 113,5 mph (182 km/h), trotz des Halts in Newcastle bedeuten.

Kein Zweifel, die APT versprechen, die schnellsten Intercity-Verbindungen zu werden, die beim jetzigen Stand der weltweiten Schienentechnik erreichbar sind, ohne daß man ganz neue Eisenbahnen baut. Um dieselbe Geschwindigkeitshöhe zu erreichen, oder kaum höher, gaben oder geben die Franzosen, Westdeutschen, Italiener und Japaner Intercity-Meile für Meile mehr als das zehnfache dessen aus, was British Rail in die Forschung und Entwicklung seiner APT gesteckt hat.

Der Jammer ist, daß der APT so lange gebraucht hat für seine schleppende Umsetzung aus der Theorie in die Praxis, daß bei Erscheinen der ersten APT-P noch keine Bestellung für ein ganzes Geschwader unterwegs war und daß die Zukunft der APT auf British Rail jetzt an der Genehmigung weiterer Elektrifizierung zu hängen scheint. Jetzt schon ist sicher, daß die zwischengeschalteten Intercity-Verbindungen von London Euston nach Birmingham, Liverpool, Manchester und Glasgow nicht vor 1985 durch die APT völlig übernommen werden können. Inzwischen dürften die HST die Intercity-Geschwindigkeiten Britanniens genügend erhöhen, um Britanniens Platz im Spitzenbereich der Welttabelle zu halten, wenn ihr Betrieb ausgedehnt wird auf die Strecke London – Plymouth und den wichtigen Komplex der Querverbindungen zwischen Newcastle, Leeds, Manchester, Sheffield und Liverpool über Birmingham mit Süd-Wales und Südwestengland.

7. Westdeutschlands gebremste Schnellfahr-Hoffnungen

Die Beseitigung entsetzlicher Schäden war nicht die einzige herkulische Aufgabe, der die neue westdeutsche Bahn, die Deutsche Bundesbahn, nach dem 2. Weltkrieg gegenüberstand. Eine andere war die geographische Neuorientierung. Die deutschen Eisenbahnen waren hauptsächlich für die westöstlichen Verkehrsströme eines geeinten Deutschlands gebaut worden, doch die Teilung nach dem Krieg drehte die natürliche Handelsachse Westdeutschlands in die Nordsüdrichtung. Das drängte die Hauptlast des Reise- und Güterverkehrs auf Strecken, denen für weite Entfernungen entweder die nötige Kapazität fehlt oder die durch die geographischen Gegebenheiten für hohe Geschwindigkeiten ungeeignet waren. In manchen Fällen trafen beide Mängel zusammen.

Ein Beispiel: Was jetzt zur Schlüsselstrecke von Hamburg, dem nördlichen Hafen, in das Herz Westdeutschlands wurde, ein Abschnitt von 37 km zwischen Celle und Hannover, war eingleisig. Weiter südlich, zwischen Hannover und Würzburg, wird die Aussicht auf dieser wichtigen Nord-Süd-Ader nur bei wenigen Strecken außerhalb der Alpen übertroffen, denn sie windet sich durch die Bergketten, die Westdeutschlands Mittelgebirge bilden. Das Einzige, was dieses glänzende Panorama von bewaldeten und burggekrönten Bergen stört, ist die unschöne Grenze zur DDR, die wenige Kilometer südlich Göttingen fast 4 Kilometer weit an der Bahnlinie entlangläuft. Doch die Biegungen zwingen die Bahn, ihnen zu folgen, und das viele Kilometer lang. Die Abschnitte freier Strecke sind selten, wo der Lok-Führer auf normale Intercity-Geschwindigkeit der siebziger Jahre aufdrehen kann. Dasselbe gilt für den langen Abschnitt im Rheintal auf der Hauptstrecke von der Ruhr und Köln nach Frankfurt oder nach Mainz und der Schweiz und für das östliche Ende dieser Hauptstrecke zwischen Stuttgart und München.

Bis zum Beginn der sechziger Jahre war die Geschwindigkeitsgrenze überall bei der Deutschen Bundesbahn 140 km/h. Doch die Elektrifizierung war nach dem Krieg schnell vorangetrieben worden, und um

1960 hatten viele Züge Fahrzeiten, die die Geschwindigkeitsgrenzen voll ausschöpften. Auf dem geschwindigkeitsfreundlichen Abschnitt Mannheim – Karlsruhe – Freiburg, der Hauptstrecke zur Schweizer Grenze und Basel z.B., zeigten die Fahrpläne etliche Halt-zu-Halt-Pläne, die einen Durchschnitt von etwa 120 km/h erforderten, wie der „Rheingold", „Helvetia" und der „Komet" Hamburg – Basel. Der „Komet" war ein ausgefallener Achtwagen-Diesel-Gliederzug, der ausschließlich aus Schlafwagen bestand und 1953 gebaut worden war, aber den Beginn der sechziger Jahre nicht lange überlebte.

Wo auch immer ihr Platz auf der Weltliste der Intercity-Geschwindigkeiten war, in bezug auf Komfort lag die Deutsche Bundesbahn unbestritten an der Spitze aller Konkurrenten. In den späten fünfziger Jahren setzte ihr neuer 26,4 m langer Einheitswagen auf schweren Minden-Deutz-Drehgestellen, der sehr gut schallisoliert, wenn auch noch nicht voll klimatisiert war, Maßstäbe für Größe und Fahreigenschaften, die jede große Bahn auf dem europäischen Festland übernehmen mußte; selbst der heutige europäische Regelwagen stammt immer noch von dem zwanzig Jahre alten Vorbild der Deutschen Bundesbahn ab. Die hauptsächliche Neuerung des Minden-Deutz-Drehgestells – so genannt, weil es das Ergebnis der Zusammenarbeit der Wagenkonstrukteure der Deutschen Bundesbahn in Minden und der privaten Waggonfabrik Klöckner-Humboldt-Deutz (auch Westwaggon genannt) ist – war der Ersatz der herkömmlichen Achslagerführung

Unten: Westdeutschlands erste neugebauten Triebzüge nach dem 2. Weltkrieg mit 160 km/h Höchstgeschwindigkeit waren zwei einzelne Stromlinien-Diesel-Gliederzüge, die auf der Münchener Verkehrsausstellung von 1953 große Aufmerksamkeit erregten. Der eine war ein Siebenwagen-Tageszug mit 135 Sitzplätzen, mit Gelenken über je einer Einzelachse zwischen den Gliedern, der andere ein Achtwagen-Schlafwagenzug – einzig in der Geschichte der Dieseltriebzüge – mit nur 40 Betten in seinen 29 Schlafabteilen; dieser Zug war auch gelenkig, aber mit zweiachsigen Drehgestellen. Beim Bau beider Züge wurde ausgiebig Leichtmetall verwendet, um ein sehr geringes Gewicht zu erreichen. Nach langdauernder Erprobung zur Überwindung der Kinderkrankheiten war der Tagzug mehrere Jahre in Betrieb als „Senator" zwischen Frankfurt und Hamburg, von 1954 an. Der Nachtzug, der der Deutschen Schlaf- und Speisewagen-Gesellschaft, der DSG, gehörte und auf seiner Nase das DSG-Zeichen trug (siehe Bild), fuhr als „Komet" zwischen Basel und Hamburg. Jeder Zug war mit vier 210-PS-Motoren und hydro-mechanischer Übertragung ausgerüstet. Die Baureihen-Bezeichnung der Deutschen Bundesbahn war VT 10.5.

Ganz oben: *Der erste Beitrag der Deutschen Bundesbahn zum Rollmaterial von Westeuropas „Trans-Europ-Expreß" war die Reihe VT 11.5, später 601, ein dieselhydraulischer Siebenwagen-Triebzug, eingeführt 1957. Die Geschwindigkeit entsprach nicht ganz dem durch die betonte Stromlinie geweckten Eindruck, denn die Triebzüge waren auf die damals allgemein gültigen 140 km/h begrenzt (J. L. McIvor).*

Oben: *Zwei der Triebzüge Reihe VT 11.5 der Deutschen Bundesbahn, damals schon aus dem TEE-Verkehr genommen, beenden ihre Laufbahn im innerdeutschen Intercity-Verkehr; hier bei Hannover als „Sachsenroß" Frankfurt – Köln (Railphot Y. Broncard).*

Links: *Der südwärtige „Rheingold" fegt von Köln weg, um die geraden Abschnitte bis Bonn auszunutzen, bevor er in die geschwindigkeitsbegrenzten Kurven des Rheintals einfährt. An der Spitze ist die elektrische 8100-PS-CoCo Nr. 103.122 (Railphot Y. Broncard).*

durch stählerne Federblätter, die alle Längs- und Querkräfte aufnehmen. Zur reibungsfreien Dämpfung bekamen die Achslager Schrauben- statt Blattfedern und hydraulische Stoßdämpfer, während Lenker und Stoßdämpfer zwischen Wiege und Drehgestellrahmen Querbewegungen des Drehgestells verhindern und damit Resonanz-Querschwingungen des Wagenkastens. Hinzu kam, daß die Deutsche Bundesbahn damals das durchgehend geschweißte Gleis viel schneller einbaute als jede andere europäische Bahn. Durch die Wagenbautechnik und die geschweißten Schienen unterschied sich eine Intercity-Fahrt auf der Deutschen Bundesbahn in den fünfziger Jahren von jedem andren europäischen Eisenbahnreiseerlebnis, was die Laufruhe und die Geräuscharmut betraf.

Die Deutsche Bundesbahn trat zu ihrer ersten 160-km/h-Fahrt nach dem Krieg im Mai 1962 an. Bannerträger war einer der legendären internationalen Vorkriegs-Luxuszüge, der „Rheingold" von Holland durch Deutschland nach der Schweiz und Italien, jetzt wiedererstanden mit dem herrlichen neuen Wagenpark, der die Regelbauart für alle „Trans-Europ-Express"- und zuschlagpflichtigen innerdeutschen Intercity-Verbindungen der Deutschen Bundesbahn werden sollte – und zur Zeit, da ich schreibe, noch ist. Damals, 1962, gehörte der „Rheingold" noch nicht zur TEE-Flotte, wie heute, und die neuen Zuggarnituren und die Reihe 112 (damals E10 [12]), die sie zogen, nahmen den heutigen blau-weißen Regelanstrich der Deutschen Bundesbahn vorweg.

Der neue „Rheingold" stellte in den frühen Sechzigern fast alles Wagenmaterial im TEE-Verkehr in den Schatten, selbst Deutschlands eigene stumpfnasigen dieselhydraulischen Triebzüge. Es war der luxuriöseste Zug, den Europa je gesehen hatte. Darin fielen besonders auf der Speise-Büffet-Wagen, mit doppelstöckigem Dienstbereich, Küche oben und Spüle darunter; und der Aussichtswagen, mit einer Bar an einem Ende, Zugsekretariat und Telefon am andern und in der Mitte die erhöhte Aussichtskuppel über dem Raum für Post und Gepäck. Ich kann mich gut erinnern an meine Verwunderung bei meiner ersten Fahrt in der Aussichtskuppel an einem Sommertag; ich war erstaunt darüber, wie Klimaanlage und getöntes Glas unempfindlich machten gegen die Sonne, die auf das voll verglaste Dach knallte, und war hingegeben in Bewunderung für die Ruhe der Fahrt: hoch über den Gleisen, mit den Fahreigenschaften des neuen Wagenparks als ganzes, war „gleiten" das einzig richtige Wort und nicht ein journalistisches Klischee. Leider kann man nicht mehr in diesen Aussichtswagen des „Rheingold" und seines Bruders „Rheinpfeil" fahren. Obwohl die Aussichtskuppel sorgfältig geformt war, um durch alle Brücken und Tunnel auf der üblichen Strecke des „Rheingold" hindurchzuschlüpfen, könnten Lichtraumprobleme auftreten, wenn ein Notfall eine Umleitung bedingt. In den Siebzigern stellte die DB die Wagen ab und verkaufte sie 1977 an ein deutsches Reisebüro, das groß im Geschäft war mit Feriensonderzügen; die neuen Besitzer haben den Umriß der Kuppel geändert und verwenden die Wagen jetzt in ihren Feriensonderzügen nach allen Ecken Westeuropas.

An anderer Stelle seiner Garnitur stellte der „Rheingold" neben seinen geräumigen 1.-Klasse-Abteilwagen auch diese prachtvollen 1.-Klasse-Großraumwagen der Deutschen Bundesbahn vor mit etwas verstellbaren und drehbaren Einzel-Armsesseln, nach meinem Geschmack immer noch die entspannendsten Eisenbahnwagen mit den bequemsten Sitzen in ganz Europa. Eine andere Neuerung des „Rheingold" von 1962, die heute allgemein zu finden ist, sind selbsttätig schließende, mit Druckluft bewegte Übergangstüren. Heute sorgt jede Bahn, die deutsche eingeschlossen, dafür, daß an jeder Tür ein Schild ist, das dem Fahrgast sagt, daß sie selbsttätig schließt. Seltsamerweise dachten die Deutschen zunächst nicht daran, und ich erinnere mich, daß ich mich bei meiner ersten Fahrt 1962 fragte, wie lange der Apparat wohl die schwere Beanspruchung aushalten werde, wenn Fahrgast um Fahrgast – selbst Zollbeamte – versuchten, die Tür hinter sich von Hand zu schließen.

Die Einrichtung, die der Deutschen Bundesbahn erlaubte, den „Rheingold" auf geeigneten Gleisen mit 160 km/h zu fahren, war die elektromagnetische Schienenbremse, die an jedem Wagen angebaut ist. Das stellte ein Abbremsen innerhalb der vorhandenen Signalabstände sicher. Als Ergebnis konnte man dem Zug einen so schnellen Fahrplan geben, wie 62 Min. für die 127 km von Freiburg nach Karls-

Ganz links: *Nahaufnahme des Aussichtswagens mit gläserner Kuppel, der im „Rheingold" fuhr (ein zweiter war im „Rheinpfeil")* (J. L. McIvor).

Oben: *Im oberen Stock des „Rheingold"-Aussichtswagens* (Deutsche Bundesbahn).

Links: *Das Innere eines der geräumigen klimatisierten Großräume mit verstellbaren Sitzen, mit denen die Deutsche Bundesbahn 1962 einen neuen Maßstab für den europäischen Eisenbahn-Komfort setzte; sie sind jetzt eine Erste-Klasse-Regelalternative zu Abteilen in allen westdeutschen TEE- und Intercity-Verbindungen* (Deutsche Bundesbahn).

Rechts: *Nahaufnahme des verstellbaren Einzelsitzes in einem Erste-Klasse-Großraum* (Deutsche Bundesbahn).

Unten: *Stenogramm bei schneller Fahrt: Zugsekretärin bei der Arbeit in einem deutschen Intercity-Expreßzug* (Deutsche Bundesbahn).

ruhe, Durchschnitt 129,4 km/h, und fast so schnell in der Südrichtung. Im folgenden Jahr wurde der „Rheinpfeil" Dortmund – München, der in Duisburg mit dem „Rheingold" Kurswagen austauscht, mit einer gleichen Zuggarnitur ausgestattet und ebenfalls für 160 km/h zugelassen.

Noch bevor der neue „Rheingold" auf die Strecke kam, machte sich die Deutsche Bundesbahn an Geschwindigkeiten über 160 km/h. Zu Beginn der sechziger Jahre hatte sie die großen westdeutschen Lokomotivfabriken aufgefordert, ihre Pläne für eine 200-km/h-Lokomotive einzureichen, mit 6 angetriebenen Achsen, um den Achsdruck in Grenzen zu halten. Der angenommene Entwurf, eine Gemeinschaftsarbeit von Henschel und Siemens-Schuckert, wurde Anfang 1965 in den vier Vorauslokomotiven Reihe E03, jetzt Reihe 103 verwirklicht. Nach 4 Jahren Erprobung wurde diese hübsche und außerordentlich starke 108 t schwere Konstruktion mit einer Dauerleistung von 8100 PS, doch mit einer Stundenleistung von 8750 PS bei der Höchstgeschwindigkeit von 200 km/h, als Einheitsbauart eingeführt. Die Lieferung der Serienausführung begann 1970, und die Flotte, 148 Stück in der Mitte des Jahrzehnts, wurde die Regellokomotive der Intercity-Züge der Deutschen Bundesbahn. Am 13. September 1973 wurde die Nr. 103 118, an der Spitze von 3 Wagen des Versuchsamts, mit einer geänderten Getriebeübersetzung bis zu einer neuen deutschen Geschwindigkeitsspitze für elektrische Lokomotiven von 252,9 km/h erprobt.

Die ersten 4 E03 kamen so rechtzeitig heraus, daß die Deutsche Bundesbahn eine öffentliche Schnellfahrdemonstration im Zusammenhang mit einer großen internationalen Verkehrsausstellung veranstalten konnte, die im Sommer 1965 in München stattfand. Die 62 km lange Strecke zwischen München und Augsburg wurde aufgearbeitet, und über die ganze Dauer der Ausstellung pendelte ein Sonderzug aus

„Rheingold"-Wagen zwischen den beiden Städten in 26 Min. von Halt zu Halt, Durchschnitt 140,8 km/h, einschließlich dem Kriechen über die lange kurvenreiche Ausfahrt aus dem Ausstellungsbahnhof, einer 80-km/h-Begrenzung durch eine Kurve unterwegs und einer abschließenden braven Einfahrt in Augsburg.

Außer der Herrichtung der Gleise war die Rennstrecke mit der Ausführung der Deutschen Bundesbahn für fortlaufende Führerstandsanzeige und Geschwindigkeitsüberwachung ausgerüstet. Die Bahn hatte schon ein wirksames und weitgehend eingebautes automatisches Warnsystem, die Indusi. Beim Indusi-System übermitteln auf der Strecke eingebaute Schwingungskreise vor jedem Signal einzeln abgestimmte Befehle – eins vor dem Vorsignal und zwei in Abständen vor dem Hauptsignal –, wenn die Signale nicht auf Fahrt stehen. Ein Gerät auf dem Triebfahrzeug nimmt die Warnungen auf und löst die nötige Bremsung automatisch aus, wenn der Führer nicht durch Drücken der Wachsamkeitstaste antwortet und entsprechend bremst.

Das Zusammenwirken der Widerstandsbremse der E03 und der elektromagnetischen Schienenbremse an den Rheingoldwagen wurde jedoch als nicht ausreichend erachtet, um von 200 km/h innerhalb der vorhandenen Signalabstände herunterzubremsen. Die neuen Lokomotiven wurden daher ausgerüstet, um mit einem neuen System von Induktionsschleifen für fortlaufende Führerstandsanzeige zusammenzuwirken, das eine Vorausanzeige der Signalstellungen gibt und eine automatische Geschwindigkeitsregelung ermöglicht.

Rechts: Nahaufnahme einer elektromagnetischen Schienenbremse, hier an einem elektrischen Triebzug Reihe 403 der Deutschen Bundesbahn: Man sieht den flachen Schuh, in Ruhestellung angehoben, unter der Mitte des Drehgestellrahmens (Deutsche Bundesbahn)

Unten: Ein typischer reinrassiger 160-km/h-„Intercity"-Expreß der Deutschen Bundesbahn, der „Schwabenpfeil" Hamburg – München mit der CoCo Nr. 103.182 in Essen (A. W. Hobson).

Die Induktionsschleife in dem Kabel, das auf den Schwellen verlegt ist, wird alle 100 m verkreuzt, wodurch sich das Magnetfeld ändert. Das dient dazu, den Standort des darüberfahrenden Zuges festzustellen. Das Gerät im Zuge kann die augenblickliche Stellung des Zuges auf der Strecke errechnen, indem es die Magnetfeldänderungen vom Beginn der Schleife, die bis 1^1/$_2$ km lang sein kann, zählt. Dieses System kann dann diesen Wert an die Steuerzentrale übermitteln, wo die Stellung jedes Zuges in ihrem Bereich fortlaufend angezeigt wird.

Das System hat alle Grundelemente der Steuerung und Rückmeldung für einen vollautomatischen Eisenbahnbetrieb. Ein Gerät an dem betreffenden Blocksignal „ruft" dauernd in Abständen von Sekundenbruchteilen jeden Zug innerhalb der Schleife „an" mit elektronisch kodierten Botschaften und fordert die Rückmeldung von Daten über Geschwindigkeit und Standort jedes Zuges durch das Gerät im Zug, das einen Prozeßrechner enthält, der die kodierten Signale für die Rückmeldung bildet. Diese ausgehenden Signale werden mit höheren Frequenzen in die Schleife eingegeben als die eingehenden Befehle, so werden die beiden kodierten Ströme getrennt.

Der kürzeste Bremsweg aus 200 km/h ist bei der Deutschen Bundesbahn auf 3000 m festgelegt. Das Grundprinzip des Systems ist, ständig zu überwachen, daß ein Zug bei Höchstgeschwindigkeit nie einen geringeren Abstand als diese Entfernung zu einem Haltsignal hat oder einer anderen Situation, die vollen Halt erfordert oder einen entsprechend kürzeren Abstand von einer festgelegten Geschwindigkeitsbeschränkung. Das streckenseitige Gerät überprüft ständig den Zustand der Strecke in seinem Bereich und übermittelt seine Befehle an den Zug als „Zielgeschwindigkeit", auf die der Führer einer E03, heute Reihe 103, seinen automatischen Geschwindigkeitsregler herauf- oder herunterstellen muß. Der streckenseitige Kontrollrechner teilt auch die Entfernung mit, bis zu 5000 m, über die die „Zielgeschwindigkeit" gefahren werden kann. Der Prozeßrechner auf der Lokomotive gibt diese Daten sichtbar auf einer Skala auf dem Fahrpult an. Zu gleicher Zeit vergleicht er die tatsächliche mit der befohlenen Geschwindigkeit und löst eine Schnellbremsung aus, wenn er eine ernsthafte Abweichung nach der gefährlichen Seite feststellt.

Als ich Ende Juni 1965 in dem Demonstrationszug München – Augsburg fuhr, gab es einen bedrohlichen Augenblick. Beim Durchfahren einer langgezogenen Kurve zwischen Nannhofen und Haspelmoor mit 204 km/h schlugen die Spurkränze unseres Wagens sehr hart gegen die Außenschienen, und die Fliehkraft erteilte den sonst stetig wie ein Schlachtschiff fahrenden „Rheingold"-Wagenkästen ein recht heftiges Querrütteln. Natürlich war keinerlei Gefahr, aber es war offensichtlich, daß der Bogen nicht die Überhöhung hatte, die für einen vernünftigen Reisekomfort bei dieser Geschwindigkeit nötig gewesen wäre. Oder, wie ich sicher war, für das Wohl der Strecke bei dauernder Beanspruchung mit 200 km/h. Und das sollte sich zeigen.

Von Mai 1966 an beschleunigte die Deutsche Bundesbahn ihren „Blauen Enzian" München – Hamburg beträchtlich und ließ für den Zug über den Abschnitt München – Augsburg 200 km/h zu und 180 km/h über die neuerdings zweigleisige und mit neuen Signalen versehene Strecke zwischen Hannover und Celle. Das war Europas erster fahrplanmäßiger Betrieb mit dieser Geschwindigkeit, abgesehen von den Demonstrationsfahrten München – Augsburg. Aber so nach zwei Jahren wurde die Grenze wieder auf 160 km/h herabgesetzt.

Ein Bauingenieur der Deutschen Bundesbahn hatte mir auf der Münchner Ausstellung von 1965 geklagt, daß selbst 160 km/h die Kosten der Streckenunterhaltung um 20% erhöhen. Noch höhere Geschwindigkeit drohe die normalen Kosten um 50 oder 60% zu erhöhen. Das fortlaufende Signalsystem war auch hübsch teuer, doch es war der Verschleiß an den Gleisen, der die Deutsche Bundesbahn hauptsächlich veranlaßte, Halt zu rufen und ihre Technik von Strecke und Fahrzeugen zu überprüfen.

Die gewichtige Meinung der Ingenieure der Deutschen Bundesbahn war jetzt die, das einzige wirtschaftliche Mittel für höhere Geschwindigkeit sei ein Triebzug, der das Gewicht des Antriebs auf den ganzen Zug verteilt und den Achsdruck verringert. Die wendefähige Bauart schien auch einigen betrieblichen Vorteil zu bringen, da eine Anzahl

Links: *Die eindrucksvolle Form eines elektrischen Triebzugs Reihe 403 wird auf dieser Betriebsaufnahme deutlich* (Deutsche Bundesbahn).

Unten: *Inneres des Erste-Klasse-Großraums in einem Triebzug Reihe 403* (Deutsche Bundesbahn).

Ganz unten: *Gegensätze: Bei der Einfahrt nach Bebra als Intercity „Hermes" von Bremen nach München passiert ein Triebzug Reihe 403 die Dampf-Pacific Nr. 012.102, die außerhalb des Bahnhofs als Denkmal aufgestellt ist zur Erinnerung an den Einsatz dieser Baureihe vom Bw Bebra bis 1973* (Y. Broncard).

der großen Bahnhöfe Kopfbahnhöfe sind, wo die Intercity-Fahrten kehrtmachen müssen – Frankfurt, Stuttgart und München zum Beispiel.

So erschienen 1973 die drei schnittigen elektrischen Triebzüge Reihe ET403, Vierwagen-Gelenkgarnituren in glatter Stromlinienform, jede Achse angetrieben, so daß der größte Achsdruck nur 14,7 t betrug, bei einer installierten Leistung von 5150 PS. Sie wurden von Linke-Hoffmann-Busch und Messerschmitt-Bölkow-Blohm gebaut, mit der elektrischen Ausrüstung von AEG, Brown-Boveri und Siemens-Schuckert; die luftgefederten Drehgestelle kamen von MAN. Die vier Wagen hatten 183 Sitzplätze (und enthielten einen Speisewagen und ein Zugsekretariat), ebenso elegant wie bei den lokomotivgezogenen Intercity-Wagen, doch eine Kleinigkeit weniger geräumig, denn die Wagenkasten waren mit automatischer Kurvenneigung ausgestattet und hatten daher einen schmäleren Querschnitt.

Die ET403 wurden in München beheimatet und kamen in den regelmäßigen Intercity-Verkehr über die Hauptstrecke von da nach Norddeutschland. Doch auch sie mußten sich an die 160-km/h-Grenze halten bis Frühjahr 1977, als die Deutsche Bundesbahn die Strecke München – Augsburg wieder für 200 km/h freigab. Im folgenden Frühjahr wurde die Geschwindigkeitsgrenze bei vier Abschnitten auf 200 km/h festgesetzt: München – Augsburg 62 km, Augsburg – Donauwörth 42 km, Hannover – Ülzen 93 km und Teile von Hamburg – Bremen 122 km. Doch inzwischen war die Triebzuglösung aufgegeben worden als zu starr im Betrieb, und die drei ET403 hatten keine Serienbestellung zur Folge. Die 74 Züge mit den neuen 200-km/h-Fahrplänen auf diesem Abschnitt waren fast alle mit der elektrischen Reihe 103 bespannt.

Doch die Wahl des Schnellfahr-Rollmaterials war doch sehr zweitrangig neben der Frage, ein Anwendungsgebiet zu finden, wo man dessen Fähigkeiten über große Entfernungen ausnützen kann. Nur in den Ebenen Norddeutschlands und im Oberrheintal ist die Streckenführung der Deutschen Bundesbahn für hohe Geschwindigkeiten geeignet.

Hier, und auf einzelnen Streckenstücken anderswo, führte die Deutsche Bundesbahn in den Siebzigern Strecken- und Signalarbeiten durch, um die für 200 km/h geeignete Streckenlänge spürbar zu vergrößern, bis sie im Frühjahr 1978 die erste Phase ihrer für das ganze Netz geplanten Neuordnung des Fahrplans startete: stündliche Zweiklassenverbindungen auf jeder Hauptstrecke mit gegenseitig aufein-

ander abgestimmten Intercity-Zügen. Doch auch damit ist die Ersparnis an der errechneten Reisezeit bei vorher 4 Stunden nur 20 Min. – nicht gerade ein glänzender Betrag bei den hohen Kosten, besonders für die fortlaufende Führerstandsanzeige bei nur abschnittsweisem 200-km/h-Betrieb.

Außerhalb der Gebiete, die durch ihr Gelände für Schnellfahrt geeignet sind, stand die Deutsche Bundesbahn einer andern Begrenzung gegenüber. Einige ihrer am meisten mit Kurven gespickten Strecken waren so stark mit Güterverkehr belegt, dessen Durchschnittsgeschwindigkeit nicht ohne massive Ausgaben für ein ausgeklügelteres Güterzugbremsensystem erhöht werden kann, daß Pfuschen mit Kurvenüberhöhung nur Nackenschläge einbringen würde; höhere Geschwindigkeit ohne Abstrich für den Reisekomfort wäre nur zu erkaufen mit verstärktem Verschleiß durch den Güterverkehr.

Der einzig gangbare Weg war, sich für völlig neu gebaute, wohltrassierte Umleitungen für die am meisten überbelegten Hauptstreckenabschnitte zu entscheiden – wenn auch einige von ihnen recht kostspielige Unternehmen sein würden, wie wir gleich sehen werden. So hatte die Deutsche Bundesbahn ihrer Regierung 1970 einen Plan für sieben neue Eisenbahnstrecken vorgelegt, insgesamt 950 Streckenkilometer, die für eine höchste Geschwindigkeit von 300 km/h ausgelegt werden sollen. Außerdem wollte die Bahn weitere etwa 1250 km aufwerten und mit neuen Signalanlagen für den Betrieb mit 200 km/h ausrüsten. Die Regierung stimmte dem Plan als Teil der Entwicklung einer nationalen Verkehrsplanung zu, und die Bahn rechnete mit der Eröffnung der ersten vier neuen Strecken für 1985 – von Hannover über die Ketten des Mittelgebirges nach Gemünden; von Köln durch die Berge östlich des Rheintales nach Groß-Gerau im Vorfeld von Frankfurt; von Würzburg nach Aschaffenburg, was einen neuen Anschluß für Frankfurt an die Nordstückstrecke ergibt; und an Mannheim nach Stuttgart. Die Kosten für diese vier Strecken werden gewaltig sein, allein für die Strecke Mannheim – Stuttgart rechnete man 1975 mit 2,9 Mrd. DM. Doch am Ende erwartet die Deutsche Bundesbahn Gewinne an Reisezeiten des Intercity-Verkehrs in der Größenordnung von 1½ Std. zwischen Hamburg und München mit 5¾ Std. für die 825 km zwischen den beiden Städten, einschließlich Zwischenhalten, mit einem Reisedurchschnitt von 143,5 km/h. Um 1 Std. würde die Fahrt Köln – Frankfurt verkürzt, was die beiden Städte auf 1¼ Std. zusammenbringen würde, und von der Fahrt Hannover – Frankfurt, was diese auf 2¼ Std. bringt, und so fort.

Die Strecke Hannover – Würzburg wurde zwar im Sommer 1973 begonnen, aber nur auf ein paar Versuchskilometern nach Süden. Doch erst 1977 wurde das Projekt endgültig gebilligt, als schließlich die Strecke Mannheim – Stuttgart grünes Licht bekam. Zu diesem Zeitpunkt waren die beiden anderen Strecken des Prioritätsquartetts noch nicht genehmigt, und höchstens die beiden begonnenen Vorhaben sahen nach einer möglichen Vollendung 1985 aus. (Errechnete Kosten für die gesamte Strecke Hannover – Würzburg von 1975 und 1978 insgesamt DM 9,02 Mrd. DM).

Einer der Gründe für die Verspätung waren Umweltschutz-Streitereien. Obwohl die Erbauer von Westdeutschlands Autobahnen ganze Streifen aus der Landschaft herausschnitten ohne jeden Widerstand, stieg jetzt eine Gemeinde nach der andern auf die Barrikaden, um die weit weniger landschaftsfressende und umweltzerstörende Eisenbahn von ihrer Tür fernzuhalten. Schikanöse Prozesse wegen der Streckenführung wurden ungewöhnlich in die Länge gezogen. An der geplan-

Links: *Als Landschaft herrlich, doch ein ernstes Hindernis für einen wirtschaftlichen Eisenbahnbetrieb: das gewundene Rheintal, einer der Hauptstreckenabschnitte mit begrenzter Geschwindigkeit, die nach dem Plan der Deutschen Bundesbahn für neue Eisenbahnen umfahren werden sollen. Ein südwärtiger TEE mit einer 103 an der Spitze bei der Pfalz, der alten Zollburg mitten im Strom aus dem 14. Jahrhundert zwischen Koblenz und Bingen (S. Rickard).*

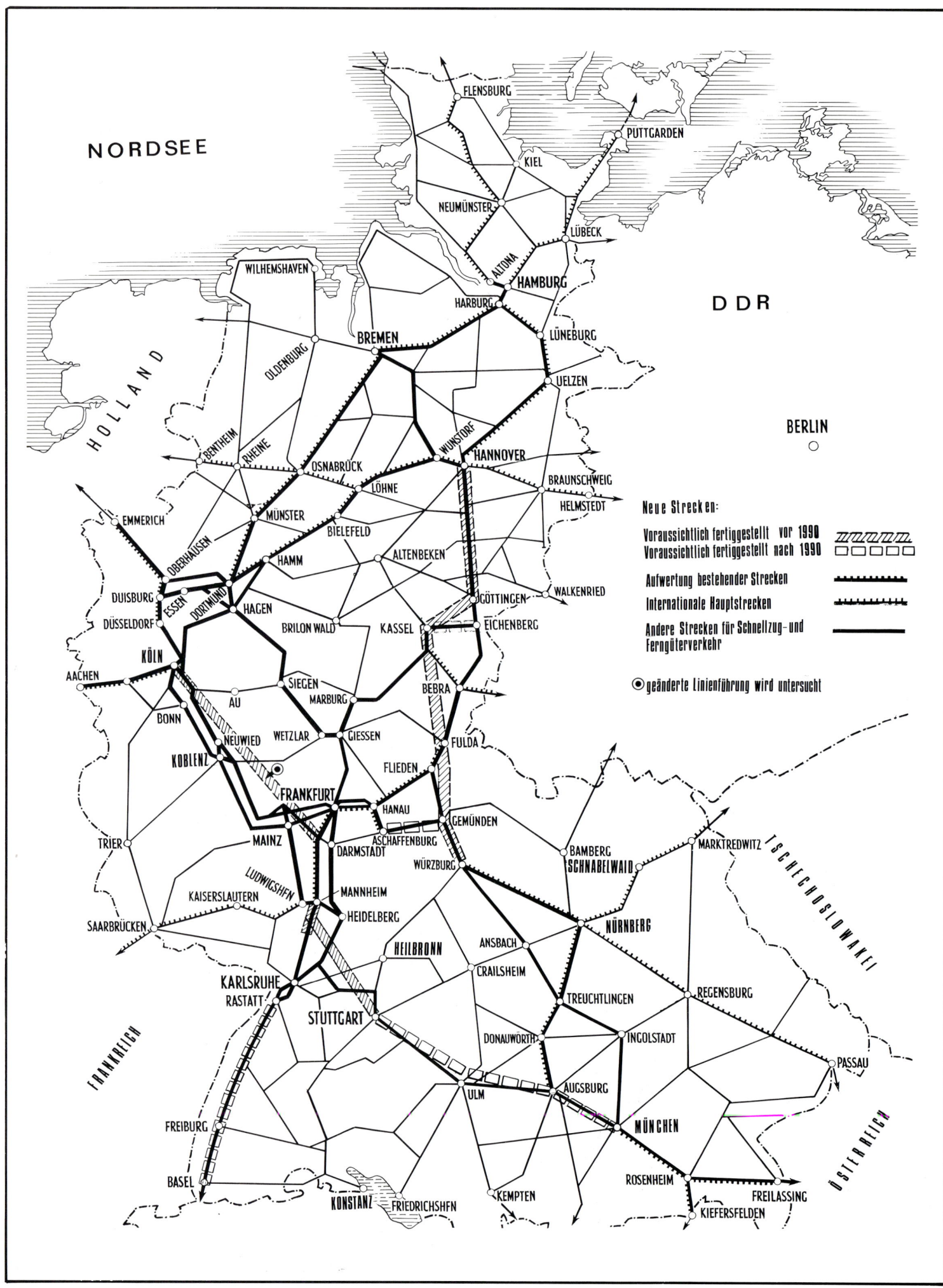

NORDSEE

HOLLAND

DDR

BERLIN

FLENSBURG
PUTTGARDEN
KIEL
NEUMÜNSTER
ALTONA
LÜBECK
HAMBURG
WILHEMSHAVEN
HARBURG
LÜNEBURG
BREMEN
UELZEN
OLDENBURG
WUNSTORF
HANNOVER
BENTHEIM
RHEINE
OSNABRÜCK
BRAUNSCHWEIG
EMMERICH
MÜNSTER
LÖHNE
HELMSTEDT
OBERHAUSEN
HAMM
BIELEFELD
ALTENBEKEN
DUISBURG
DORTMUND
HAGEN
WALKENRIED
ESSEN
GÖTTINGEN
DÜSSELDORF
BRILON WALD
KASSEL
EICHENBERG
KÖLN
AACHEN
SIEGEN
AU
MARBURG
BEBRA
BONN
WETZLAR
GIESSEN
NEUWIED
FULDA
KOBLENZ
FLIEDEN
FRANKFURT
HANAU
GEMÜNDEN
MAINZ
ASCHAFFENBURG
DARMSTADT
BAMBERG
MARKTREDWITZ
TRIER
WÜRZBURG
SCHNABELWAID
LUDWIGSHFN
MANNHEIM
KAISERSLAUTERN
HEIDELBERG
NÜRNBERG
SAARBRÜCKEN
HEILBRONN
ANSBACH
REGENSBURG
CRAILSHEIM
KARLSRUHE
RASTATT
TREUCHTLINGEN
STUTTGART
DONAUWÖRTH
INGOLSTADT
PASSAU
ULM
AUGSBURG
FREIBURG
MÜNCHEN
BASEL
ROSENHEIM
KONSTANZ
FRIEDRICHSHFN
KEMPTEN
FREILASSING
KIEFERSFELDEN

FRANKREICH

TSCHECHOSLOWAKEI

ÖSTERREICH

Neue Strecken:

Voraussichtlich fertiggestellt vor 1990
Voraussichtlich fertiggestellt nach 1990
Aufwertung bestehender Strecken
Internationale Hauptstrecken
Andere Strecken für Schnellzug- und
Ferngüterverkehr

⊙ geänderte Linienführung wird untersucht

124

ten Strecke Mannheim – Stuttgart, zum Beispiel, kämpften sieben Einwohner der kleinen Gemeinde Schwetzingen gegen den erwarteten Lärmpegel der Schnellfahrzüge als unzumutbar durch alle Instanzen bis zum Bundesgericht in Karlsruhe. Andere kleinere Widerstandsnester erreichten es, daß die geplante Investitionshöhe für die neue Eisenbahn halbiert wurde. Bei der Strecke Köln – Groß-Gerau mußte die Deutsche Bundesbahn den Verlauf praktisch von vorne an neu überdenken.

Doch wichtigere Faktoren waren der Einfluß der weltweiten wirtschaftlichen Rezession und ihrer Wirkung auf die westdeutsche Schwerindustrie, dazu die hohen Investitionen des Landes in das Autobahnnetz und dessen Nutzen für die Wirtschaftlichkeit des Straßenverkehrs, besonders da weder die Straßenbenutzer noch die Binnenschiffahrt, der andere große Konkurrent der Bahn in Westdeutschland, auch nur einigermaßen den gleichen Anteil an ihren Wegekosten zahlen wie die Deutsche Bundesbahn. Außerordentlich abhängig vom Massenverkehr von Mineralien für ihre Gütertonnage verlor die Bahn Volumen, das sie nicht entsprechend ersetzen konnte auf dem immer noch lebhaften Markt der Warenfracht, da sie mit der Wirtschaftlichkeit, der Schnelligkeit und Güte des Straßenverkehrs nicht mithalten konnte, der eifrig das immer bessere Straßennetz voll ausnutzt, in das die Westdeutschen in den letzten zwei oder drei Jahrzehnten so viele Mittel verschwendet haben.

Während der ganzen siebziger Jahre stiegen die Kosten der Eisenbahn für das Land erschreckend durch eine Kombination steigender Entschädigungen, Unterstützungen, Subventionen und Verlustausgleich – wovon einige, man muß es betonen, ausschließlich politische Ursachen haben: zum Beispiel die erzwungene Beibehaltung von Tarifen des Nahverkehrs, die jetzt grob unwirtschaftlich sind. Im Jahr 1977 blieb das Geld, das tatsächlich von den Kunden der Deutschen Bundesbahn über die Theke kam, um etwa 4,5 Mrd. DM im ganzen Jahr unter den Gesamtausgaben der Bahn.

Zwei Jahre vorher, Ende 1975, waren die Direktion der Bahn und die Bundesregierung übereingekommen, daß die Ausblutung nur gestoppt werden könne und müsse, durch eine drastische Verkleinerung des Netzes, zusammen mit wettbewerbsgerechter Straffung ihres Geschäftsgefüges durch eine durchgreifende Modernisierung. Wichtiger als eine ständige Steigerung der Geschwindigkeit der Reisezüge war jetzt die Verjüngung und Neuausrüstung ihres ganzen Warenverkehrsapparates, um die Bahn für einen erfolgreichen Angriff auf diesen Markt zu rüsten, durch ein Netz von schnellen aufeinander abgestimmten Verbindungen. Die neuen Strecken wurden nun ein geradezu lebenswichtiger Bestandteil dieses neuen Gerüstes.

Die neuen Strecken waren niemals nur für Schnellfahr-Reiseverkehr bestimmt gewesen, doch heute hört man kein Wort über ihre Rolle für einen revolutionären Reiseverkehr. Die Oberen der Deutschen Bundesbahn schwärmen vielmehr von der großen Personaleinsparung, die das Ergebnis des vereinfachten Betriebes und der modernen Verkehrssteuerung sein wird. Sie betonen eifrig den gemischten Verkehr als Aufgabe des Projekts, was natürlich im Lichte der traurigen finanziellen Lage der Bahn die Argumente für diese Investition stärkt. Die

Absicht ist jetzt, die neuen und die aufgewerteten Bahnen ebenso für einen besseren und betrieblich billigeren Güterverkehr zu betreiben wie für einen gesteigerten Reiseverkehr. Die Ausnutzung ihrer modernen Gleise und Signalanlagen soll ein Höchstmaß erreichen, indem man über sie die intensivste Mischung von Reise- und Güterverkehr leitet, die machbar ist. Und das heißt, daß 200 km/h die Intercity-Geschwindigkeitsgrenze der Deutschen Bundesbahn wohl bis zu den neunziger Jahren bleiben wird. Doch obwohl die Deutsche Bundesbahn einen großen Teil ihrer Investitionen der Kosteneinsparung zu widmen scheint, insbesondere durch Automation von Verwaltungsaufgaben neben der der Betriebsanlagen, hat sie die Forschung für hohe Geschwindigkeiten nicht fallengelassen. Im Jahr 1977 z. B wurde die elektrische Lokomotive Nr. 103 118 weit über 100 mal mit 250 km/h gefahren bei Versuchsfahrten über das Verhalten von Strecke und Fahrzeug auf dem besonders hergerichteten Schnellfahrversuchsabschnitt der Deutschen Bundesbahn zwischen Gütersloh und Neubeckum auf der Strecke Bielefeld – Hamm.

Gelände, das die Eisenbahnbauer alter Zeiten zwang, eine gewundene und steile Streckenführung zu wählen, macht auch den Ingenieuren von heute das Leben nicht leicht bei der Suche nach einem geschwindigkeitsfreundlicheren Weg. Das geht schon aus einem nur flüchtigen Studium über die Ingenieurbauten hervor, die auf einem der schwierigsten Abschnitte der Strecke Hannover – Würzburg, den 59,5 km von der bayerisch-hessischen Grenze nach Würzburg nötig sind, die durch das Mittelgebirge führt. Obwohl 38% der Streckenlänge in siebzehn Tunnel und 13% davon auf Brücken und Viadukten liegen, konnten einige Steigungen mit 1:80 – dem Höchstwert auf der bisherigen Strecke – nicht vermieden werden. In einer engen topografischen Ecke mußten die Ingenieure außerdem den sonst als Regel vorgesehenen Krümmungshalbmesser von 7000 m auf 5300 m ermäßigen. Der schlimmste Abschnitt von 1:80 wird sich ohne Unterbrechung auf nicht weniger als 7,3 km erstrecken, dort wo die Strecke nach der Überquerung des Maintals bei Gemünden hinaufklettert zum höchsten Punkt der neuen Bahn mitten in Bayerns Naturschutzgebiet bei Rohrbach, in einem Tunnel durch den Mühlberg. In diesem Gebiet müssen die Planer verständlicherweise überdurchschnittliche Sorgfalt auf den Umweltschutz verwenden, was ihre Probleme bei der Bewältigung des Geländes erschwert. Abgesehen von Geschwindigkeit und Leistungsfähigkeit wird man die neue Strecke Hannover – Würzburg einfach schon wegen ihrer herrlichen Aussicht befahren wollen, wenn sie einmal fertig ist.

8. Italiens neue Eisenbahn Rom – Florenz

Italien war wohl das erste Land in Europa, das sich an den teuren Bau neuer Eisenbahnen machte, um Strecken aus dem 19. Jahrhundert zu ersetzen, die für den Konkurrenzkampf des 20. Jahrhunderts hoffnungslos ungeeignet waren. Schon 1913 hatten die Italiener eine neue *Direttissima* in Angriff genommen, um die Entfernung Bologna – Florenz zu verkürzen und um einige schreckliche Steigungen der bestehenden Eisenbahnen über den Appenin zu umgehen. Der 1. Weltkrieg unterbrach die Arbeiten, doch unter Mussolini wurde sie vorangetrieben zur Vollendung im Jahr 1934.

Eine zweite *Direttissima* wurde nach dem 1. Weltkrieg begonnen und im Herbst 1927 fertiggestellt. Das war die Küstenstrecke von Rom nach Neapel. Sie verkürzte die Fahrt zwischen den beiden Städten von 248,7 km der alten Inlandstrecke auf 215,8 km, verringerte die größte zu übersteigende Höhe um 206 m und bot sich den Zügen mit einer weit besseren Streckenführung an. Sobald sie in Betrieb genommen wurde, purzelte die Reisezeit Rom – Neapel über Nacht von 4 Std. 25 Min. auf 2 Std. 50 Min. Beim Ausbruch des 2. Weltkrieges bot der elektrische Betrieb einen schnellsten Fahrplan Rom – Neapel von 1 Std. 48 Min. mit einem Halt-zu-Halt-Durchschnitt von 118,2 km/h. Die *Direttissima* Bologna – Florenz, Teil des Rückgrats der italienischen Staatsbahn, der Hauptstrecke Mailand – Rom, war eine gigantische Ingenieuraufgabe. Die alte Strecke hatte sich in einer ermüdenden Folge scharfer Kurven und Steigungen bis zu 1:45 auf eine Scheitelhöhe von 616 m im Appenin bei Pracchia hinaufgequält. Die neue Strecke halbierte diesen Anstieg und flachte die Steigungen deutlich ab, indem sie die Eisenbahn unter den Bergen in dem 18,5 km langen Appenintunnel vergrub, damals der zweitlängste der Welt, und 29 andern Tunneln von zusammen 37 km Länge. Die schnellste Zeit Bologna – Florenz über die alte Strecke war 2 Std. 26 Min.; in den letzten Monaten vor dem 2. Weltkrieg liefen elektrische Züge durch die Berge, um die zwei Städte in nur 51 Min. zu verbinden, mit einem Halt-zu-Halt-Durchschnitt von 114 km/h. Doch dann gab es noch die haarsträubende Prestigefahrt, die mit einem elektrischen Dreiwagentriebzug ETR200 im Juli 1939 für den Ruhm von *Il Duce* gestartet wurde, die ich in Kapitel 3 beschrieben habe.

Die Höhe der Vorkriegsgeschwindigkeiten im fahrplanmäßigen Verkehr wurde nach 1945 stufenweise wieder erreicht, doch nicht merklich verbessert. Zwei Jahrzehnte lang machte die Italienische Staatsbahn im Intercity-Reiseverkehr hauptsächlich durch die Eleganz ihres Mailand – Rom – Luxus-Flaggschiffs von sich reden, dem elektrischen Triebzug „Settebello", dem „Siebenschön", der 1953 auf die Schienen kam.

Die drei grün und grau gestrichenen elektrischen Siebenwagentriebzüge ETR300, die für den „Settebello" gebaut wurden, fielen dem Auge sofort durch ihre neuartige Nase auf, die ich in einem früheren Kapitel erwähnt habe: das Panorama-Aussichtsabteil für die Fahrgäste, das auf Fußbodenebene da sitzt, wo man normalerweise den Führerstand erwartet, und die Führermannschaft hochgesetzt in einem

Oben: *Diese Aufnahme eines Triebzugs „Settebello" Reihe ETR 300 auf der Fahrt Rom – Mailand zeigt auch den Kurvenreichtum, der für einen großen Teil der alten Strecke typisch ist, bevor diese das Po-Tal erreicht* (Italienische Staatsbahn).

Rechts: *Spitze eines Triebzugs Reihe ETR 300 mit dem Aussichtsraum für Fahrgäste und dem Führerstand über dem Dach* (Italienische Staatsbahn).

Ganz rechts: *Eines der Fahrgastabteile mit 10 Sitzen eines ETR 300* (Italienische Staatsbahn).

Ausguck, hinter der Nase zurückgesetzt und über das Dach vorspringend wie eine Flugzeugkanzel. Doch auch das Innere des exklusiven 1. Klasse-„Settebello" war auffallend gestaltet. Die beiden äußeren Gelenkdoppelwagen, in denen die Fahrgäste sitzen, hatten weder herkömmliche Abteile, noch herkömmliche Großräume, sondern kleine Salons mit zehn Sitzplätzen. Jeder Raum, ein ästhetischer Genuß in moderner italienischer Innenarchitektur hatte sechs Plätze auf zwei Polsterbänken an den Querwänden und vier weitere lose Armsessel in der Mitte des Raumes. Der mittlere Gelenkdrilling des Triebzuges enthielt einen Gepäckraum, einen Bücher- und Andenkenverkaufstand (inzwischen durch weitere Sitzplätze ersetzt), Radio- und Telefonzentrale, ein hübsches Speiseabteil mit Bar und Küche. Eine Vierwagenvariante dieser Bauart, der ETR250, erschien 1960, und es wurden davon vier gebaut.

Die ETR300 waren für 160 km/h gebaut worden, doch zunächst hatten sie nur spärlich Gelegenheit, das auszunutzen. Denn der südliche Abschnitt der Hauptstrecke Rom – Mailand verfolgt einen solch gewundenen Weg durch die Berge im Norden des Landes, daß auf den ersten etwa 145 km die Geschwindigkeit nirgends 110 km/h überschreiten durfte. Danach, obwohl die Streckenführung freundlicher wurde, legte der Signalabstand und das Bremsvermögen die Grenze auf 140 km/h fest außer über die Gleise des breiten Po-Tales hinter Bologna, wo der „Settebello" kurz die Beine in die Hand nehmen konnte. So betrug die Reisezeit Rom – Mailand zunächst 6 Std. für die 633 km, einschließlich Zwischenhalten in Florenz (mit Kopfmachen), Bologna und Piacenza.

Im Jahr 1962 war es der Italienischen Staatsbahn, oder FS, klar, daß sie die Hemmnisse beseitigen müsse, die ihr die Natur auferlegte, wenn ihr Reisefernverkehr (ein größerer Anteil ihres Einkommens als bei den meisten europäischen Bahnen) dem Wettbewerb von Straße und Luftfahrt standhalten sollte. Ein in diesem Jahr aufgestellter Zehnjahresplan hielt es für wesentlich, mehr als 150 km/h Durchschnittsgeschwindigkeit auf etwa 1000 km Streckenlänge anzustreben, um den Luftverkehr aus den längeren Reisen herauszuhalten. So weit wie möglich, sollte diese Norm angestrebt werden ohne weitgehende teure Änderungen des Unterbaus, jedoch durch eine ineinandergreifende Entwicklung von Gleis, Triebfahrzeugen, Rollmaterial, Bremsen, Signalanlagen und Zugüberwachung. Fahrplanmäßiger und ausgedehnter Betrieb mit 200 km/h auf vorhandenen Strecken war das direkte Ziel; doch für später sollte das Ziel eine Geschwindigkeitsgrenze von 250 km/h sein.

Die auffallendste Verwirklichung der Absichten der Bahn in den frühen Sechzigern war die ausgedehnte Einrichtung des codierten Schienenstroms auf Hauptstrecken, um den Grundstein zu legen für eine fortlaufende Führerstandsanzeige. Ab Ende der Sechziger wurden mehrere 100 Lokomotiven und Triebzüge mit Führerstandssignalen und induktiven Empfängern ausgestattet. Wegen der Kosten war das volle System bis jetzt Hauptstrecken der FS vorbehalten, deren Streckenführung für Schnellfahrt geeignet ist. Für weniger belastete und durch das Gelände in der Geschwindigkeit beschränkte Strecken entwickelten die FS gleichzeitig ein System punktweiser Führerstandsanzeige mit dem Gleis angebauten Übertragern. Dies wurde 1969 versuchsweise an Teilen der Brenner-Hauptstrecke angewendet und inzwischen auf der ganzen Strecke von Verona zur österreichischen Grenze eingebaut. Beim italienischen System sind die Übertrager ausgeklügelter als die primitiven Übertrager nur einer Nachricht, die British Rail aus Sparsamkeit für die Strecken des *Advanced Passenger Train* gewählt hat, die in einem früheren Kapitel beschrieben worden sind. Die italienische Einrichtung sieht einen veränderlichen Code vor, der die Signalstellung wiedergibt, wenn der tote Stromkreis des Übertragers durch das Gerät auf einem darüberfahrenden Triebfahrzeug aktiviert wird.

Für den 160-km/h-Betrieb, der auf den meisten Abschnitten mit geeigneter Streckenführung geplant ist, mußte das herkömmliche Signalsystem nicht überarbeitet werden, da fortlaufende Führerstandsanzeige in Betrieb genommen wurde. Auf vernünftig gerader und ebener Strecke wurde für die herkömmlichen Vor- und Hauptsignalstellungen errechnet, daß sie ausreichen, um einen Zug innerhalb von zwei Abschnitten des normalen 1350-m-Signalabstandes von Höchstgeschwindigkeit zum Stillstand abzubremsen. Doch über etwa 80 km der *Direttissima* Rom – Neapel wurde die Geschwindigkeitsgrenze um eine Stufe auf 180 km/h angehoben, und hier mußte ein Haltsignal früher angekündigt werden. Auf diesen schneller zu befahrenden Abschnitten wurde der Schienenstrom so eingerichtet, daß er eine zusätzliche codierte Warnung 1350 m vor einem Signal in Warnstellung übermittelt; das läßt ein milchweißes Licht auf der Anzeigetafel des Fahrpults aufleuchten, worauf der Führer zu bremsen beginnen muß, wenn er schneller als 160 km/h fährt, sonst spricht die Schnellbremsung automatisch an. Bei einer weiteren Erhöhung der Geschwindigkeit auf 200 km/h wird jedoch eine Veränderung des Signalabstandes für nötig gehalten.

Bei besonderen Versuchsfahrten im Verlauf der sechziger Jahre gewann die FS das Gefühl für die höheren Geschwindigkeiten. Das bevorzugte Versuchsfahrzeug war gewöhnlich der gefällig geformte

elektrische Intercity-Leichttriebzug, der 1961 herauskam. Bei diesem 60 t schweren, 26,7 m langen Triebwagen Reihe ALe 601 waren alle Achsen angetrieben mit einer Gesamtdauerleistung von 1000 PS. Sie hatten nur 1. Klasse und waren entworfen, um mit einer Auswahl von sechs verschiedenen Beiwagen zusammenzugehen, dem Le 601 1. Klasse, dem Le 640 1. und 2. Klasse, dem Le 680 oder Le 700 2. Klasse, dem Le 480 Speisewagen, und dem Le 360 Speise- und Barwagen. Die ganze zusammenpassende Flotte war klimatisiert, und jedes Fahrzeug hatte einen Führerstand an jedem Ende, Beiwagen wie Triebwagen, für äußerste betriebliche Anpassungsfähigkeit. Nicht nur die Triebwagen eines Zuges konnten beliebig angeordnet werden, um einem besonderen Betriebsbedürfnis zu genügen, sondern auch die möglichen Kombinationen des Zuges waren unbegrenzt; nichts stand dem entgegen, daß ein Speisewagen den Triebzug anführte, um irgendeinen geheimnisvollen Wunsch des Betriebs zu erfüllen.

Schon 1962 wurde eines der ersten Lose von ALe-601-Triebwagen bei Stromabnehmerversuchen in der Nähe von Grosseto auf der Hauptstrecke Rom – Genua mit 225 km/h gefahren. 1968 – 70 wurden 5 Wagen der Serie mit Widerstandsbremse ausgerüstet, mit einer geänderten Getriebeübersetzung versehen und die Leistung auf 1420 PS gebracht, um eine höhere Geschwindigkeit zu ermöglichen. Das erste Paar des geänderten Quintetts, Nr. ALe 601-008 und 010 wurde Ende 1968 unter der verstärkten Fahrleitung der Strecke Rom – Neapel auf eine Spitze von 250 km/h hochgefahren. Acht Minuten lang wurden die zwei Triebwagen auf 241 km/h oder mehr gehalten. 1970 wurden 21 neue ALe 601 mit denselben Kenndaten wie die Umbauten geliefert, und diesen Triebzügen wurde die Krone für Italiens schnellste tägliche Verbindung überreicht, 2 Rapidi in jeder Richtung zwischen Rom und Neapel auf der Direttissima mit einer Fahrzeit für die 210 km in 1½ Std. ohne Halt mit einem Durchschnitt von 140 km/h. Später im Jahrzehnt wurden die Pläne allerdings um 5 Min. gemildert.

Obwohl die FS ihrer Triebfahrzeugflotte in den siebziger Jahren stetig 200-km/h-Lokomotiven und -Triebzüge zufügte, war die Grenze fast überall auf dem Netz bei 150 km/h geblieben. Außerhalb der Direttissima Rom – Neapel waren die einzigen Züge, die die Erlaubnis hatten, auf Abschnitten der Hauptstrecke Bologna – Mailand mit 160 km/h

Rechts: Ein elektrischer Triebwagen Ale 601; ein solcher wurde bis auf eine Höchstgeschwindigkeit von 250 km/h erprobt (Italienische Staatsbahn).

Unten: Ein elektrischer Mehrfachtriebzug als „Peloritano" Rom – Sizilien über die Fähre von Messina, mit Ale-601-Wagen, bei der Fahrt über den Mingardo-Viadukt auf dem Weg von Battipaglia nach Reggio di Calabria (Italienische Staatsbahn).

zu fahren, die elektrischen Triebzüge ETR300. Außer der Neuausrüstung für die geplante Grenze von 200 km/h wurden die ETR300 im Jahr 1970 als einzige mit automatischen Bremsprogrammierern versehen, die mit dem codierten Schienenstrom und der fortlaufenden Führerstandsanzeige zusammenwirken.

Wie die Geräte bei den elektrischen Lokomotiven Reihe 103 der Deutschen Bundesbahn kommt der italienische Programmierer ins Spiel, sobald ein Warncode induktiv dem Schienenstromkreis entnommen wird. Von da an vergleicht er ständig den Abstand des Zuges vom Haltsignal voraus und seine Geschwindigkeit mit der vorbestimmten Bremskurve. Gleichzeitig übernimmt das Gerät die volle Steuerung der Bremsung, solange es noch dem Code Warnsignale entnimmt. Der ersten Warnung folgt zu Beginn des nächsten Schienenstromabschnitts ein neuer Code, der entweder die Fortsetzung des Bremsvorgangs bis zum Stillstand befiehlt oder aber, daß das folgende Signal mit begrenzter Geschwindigkeit passiert werden muß. Das Gerät reagiert auf den ersten der beiden Code durch ein Abbremsen auf 40 km/h, auf den zweiten durch Abbremsen nur auf 65 km/h, wonach der Führer die Steuerung des Zuges wieder voll übernimmt. Das letzte Stadium der Abbremsung wird voll dem Urteil des Führers überlassen, da – wie auch die Japaner festgestellt haben – die Einrichtung einer automatischen Feststellung des genauen Haltepunkts am Bahnsteig oder vor einem Haltsignal unerträglich teuer ist. Die Kosten der automatischen Bremsprogrammierer bei den ETR300 entmutigten die FS so sehr, daß ihr Einbau in andere Triebfahrzeuge zurückgestellt wurde, bis regelmäßiger 200 km/h-Betrieb eine praktische Möglichkeit wird.

Die lähmende Wirkung auf die Reisegeschwindigkeit, die von Italiens bezauberndem bergigem Gelände ausgeht, wurde offenkundig, als der „Settebello" auf eine Fahrzeit Rom – Mailand von 5³/4 Std. beschleunigt wurde, nachdem die ETR300 neu herausgeputzt waren. Durch das breite Po-Tal wurde die Fahrzeit des südwärtigen „Settebello" für die 218 km von Mailand nach Bologna auf 1 Std. 38 Min. herunterge-

schraubt, Durchschnitt 133,5 km/h, während in der Nordrichtung, bei der ein Halt in Piacenza in die Fahrt eingeschoben ist, die 146,7 km von Bologna bis Piacenza einen Plan von 65 Min. haben mit einem Durchschnitt von 135,5 km/h. Doch in scharfem Gegensatz dazu verhindern die Kurven und Steigungen einen besseren Halt-zu-Halt-Durchschnitt als 102,5 km/h für die 316 km von Florenz nach Rom. Die Hauptstrecke von Mailand über Florenz nach Rom und die Fortsetzung nach Neapel und Reggio di Calabria zur Fähre über die Straße von Messina nach Sizilien ist das Rückgrat der Italienischen Staatsbahn in jedem Sinne, denn sie trägt fast ein Drittel des gesamten Verkehrs des Netzes. Von 1950 an hatte die FS schon riesige Summen ausgegeben, um deren Leistungsfähigkeit zu erhöhen. Neben umfassendem Neubau des Signalsystems und des Gleisstromsystems nach modernen Grundsätzen, und Neuverlegungen schwerer durchgehend geschweißter Schienen wurde die ganze Entfernung von Battipaglia südlich von Neapel und Salerno bis zur Straße von Messina zweigleisig ausgebaut. Auch wurden Milliarden von Lire ausgegeben zur Beseitigung etlicher der unzähligen Wegeübergänge zwischen Mailand und Florenz und zwischen Rom und Neapel. Auf dem Kernstück Rom – Florenz jedoch konnten keine halben Maßnahmen die krasse Lücke für die hohe Geschwindigkeit schließen zwischen dem äußeren und dem zentralen Abschnitt der Strecke Mailand – Neapel. Die nicht aufhörenden Kurven und Steigungen, die von den ursprünglichen Erbauern ererbt sind, mußten umgangen werden. So begann die FS im Jahre 1969, mit finanzieller Unterstützung durch ein Konsortium der italienischen Industrie in der Form eines niederverzinslichen Zehnjahreskredits, den Bau ihrer 3. großen *Direttissima* von Rom nach Florenz. Obwohl der neue Baukörper kostspielig ausgelegt werden sollte für eine durchgehende Höchstgeschwindigkeit von 250 km/h, ja sogar 300 km/h, wurden die Höchstwerte innerhalb eines Monats ein utopischer Traum. Bevor die siebziger Jahre alt wurden, legten die Beamten der FS Wert auf die Feststellung, daß sie vor allem die Leistungsfähigkeit der Strecke vergrößern wollen, indem sie in Verbindung mit der alten Strecke eine viergleisige Hauptbahn von Rom nach Florenz schaffen. Im Spitzenverkehr der sommerlichen Ferienzeit ächzen Teile dieses Intercity-Abschnitts unter mehr als 100 Zügen täglich in jeder Richtung, und bei dem gemischten Charakter des Verkehrs drohte der Zusammenbruch. Jede Erhöhung der Geschwindigkeitsgrenze würde daher gebunden sein an die Möglichkeiten, die eine Trennung des Verkehrs zwischen alter und neuer Strecke dadurch bietet, daß auf jeder Strecke der Geschwindigkeitsbereich so eng wie möglich ist.

Die *Direttissima* Rom – Florenz war in der Tat ein Teil des Planes, die ganze Strecke von Mailand nach Salerno, südlich von Neapel, viergleisig auszubauen, entweder durch Verbreiterung oder Verbesserung des bestehenden Bahnkörpers oder durch Neubau. In den späten Siebzigern hatte die FS schon Mailand – Piacenza viergleisig ausgebaut, und das kurze Stück von Prato nach Florenz; und Pläne aufgestellt, den dazwischen liegenden Abschnitt Piacenza – Prato zu verbreitern, wobei ein Abschnitt für wirkliche Schnellfahrt zwischen Piacenza und Bologna eingeschlossen ist. Die alte landeinwärts liegende Strecke Rom – Neapel war modernisiert und elektrifiziert worden, und von Caserta, auf dieser letzten Strecke, war eine neue elektrische Entlastungsstrecke nach Süden nach modernen Normen geschaffen worden durch Aufwertung mehrerer Umgehungsstrecken im Hinterland und Bau einer neuen Verbindung mit der alten Strecke im Gebiet von Salerno; dieser Abschnitt führt an Neapel vorbei.

Der ursprüngliche Zeitplan für den Bau der *Direttissima* Rom – Florenz war viel zu optimistisch. Es wurde euphorisch prophezeit, daß die ganze Strecke 1974 in Betrieb käme. Man rechnete allerdings weder

Links: *Eine der bemerkenswerten kreuzungsfreien Zweirichtungs-Verbindungen zwischen der alten Strecke Rom – Florenz und der neuen* Direttissima; *hier in Orte Nord (Italienische Staatsbahn).*

131

mit finanzieller Knappheit nach der Ölkrise, noch mit schwierigen geologischen Problemen in manchen Gebieten. Neben diesen unvorhersehbaren Schwierigkeiten erregte die Streckenführung an einigen Orten bittere Streitigkeiten, vor allem in Florenz.

Erst Anfang 1977 war nur ein Abschnitt der neuen Strecke betriebsbereit – und selbst der nicht vollständig – von Rom nach Citta della Pieve, zwischen Orvieto und Chiusi. Ich fuhr mit dem Sonderzug, der diesen Abschnitt am 24. Feburar feierlich eröffnete.

Die *Direttissima* zweigt von der alten Strecke 17 km außerhalb des Kopfbahnhofs Roma Termini in Settebagni ab. Fast sofort bekommt man einen Begriff vom Ausmaß der Bauarbeiten, die nötig sind, um in diesem wenig hilfreichen Gelände eine Eisenbahn auszuhauen mit einem kleinsten Bogenhalbmesser von 3000 m und einer maßgebenden Steigung von 1 : 125 (in einigen Tunneln auf 1 : 330 ermäßigt). Auf den 126 km der Strecke zwischen Settebagni und Citta della Pieve sind 34 % der Streckenlänge in Tunneln, 15 % erhöht auf Brücken und Viadukten und 49 % auf Dämmen oder in Einschnitten. Auf diesem Abschnitt allein windet sich die Bahn durch 17 Tunnel, die längsten bei Orte (9,3 km) und dem unter dem Monte Sorate zwischen Settebagni und Gallese (5,7 km). Unterschätzte geologische Schwierigkeiten beim Tunnelbau hatten die Arbeiten bei Orte verheerend beeinträchtigt – und ihre veranschlagten Kosten aufgebläht –, so daß der Eröffnungszug über die alte Strecke durch Orte geleitet werden mußte. Nach einer Weile ungestümer Fahrt über gerade und zweckmäßige Streckenführung der ersten Etappe der neuen Bahn hinter Settebagni war das ein jähes Zurückfallen in die Eisenbahnwelt des 19. Jahrhunderts, als der plötzlich hoppelnde Zug mit quietschenden Spurkränzen sich würdig über diesen Weg und durch die anscheinend unbarmherzigen Kurven wand. Man konnte gut verstehen, daß die FS eine neue Eisenbahn um fast jeden Preis braucht. Orte, Abzweigung für die Strecke von Rom über den Appenin nach Ancona, ist einer der 8 Verbindungspunkte zwischen der alten und der neuen Strecke. Alle sind für Abzweigungen in beide Richtungen gebaut, eine elegante Linienführung von untertauchenden und übersetzenden Verbindungsgleisen, die die gegenseitige Störung der verschiedenen Verkehrsströme so klein wie möglich hält, und nirgends einen abzweigenden Zug auf weniger als 100 km/h beschränkt.

Die nächste Verbindungsstelle nach dem Norden ist Orvieto, wo sich die neue Eisenbahn über den Paglia-Fluß schwingt, auf einem Schaustück des Brückenbaus, dem 5,4 km langen Viadukt von Allerona, damals einem der längsten der Welt. Von Orvieto nach Chiusi verläuft die neue Strecke im wesentlichen neben der alten, taucht dann aber unter Chiusi durch und schlägt eine völlig andere Richtung nach Arezzo ein, einer Stadt, die dann umfahren wird. Diese Umgehung war eine der bedeutendsten Ursachen für die Verzögerung des Baus im Mittelabschnitt der Strecke. Arezzo heulte auf, daß die wirtschaftliche Vernichtung drohe, wenn es auf die Bedienung durch zweitrangige Züge auf der alten Strecke verwiesen werde, und es brauchte viele Monate, um es zu besänftigen. Ausgedehntere Tunnelarbeiten (der San Donate allein ist 11 km lang) waren bei der Anfahrt auf Florenz nötig, was ein anderer hart umkämpfter Streitfall war. Denkmalschüt-

zer forderten, daß die Bahn unter Grund in die Stadtmitte geführt werden müsse, um Umweltverschmutzung und Entweihung der kostbaren Bauten und Kunstschätze von Florenz zu vermeiden, doch schließlich wurden sie aus Gründen der ungeheuren Kosten abgewiesen.

Neben der weit überlegenen Streckenführung für Schnellfahrt verkürzt die *Direttissima* Rom – Florenz die Entfernung zwischen den beiden Städten von 313,9 km auf 253,9 km. Der ausgesprochene Hauptgrund für den Bau war eine Reisezeit von 1½ Std. Rom – Florenz gewesen, mit einem Ohnehaltdurchschnitt von 169 km/h, doch die Erfüllung frühestens vor Ende der achtziger Jahre scheint in den ausgehenden Siebzigern mehr und mehr bloß eine zuversichtliche Hoffnung zu werden. Abgesehen von allem andern rechnet man mit der Betriebsbereitschaft der ganzen *Direttissima*, zur Zeit da ich schreibe, nicht vor 1982; und für den Augenblick sind 180 km/h das höchste, was auf dem in Betrieb befindlichen Abschnitt erlaubt ist. Mit der Eröffnung des Abschnitts Settebagni – Citta della Pieve wagte die FS nur eine bescheidene Beschleunigung des „Settebello", die die Fahrzeit Mailand – Rom auf 5 Std. 35 Min. beschnitt einschließlich Halt in Bologna und Florenz; doch wie die italienische Presse bissig vermerkte, gab es bis 1970 *Superrapidi*, die laut öffentlichem Fahrplan Mailand und Rom ohne Halt in einer Bestzeit von 5½ Std. verbanden, trotz der Behinderung auf der alten Strecke.

Nach dem, was auf der Pressekonferenz vor der Eröffnung des Abschnitts Settebagni – Citta della Pieve gesagt wurde, gewann man den Eindruck, daß die Italiener mehr denn je entschlossen waren, die *Direttissima* hauptsächlich als einen Gewinn für die so arg benötigte Streckenkapazität anzusehen, statt eine Ermutigung zu viel größerer Geschwindigkeit, trotz der großen Summen, die ausgegeben wurden, um einen wirklichen Schnellfahrbahnkörper zu schaffen. Wiederholt wurde Nachdruck gelegt auf die Beweglichkeit, die dem Betrieb jetzt zur Verfügung steht, besonders da die alte und die neue Strecke unter eine gemeinsame Betriebsleitung gestellt wurden, und auf die Leichtigkeit, mit der Güter- und Reisezüge auf den acht Verbindungen von einer auf die andere Strecke übergeleitet werden können.

Ein Hinderungsgrund für eine beträchtliche Erhöhung der Geschwindigkeitsgrenze ist uns schon in früheren Kapiteln begegnet – die Begrenzung durch die Anlagen für die Lieferung des Fahrstroms. Es war überraschend für mich, in Anbetracht ihrer weiten Voraussicht in bezug auf die zu erwartende Geschwindigkeit bei der Planung des Bahnkörpers, daß die Italiener bei der *Direttissima* kein Stromversorgungssystem eingerichtet haben, das den gleichzeitigen Bedarf von zwei oder drei Zügen decken könnte, die mit den bei vielen Schnellzügen auf der Strecke üblichen Lasten auf die Höchstgeschwindigkeit zu streben. Wie die Dinge liegen, dürfte ein Betrieb mit über 200 km/h nur möglich sein mit Zügen, die auf eine einzelne Lokomotive und acht Wagen beschränkt sind, während selbst in den ruhigen Jahreszeiten ein oder zwei Züge mit bis zu fünfzehn Wagen und mehr ein Kennzeichen des täglichen Betriebs auf der Strecke Rom – Florenz sind. Doppelbespannung ist keine Lösung: das erschwert nur das Überlastungsproblem für die Stromversorgung. Entweder muß der Fahrpla-

Oben links: *Das Mittelteil des 5387 m langen Viadukts über den Paglia-Fluß nördlich von Orvieto auf der* Direttissima Rom – Florenz *(Italienische Staatsbahn).*

Ganz oben: *Eine elektrische 5600-PS-Lokomotive Reihe E 444 mit einem Zug aus den neuesten* Rapido-*Wagen für den Erste-Klasse-Intercity-Verkehr der Italienischen Staatsbahn auf der Fahrt von Neapel nach Rom (Italienische Staatsbahn).*

Oben: *Der Versuchstriebwagen Y.0160 mit Kastenneigung von Fiat in einer scharfen Kurve (Italienische Staatsbahn).*

schwindigkeit. An der Spitze dieser Flotte stehen die 80 t schweren elektrischen 5600 PS-Lokomotiven Reihe E444, die 1967 eingeführt wurden mit dem verspielten Namen *Tartaruga*, oder Schildkröte – was beiläufig keine ausgefallene Laune von Eisenbahnnarren ist: mit grimmigem Humor hat die FS tatsächlich eine kleine Schildkröte auf die Seitenwand jeder E444 gemalt. In unseren Tagen ist das vorherrschende Bild eines italienischen 1.-Klasse-*Rapido* des obersten Ranges weit weniger ein graugrüner Triebzug wie vor einem Jahrzehnt, als viel mehr eine E444 an der Spitze eines gleichförmigen Zuges aus prächtig creme und blaugrauen, mit roten Streifen abgesetzten Luxuswagen *Grand Confort*, die die FS für ihre hauptsächlichen Inlandsverbindungen vereinheitlicht hat aus von Fiat geschaffenen Wagen für Italiens lokomotivbespannte TEE-Verbindung.

Voraussichtlicher Antrieb für die beabsichtigte Fahrzeit von 1½ Std. zwischen Rom und Florenz ist eine vergrößerte Ausgabe der E444, eine sechsachsige 8500-PS-Konstruktion namens E666. Doch zur Zeit, da ich jetzt schreibe, wartet die Welt noch auf einen Prototyp davon und von dem geplanten Triebfahrzeug ALe 541 eines elektrischen Triebzuges für 250 km/h.

Bis zum Auftauchen der ALe 541 ist Italiens einziger Triebzug, der offiziell für eine betriebliche Höchstgeschwindigkeit von 250 km/h zugelassen ist, ein elektrischer Vierwagen-Versuchstriebzug mit Wagenkastenneigung, den Fiat 1975 gebaut hat. 1972 baute Fiat ein einzelnes Versuchsfahrzeug mit der Bezeichnung Y.0160 auf eigenes Risiko, und die ermutigenden Ergebnisse einer zweijährigen Erprobung dieses Wagens auf der FS hatte den Bau eines vollwertigen Reisetriebzuges zur Folge.

Abgesehen von der Kastenneigung zeigen diese Fiat-Triebzüge eine recht ungewöhnliche Art, bei einem elektrischen Triebzug den Achsdruck gleichmäßig zu verteilen: die zwei 400-PS-Fahrmotoren in jedem der vier Wagen sind unter dem Wagenkasten angebaut, und jeder treibt eine Achse des ihm zugewandten Drehgestells über eine Gelenkwelle an. Die Wagenkasten sind aus Leichtmetall gebaut, und das Gesamtgewicht des Zuges beträgt 156 t, so daß er ein sehr glückliches Leistungs/Gewichtsverhältnis von 20,5 PS/t hat, weit über dem Wert, der für eine Dauergeschwindigkeit von 250 km/h auf gerader und ebener Strecke nötig ist. Gebremst wird in erster Linie mit Widerständen. Druckluft-Scheibenbremsen dienen als Zusatz für die Endabbremsung zum Stillstand, oder als zusätzliche Bremskraft im Gefahrfall, bei dem außerdem elektromagnetische Schienenbremsen eingesetzt werden können. Die Stromabnehmer sind auf einem Gestell montiert, das auf der Wiege des Drehgestells steht, so daß sie sich nicht mit dem Wagenkasten neigen. Die Einrichtung zur Kastenneigung ist vernünftig einfach; die Neigung wird bewirkt durch hydraulische Servomotoren mit kombinierter Steuerung durch Beschleunigungsmesser und Kreisel, wobei die ersten fortlaufend die Querkräfte messen, denen der Wagen unterworfen ist, und die zweiten die Änderung der Schienenüberhöhung, damit die Beschleunigungsmesser nicht fälschlich auf Grund einer Gleisunregelmäßigkeit eine Neigung veranlassen. Der *Pendolino*, wie die Italiener diesen Triebzug nennen, ist seit Frühjahr 1976 im fahrplanmäßigen Verkehr zwischen Rom und Ancona. Am Anfang der Fahrt benutzt er die *Direttissima* Rom – Florenz, wo er mindestens bis 1979 aus irgendeinem unerfindlichen Grund der einzige Zug war, der 200 km/h fahren durfte, dann biegt er ab auf eine kurvenreiche Strecke durch die Berge des Appenin. Hier konnte er durch seine Fähigkeit, Kurven 25% schneller zu nehmen als herkömmliche Fahrzeuge, 40 Min. abschneiden von der bis dahin besten Fahrzeit für die 298,5-km-Reise. Es gab kaum technische Anstände, doch beklagten sich so viele Fahrgäste, die mit dem Rücken zur Fahrtrichtung saßen, daß ihnen die künstliche Kastenneigung Übelkeit verursache; darum machte man die Rückenlehnen aller Sitzplätze des Triebzugs umklappbar, und jetzt können alle Fahrgäste bei jeder Fahrtrichtung vorwärtsfahren. Bis jetzt gibt es keinerlei Anzeichen für eine Serienbestellung von *Pendolino*-Triebzügen. Ein ähnlicher Triebzug wurde von Fiat für Spanien gebaut, wo er *Tren Basculante* genannt wird, doch obwohl er im Mai 1978 auf RENFE-Strecken bis auf 231,4 km/h erprobt wurde, scheinen mehr technische Schwierigkeiten aufgetreten zu sein als bei dem italienischen Triebzug. Auf jeden Fall investiert jetzt die RENFE bei ihrer Bewerbung zur Aufnahme in den 100-mph-(160 km/h)-Verein in die Entwicklung der Kastenneigung für ihr *Talgo*-Rollmaterial.

drastisch neu geschrieben werden, wobei die schwersten Züge geteilt werden müssen, oder wirkliche Schnellfahrt kann nur erkauft werden, wie mir scheint, auf Kosten einer Nichtausnutzung der Leistungsfähigkeit der *Direttissima*, indem sie in Zeiten der Verkehrsspitzen nur von leichten Fliegern benutzt wird. Eine andere mögliche Lösung ist die Verdoppelung der Fahrdrahtspannung auf der *Direttissima* von 3000- auf 6000-V-Gleichstrom, welche die FS ernstlich erwägt, obwohl ein oder zwei knifflige Probleme bei dem Umbau der Triebfahrzeuge auf Zweispannungsbetrieb erwartet werden; immerhin wurden schon Vorversuche mit einer Verschiebelokomotive durchgeführt. Zur Zeit, da ich schreibe, hat darüber hinaus die FS nur ungefähr 150 elektrische Lokomotiven und Triebzüge mit 200 km/h Höchstge-

9. In Nordamerika wendet sich das Blatt

Howard Hosmer mag kein Name sein, den man außerhalb von Nordamerika beschwört, aber in der Überlieferung der US-Bahnen hat er eine Nische. Hosmer war der Beamte der Interstate Commerce Commission, der 1958 die Eisenbahnoberen schockierte mit der öffentlichen Voraussage, daß der Eisenbahnreisezugwagen innerhalb eines Jahrzehnts „seinen Platz einnehmen werde im Verkehrsmuseum, neben Postkutsche und Dampflokomotive."

Tatsächlich kam der Reisezug dem Schicksal dieser Altertümer gefährlich nahe. Gleich nach dem 2. Weltkrieg hatten die nordamerikanischen Bahnen einen trügerischen Aufschwung ihres Reiseverkehrs erlebt. Das veranlaßte sie, große Summen auszugeben für immer kostspieliger und immer extravaganter ausgestattetes Reisezugmaterial. Doch sehr bald begann die Luftfahrt den Markt der mittleren und großen Entfernungen zu erobern, deren Anteil sich durch den Einsatz von Düsenflugzeugen schnell auf ein Übergewicht von 75% ausdehnte. Fernreiseomnibusse waren auch am Kampf beteiligt, doch sie waren vergleichsweise armselige Konkurrenten. Über die kurzen Entfernungen war es natürlich die Entwicklung der Schnellstraße, eine immer schnellere Vermehrung der privaten Kraftwagen und billiges Benzin, das den Eisenbahnverkehr ausbluten ließ.

In den fünfziger und sechziger Jahren wurden die Fahrpläne der großen Intercity-Züge stetig ausgedünnt, als die Leitungen die rot geschriebenen Differenzen zwischen schwindenden Einnahmen und hohen Betriebskosten zusammenzählten, die eher anstiegen als abnahmen. Einige Bahnen stiegen völlig aus dem Reisegeschäft aus. Andere, vor allem im Osten, suchten vergeblich den Ausweg in einem Sortiment von unkonventionellen Leichtbauzügen, darunter der importierte spanische Talgo; doch die Kunden wanderten ab und zeigten damit, was sie von der Laufruhe der Einzelachsen sowie von der engen Wagenausstattung aus Plastik hielten, verglichen mit der Vornehm-

heit und Güte des herkömmlichen US-Reisematerials. Ende der Sechziger waren die Fahrpläne des gesamten Landes, die in den Dreißigern bis zu 15 000 Reisezüge täglich angeboten hatten, auf einen lumpigen Rest von weniger als 500 gesunken; und der Anteil der Schiene am US-Markt des Reiseverkehrs war auf elende 7,2% zusammengeschrumpft.

Der erste Hoffnungsschimmer war 1958 der noch nicht dagewesene Beschluß der Stadt Philadelphia, die Modernisierung des lokalen Vorortverkehrs der Bahn zu subventionieren, was diese für ein wirtschaftlicheres Projekt hielt als immer mehr Geld für den Straßenbau hinauszuwerfen, was doch Verstopfung der Zufahrten zur Stadt nicht verhindern konnte. Aus diesem Keim wuchs dann das Gesetz der Bundesregierung von 1965 über den städtischen Massenverkehr und die Bundeshilfe für die Entwicklung des öffentlichen Verkehrs in den städtischen Ballungsgebieten nach bewährten Grundsätzen der Verkehrstechnik.

Zur gleichen Zeit übten Lobbyisten immer stärkeren Druck aus, um Aktionen durchzusetzen, die die Intercity-Reisezüge vor dem Massenmord retten sollten. Am meisten beachtet unter den Stimmen, die Halt riefen, war die des demokratischen Senators für Rhode Island, Claiborne Pell, der beachtliche Zeit und Energie geopfert hatte für das, was er nach dem griechischen Wort für „Große Stadt" das „Megalopolis-Problem" nannte. Brennpunkt von Pells Aufmerksamkeit waren die zunehmend verstopften Verkehrswege, in der Luft und auf dem Boden, in dem sogenannten Nordostkorridor zusammenwachsender Städte, der von Boston über New York, Philadelphia und Baltimore nach Washington verläuft: Doch er befaßte sich auch mit 21 anderen Korridoren, in denen große Städte über 300 bis 650 km weit aneinanderstoßen, welche er im ganzen Land aufzeigen konnte. Er verlangte, daß die verfallenden Reisezugstrecken in diesen Korridoren für 160-km/h-Züge wieder aufpoliert werden.

Unten: Einer der fehlgeschlagenen Leichtbauversuche der 1950er, der „Train X", der Robert R. Young fesselte, gebaut von Pullman-Standard. Hier die Wendezug-Ausführung der New Haven mit einer Lokomotive an jedem Ende, die als „Dan I. Webster" zwischen New York und Boston fuhr (Sammlung Cecil J. Allen).

Pells Werk war die Initiative für das Gesetz über den Boden-Schnellverkehr, das Präsident Johnson Ende September 1965 unterzeichnete. Der Wert des Gesetzes liegt im Prinzip der Bundesunterstützung für die Wiederbelebung der Schiene, das es aufstellte, nicht so sehr in seiner Freigebigkeit. In hartem Geld bot es nur 90 Millionen Dollar für das Aufpolieren der Hauptstrecke des Nordostkorridors – eine dürftige Zahl neben den großen Bundesinvestitionen für die Luftfahrt und den Kraftverkehr. Mehr noch: Der für den Betrieb vorgesehenen Pennsylvania-Bahn wurde geboten, alle Einnahmen der Bundeskasse zu übergeben, die dem Regierungsanteil an dem verbesserten Verkehr zuzuschreiben sind.

Drei Jahre zuvor, kurz bevor die Berater von Johnson empfohlen hatten, er möge die Wiederbelebung des Schienenverkehrs ernst nehmen und ein Büro für Boden-Schnellverkehr einrichten, hatte die Pennsylvania eine ausgedehnte Untersuchung begonnen über die Wirtschaftlichkeit und praktische Durchführung der Aufwertung ihres Abschnittes des Nordostkorridors, den Abschnitt von New York nach Washington. Ihre Ergebnisse waren fertig, als Johnsons Verordnung herauskam. Über sie wurde mit Washington verhandelt, und das Ergebnis war im April 1966 die Zustimmung zu einem durch den Bund geförderten zweijährigen Demonstrationsprojekt, um die Reaktion der Öffentlichkeit zu testen auf einen dichten Reiseschnellverkehr New York – Washington, mit neuem Rollmaterial, verbesserten Einrichtungen für die Fahrgäste, ortsfest und im fahrenden Zug, und auf die Stützung marktorientierter Tarife. Zur gleichen Zeit wurde einem zweiten Demonstrationsprojekt zugestimmt auf der Hauptstrecke New York – Boston der New York, New Haven & Hartford RR: Diese sollte den Turbozug der United Aircraft verwenden, der das Gefallen der Canadian National gefunden hatte, von dem gleich mehr berichtet wird. Nicht lange danach kamen beide Projekte unter dieselbe Betriebsleitung, weil die New Haven den allgemeinen finanziellen Zusammenbruch großer Bahnen im Nordosten einleitete. Zur Zeit, da das New-York-Washington-Projekt zum Tragen kam, war die ganze Strecke unter der Oberherrschaft des kurzlebigen Zusammenschlusses Penn-Central.

Über die derzeitige Eignung der Hauptstrecke New York – Washington für Schnellverkehr gab es nicht allzuviel zu klagen. Sie war fast auf der ganzen Länge von 226,1 Meilen (364 km) viergleisig, gerade oder nicht schärfer gekrümmt als mit 1700 m Halbmesser auf 174 Meilen (280 km) der 180 Meilen (290 km), die außerhalb der Großstadtgebiete liegen. Computerrechnungen ergaben, daß mit angemessenem Zuschlag für Langsamfahrstellen modernes Rollmaterial unter der

vorhandenen 11-kV-Wechselstromfahrleitung die Entfernung New York – Washington ohne Halt in 1 oder 2 Minuten über 2½ Std. zurücklegen könne, bei einer Höchstgeschwindigkeit von 120 mph (193 km/h). Mit vermutlich sechs Zwischenhalten war anzunehmen, daß der zur Zeit schnellste Plan von 3 Std. 35 Min. des „Afternoon Congressional" auf unter 3 Std. beschnitten werden könne.

Die Pennsylvania-Hauptstrecke war schon mit punktweiser Führerstandsanzeige ausgerüstet, so daß man der Meinung war, diese könne für sicheren Betrieb bis zu 125 mph (200 km/h) eingerichtet werden. Ein anderes betriebliches Kennzeichen der Strecke war auf dem größten Teil ihrer Länge eine Signalausrüstung für Zweirichtungsbetrieb auf jedem Gleis, zusammen mit häufigen Gleisverbindungen, was den Fahrdienstleitern einen großen Spielraum gab, langsamen Zügen auszuweichen und sie durch schnellere überholen zu lassen: Diese Einrichtungen wurden nun vermehrt. Die Strecke wurde umfassend neu verlegt mit durchgehend geschweißten Schienen, und neue Autoparkplätze wurden an den wichtigen Straßen in den Außenbezirken von New York und Washington angelegt, in Metropark bzw. Beltway (doch Metropark war nie ein Regelhalt für Intercity-Züge, nur für Vorortverkehr).

In Erwartung der neuen Triebzüge entschloß sich die Pennsylvania, auf der vervollständigten Streckenausrüstung ein oder zwei Jahre lang aus dem vorhandenen Rollmaterial mehr Geschwindigkeit herauszuholen. Einige ihrer geliebten elektrischen 4620-PS-Lokomotiven GG1 erhielten eine neue Getriebeübersetzung für eine Spitze von 100 mph (160 km/h) – Jahre zuvor zur Zeit ihrer Entwicklung, war eine GG1 auf einer Probefahrt auf 115 mph (185 km/h) hochgejagt worden –, und herkömmliche Wagen wurden für dieselbe Geschwindigkeit getrimmt. Etwa 15 Min. wurde von den Fahrzeiten New York – Washington abgeschnitten, und in der ersten Zeit wurde die Strecke geehrt durch einige Pläne mit mehr als 80 mph (130 km/h) von Halt zu

Unten: Der Nordost-Korridor in den Tagen der Pennsylvania: Eine elektrische GG-1 überquert den Delaware in Trenton, NJ. mit dem „Silver Meteor" New York – Florida (W. R. Osborne).

Halt, bis zu einem Höhepunkt von 85,5 mph (137,6 km/h) zwischen Baltimore und Washington, 68,4 Meilen (110 km) in 48 Min. Doch die ehrwürdigen GG1 fanden keinen Gefallen an dieser Verjüngung von 1968, ebensowenig die unmoderne Pennsy-Fahrleitung. Nach einer Reihe von Zwischenfällen mit abgerissenen Fahrleitungen, hauptsächlich als Folge von Überschlägen, wurde der schnelle Fahrplan diskret zurückgezogen.

Doch schlimmere Wolken brauten sich über den künftigen Schnelltriebzügen zusammen. Schwierigkeiten waren im Grunde genommen von Anfang an sicher durch die Forderung der Bundesregierung, die Konstruktion als Gruppenarbeit durchzuführen – einer Gruppe aus Pennsylvania-Leuten, Vertretern des Büros für Bodenschnellverkehr und beratenden Ingenieuren. Dann, ohne frische eigene Erfahrung in der Konstruktion elektrischen Hochleistungs-Eisenbahnmaterials versuchte die Gruppe unklugerweise über Nacht einen Sprung nach vorn zu einem Konzept, das hoffnungsvoll und stolz der japanischen Shinkansen-Technik entsprechen sollte. Viel zu wenige der Bestandteile des daraus entstandenen *Metroliner* waren vorher durch die wichtige Mühle praktischer Bewertung im rauhen Eisenbahnbetrieb gedreht worden. Vor allem war es bald offensichtlich, daß die *Metroliner* sinnlos überentwickelt waren; die Verbesserungen des Unterbaus, die der Haushaltsplan decken konnte, reichten nicht aus, um den *Metrolinern* die volle Leistung zu gestatten, selbst wenn diese störungsfrei zur Verfügung gestanden hätte.

Um 1965, als die Konstruktionsgruppe eingesetzt wurde, beugte die ganze Eisenbahnwelt die Knie vor Tokio und Osaka, und das Vorbild der Neuen Tokaido-Linie – das eine Pennsy-Delegation aus erster Hand studiert hatte – muß starken Einfluß ausgeübt haben auf die Wahl der Triebzuglösung für die *Metroliner*. Ein anderer Vorzug dieser Lösung war, daß die US-Gesetze bei einem Triebzug Einmannbesetzung erlaubten, doch nicht bei einem lokomotivbespannten Zug. Um die Masse der elektrischen Antriebsausrüstung zu verteilen und den Einbau weitestgehend unter Flur zu ermöglichen, sollte jeder Wagen angetrieben werden; und jeder sollte einen Führerstand haben für eine möglichst große Anpassungsfähigkeit der Zugzusammensetzung an die Betriebslage.

Das Lastenheft für die Konstruktion der *Metroliner* war schwindelerregend. Die geforderte Anfahrbeschleunigung war 0,443 m/s², um den Zug auf gerader und ebener Strecke in 2 Minuten oder weniger auf 200 km/h hochzuhetzen und auf 240 km/h in 3 Minuten oder weniger; die Höchstgeschwindigkeit sollte 160 mph (257 km/h) sein, und ein Zug sollte auf einer Steigung 1:100 150 mph (240 km/h) dauernd

halten können. Dynamische Bremsung wurde gefordert, die zusammen mit elektropneumatischer Scheibenbremse unterhalb 70 mph (113 km/h) einen Zug aus 160 mph (257 km/h) innerhalb 2360 m zum Stillstand bringen sollte. Um diesen Forderungen zu entsprechen, wurde jede Achse an jedem 25,9 m langen *Metroliner*-Wagen mit einem Fahrmotor mit 300 PS Dauerleistung versehen mit einer Stundenleistung von 640 PS bei 100 mph (160 km/h), so daß jeder Wagen im Zug einen Kurzzeitschwung von 2560 PS bekommen kann. Eine solche installierte Leistung war nie zuvor für ein US-Triebfahrzeug von ungefähr 75 t Gesamtgewicht geplant worden. Die Federung war eine Kombination von Schrauben- und Luftfedern.

Ein kompliziertes Bauteil, das in den sich lang hinziehenden Kinderkrankheiten der *Metroliner* besonders auffallen sollte, war die Wagenkupplung. Um schnelles Kuppeln und Abkuppeln der Wagen durch Fernsteuerung vom Führerstand aus zu ermöglichen, wurden in die festschließende Kupplung in Hakenbauweise mit flacher Stirnfläche an jedem Wagenende nicht weniger als 126 elektrische Kontakte und drei Luftleitungen eingebaut, die eine große Auswahl an Steuerungen und Übertragungen ermöglichen von der Türöffnung und den Leitungen für die Fahrschaltung bis zu Lautsprechern für die Fahrgäste und Nachrichtenübermittlung für das Personal.

Als er 1965 das Gesetz über den Bodenschnellverkehr unterzeichnete, hatte Präsident Johnson fröhlich den Start der 125-mph-(200-km/h)-Züge innerhalb etwa eines Jahres vorausgesagt. Am Ende dieses Jahres war dann das Zieldatum schon bis Oktober 1967 weitergerückt. Doch dann kam der Herbst 1968, und es gab noch keinen *Metroliner* im fahrplanmäßigen Verkehr. Wie ein republikanischer Senator dem Verkehrsminister bissig vortrug, hatte der Nordostkorridor noch nichts vorzuweisen als eine Flotte von Wagen, die nicht fahren und eine Herde möglicher Fahrgäste, die das Projekt nicht länger ernst nehmen.

Nachdem der ursprüngliche Vertrag für das Zweijahres-Demonstrationsprojekt im März 1968 rechtlich auslief, ohne daß ein zahlender Fahrgast befördert worden war, wurde eine gemeinsame Sonderkommission von Regierungs- und Eisenbahnindustrieleuten beauftragt, die Gründe festzustellen, warum die von Fehlschlägen heimgesuchten *Metroliner* nicht imstande waren, den fahrplanmäßigen Betrieb aufzunehmen. Die schlimmsten Störungen waren Versagen der Fahrschaltung und des Bremssystems – in der Tat wollten weder Regierung noch Bahn die Lieferung von Wagen mit der originalen dynamischen Westinghouse-Bremse gestatten, da diese nicht dem Lastenheft entsprach. Dann gab es auch etliches unerbauliches Gerangel zwi-

Oben links: Ein „Metroliner" im Penn-Central-Anstrich brummt den Nordost-Korridor entlang.

Oben: „Das Äußerste an Luxus im Bodenverkehr", behauptete die Penn-Central auf diesem Werbefoto der Pullman-Einrichtung mit verstellbaren Armsesseln im Metroclub-Teil eines Metroliners.

stündlichen Schnellverbindung New York – Washington, die in dem Demonstrationsprojekt angekündet worden war. Es schien noch nicht begonnen zu haben. Doch als die von GE ausgerüsteten Wagen in den Betrieb tröpfelten, konnte niemand sagen, wann die von Westinghouse ausgerüsteten Wagen abgenommen würden, um die 61-Wagen-Flotte zu vervollständigen. Ein Senatskomitee tadelte das Verkehrsministerium, in der wirksamen Überwachung des Projekts versagt zu haben; trotz der späten Stunde und dem möglichen Gesichtsverlust wurde das Ministerium beauftragt, Rat einzuholen von überseeischen Eisenbahnverwaltungen, die sich auf dem Gebiet der Schnellfahrt einfach besser auskannten.

Doch die Verbindungen, die 1969 angeboten wurden, wurden vom Publikum sofort angenommen. Prominente aus Washington, wie Senator Edward Kennedy und dessen Frau Joan, setzten sich dafür ein, und bald kehrten genügend Leute dem Pendelverkehr New York – Washington der Eastern Airlines den Rücken, um eine Auslastung von 75 % oder so im Jahr 1969 zu schaffen. Die vorgefertigte Verpflegung der Servierwagen für die Touristenklasse und des *Metroclubwagens* für die Pullman-Klasse verstimmte einige Leute, die mit nostalgischer Sehnsucht den teuren (und in der Regel katastrophal unwirtschaftlichen) Speisewagenmenüs von einst nachtrauerten, doch die meisten schätzten den Sitzkomfort. Und zum ersten Mal seit Jahren fuhren Amerikaner wieder mit 100 mph (160 km/h) und mehr auf Schienen. Die allgemeine Spitzengeschwindigkeit in dem Gebiet war 115 mph (185 km/h), doch obwohl die Steuerung der *Metroliner* bei 125 mph (200 km/h) abschalten sollte, behaupten einige, sie hätten 140 mph (225 km/h) erreicht. Unglaublich: Der Führerstand war bei dieser Geschwindigkeit frei zugänglich für Fahrgäste und neugieriges Zugpersonal. Schrieb ein Fahrgast: „Ich folgte einfach dem Trupp, ging durch die Schiebetür und sah dem Führer über die Schulter. Was ist das für ein Prinzip? Selbst zu Straßenbahnzeiten durfte man nicht mit dem Fahrer sprechen. Ich denke, ich werde zum Piloten reingehen, wenn ich das nächste Mal an Bord einer 727 bin."

1971 erlaubten die verfügbaren Wagen täglich sieben Züge in jeder Richtung, und das Verkehrsministerium war bereit zu der Erklärung, die Demonstration habe offiziell begonnen. Die Notwendigkeit, den Eisenbahn-Parkplatz am Capital Beltway im Außenbereich von Washington zu bedienen, und Beschwerden aus Baltimore und Philadelphia hatten nun die Einstellung der Ohnehaltfahrt New York – Washington bewirkt. Alle *Metroliner* nordwärts hatten einen Fahrplan von 2 Std. 59 Min. mit 5 Halten, und die beste Fahrzeit südwärts war 2 Std. 50 Min., doch die Fahrzeiten in Zwischenabschnitten konnten damals den Anspruch erheben, zu den schnellsten der Welt zu gehören. Alle sieben Züge mußten 68,4 Meilen (110 km) von Baltimore nach Wilmington in 43 Min. zurücklegen, Durchschnitt 95,4 mph (153,3 km/h), und fünf dieselbe Entfernung in der umgekehrten Richtung in 1 Minute mehr, Durchschnitt 93,3 mph (150 km/h).

Doch was ist inzwischen aus dem andern Teil des Nordostkorridor-Demonstrationsprojekts geworden, von New York nach Boston? Um den Hintergrund hierfür zu skizzieren, müssen wir zeitlich zurückgehen auf Entwicklungen jenseits des 49. Breitengrades in Kanada.

In den fünfziger und sechziger Jahren war die kanadische Haltung gegenüber dem Intercity-Reiseverkehr gekennzeichnet durch eine bemerkenswerte Umkehr der Rollen zwischen den beiden großen Bahnen des Landes. Mitte der fünfziger Jahre schien die private Canadian Pacific einiges Vertrauen in die Zukunft dieses Verkehrs zu haben, was man aus der Höhe der Investitionen für dessen Rollmaterial schließen kann, während die der Bundesregierung gehörende Canadian National den US-Pessimismus nachbetete, daß der Abzug der Fahrgäste zu Straße und Luftfahrt nicht mehr aufzuhalten sei. Die Ansicht der CN spiegelte Anfang 1961 der von der Regierung angeforderte Bericht einer Königlichen Verkehrskommission wider, bekannt als die McPherson-Kommission nach ihrem Vorsitzenden, der die ernste Besorgnis ausdrückt, die Frachtkunden müßten durch überhöhte Tarife die Verluste des Reiseverkehrs bezahlen. Er empfahl, durch Verluste belastete Verbindungen, die für das öffentliche Wohl wichtig erschienen, zu subventionieren, doch in ständig verringertem Maß, damit schließlich der kanadische Eisenbahnreiseverkehr auf ein unverzichtbares Minimum zusammenschrumpft. Zwischen 1960 und 1963 schränkte die CN in der Tat ihre jährlichen Reisezugmeilen und ihren Reisezugpark um rund ein Viertel ein.

schen den Hauptdarstellern: Zum Beispiel lastete der Erbauer der *Metroliner*-Wagen, Budd, die Verzögerung des Starts den angeblich unbefriedigenden Fahrmotoren und der Fahrschaltung an und damit den Firmen, die sich diesen Teil des Liefervertrages teilten, General Electric und Westinghouse. Beide schlugen prompt zurück mit dem Gegenvorwurf, daß ihr Vertrag die Ausrüstung von Wagen verlange, die 20 % leichter sind, als Budd sie hatte bauen können.

Die dreiteilige Sonderkommission flüchtete sich in eine allgemeine Rechtfertigung, die Projektleitung sei „übertrieben optimistisch gewesen in bezug auf die Erfordernisse der Planung und Terminierung eines Projektes dieser Größe und Vielfalt." Doch sie beteuerte, die verbleibenden Hauptprobleme der Anfälligkeit elektronischer Bauteile, Radüberhitzung durch die Druckluftbremse, Stromabnehmerspringen bei Schnellfahrt und schlechte Laufeigenschaften seien bald entwirrt, und die Züge würden Ende 1968 fahren.

Tatsächlich begannen sie Anfang 1969 in den Verkehr zu schleichen, als die von GE ausgerüsteten Wagen nach und nach dienstbereit befunden wurden. Im Januar begann ein Sechswagenzug mit einer einzigen Hin- und Rückfahrt New York – Washington mit einer Fahrzeit von 1 Min. unter 3 Std. mit sechs Zwischenhalten. Eine zweite folgte im Februar und eine dritte im April, die letzte entsprach etwa der ursprünglichen Planung: New York – Washington in jeder Richtung 2½ Std. ohne Halt, Durchschnitt 89,8 mph (144,5 km/h) für die 224,6 Meilen (361,4 km). Und im März, bei einer privaten Versuchsfahrt, wurde ein *Metroliner* zwischen Trenton und New Brunswick, NJ. auf 165 mph (262,5 km/h) hochgekitzelt, über einen Abschnitt der jetzigen Penn-Central-Hauptstrecke (der Zusammenschluß der Pennsylvania und New York Central hatte kurz vor dem Start der *Metroliner* stattgefunden), dessen Stromversorgungsanlagen besonders verstärkt worden waren. Doch all das war noch weit entfernt von der

Dann plötzlich tauschten die CN und die CP die Rollen. Der Präsident der CP, Norman Crump, erklärte 1965 frei heraus, er sähe keine Zukunft für den Reiseverkehr, während der Präsident der CN, Donald Gordon, den Fahrgast begrüßte als „kostbarste und verderblichste Ware, die die Eisenbahn befördert". Die Reiseverkehrsleitung der CN war umorganisiert worden und widmete sich eifrig einer neuen marktorientierten Strategie.

Für das Auge wurde die geänderte Haltung der CN dargestellt durch einen neuen Stil in der Aufmachung jeder Dienstleistung der CN unter einem auffallenden Markenzeichen – dem „ausgelassenen Bandwurm" für Konservative, doch war das Zeichen als Sieger aus einem internationalen Preisausschreiben hervorgegangen. Lokomotiven und Wagen bekamen einen neuen Anstrich und die Beamten eine neue Uniform; das Propagandamaterial wurde neu belebt; der Schulung des Personals im Umgang mit den Kunden wurde größer Wert beigemessen. Etliche 700 Intercity-Wagen wurden innen aufpoliert und 174 hochwertige Fernzugwagen, wie die Ex-Milwaukee-"Hiawatha"-Aussichtskuppelwagen, von US-Bahnen gekauft oder angemietet, die sie abgestellt hatten bei der Verringerung des Reiseverkehrs. Und die Fahrgasttarife wurden in einem „Rot-Weiß-Blau-Plan" neu geschrieben, der stark ermäßigte Preise vorsah für Fahrten außerhalb der Stoßzeiten, als Anreiz, außerhalb der Saison leere Sitzplätze zu besetzen.

Als alle Vorbereitungen fertig waren, zog sich die CN im Herbst 1965 aus der Vereinbarung mit der CP von Mitte der dreißiger Jahre zurück, alle Verkehrsleistungen und Einnahmen für die Kernstrecke Montreal – Toronto zusammenzuwerfen. Der Ärger der CP über diese Maßnahme wurde größer, als die CN am 1. November desselben Jahres ihre Verbindung Montreal – Toronto mächtig verstärkte und beschleunigte, mit 4 Zügen täglich in jeder Richtung plus einem fünften in Stoßzeiten. Mit der Erhöhung der erlaubten Geschwindigkeit von 83 auf 90 mph (133 auf 145 km/h) schnitt der schnellste dieser Expreßzüge, der „Rapido" 1 Std. 16 Min. von der vorherigen Bestzeit ab und machte die 335,3 Meilen (540 km) in 1 Minute unter 5 Std., mit zwei Zwischenhalten für Mannschaftswechsel. Seine knappste Durchfahrzeit war 87 Minuten für die 115,3 Meilen (185,7 km) von Dorval im Außenbereich von Montreal nach Brockville, mit einem Durchschnitt von 79,5 mph (128 km/h). Nicht lange danach veranlaßte die Nachfrage die CN, die „Rapido"-Verbindung zu verdoppeln.

Die Geschwindigkeit war jedoch nicht das einzige neue Kennzeichen der CN-Dienstleistungen. Die CN-Reiseverkehrsabteilung garnierte sie mit Werbegags, von kostenlosem Kaffee, Möglichkeiten der Betreuung von Kindern, Stereomusik über die Lautsprecheranlage bis zu Bingospielen im Speisewagen nach den Mahlzeiten, und im Abend-„Rapido" gab es etwas Ausgefallenes, was in den Werbeblättern beschrieben wurde als „ein fröhlicher Bistro-Wagen des 19. Jahrhunderts, mit echten messingenen Gaslichtarmaturen, Drucken und Plakaten der Zeit, Kellnern in blanken gelben Westen und einem Jazz-Pianisten."

Im Jahr 1966 hatte die CN ihre Fahrgastzahlen gegenüber 1961 um etwa 39% erhöht, und die durchschnittliche Reiselänge war fast ebenso gestiegen. Doch ach, die Zeit sollte den Zweiflern Recht geben, die aufzeigten, daß als Folge der ermäßigten Tarife die Einnahmen aus dem vermehrten Verkehr eine lange Zeit brauchten, bis sie die Ausgaben einholten, doch in diesen berauschenden Mittsechzigern erwartete die CN euphorisch, daß sie die Lücke in den frühen Siebzigern schließen könne. Dafür allerdings war höhere Geschwindigkeit nötig. Es hieß, Marktuntersuchungen hätten gezeigt, daß das die einzige wesentliche Eigenschaft sei, die viele Fahrgäste an der Luftverbindung Montreal – Toronto festhalten ließ; wenn die Zeiten von Stadtmitte zu Stadtmitte konkurrenzfähig seien, wären diese Leute

Links: *Ein „Rapido" der Canadian National bei Cedars, Quebec im Mai 1975* (Kenneth A. W. Gansel).

139

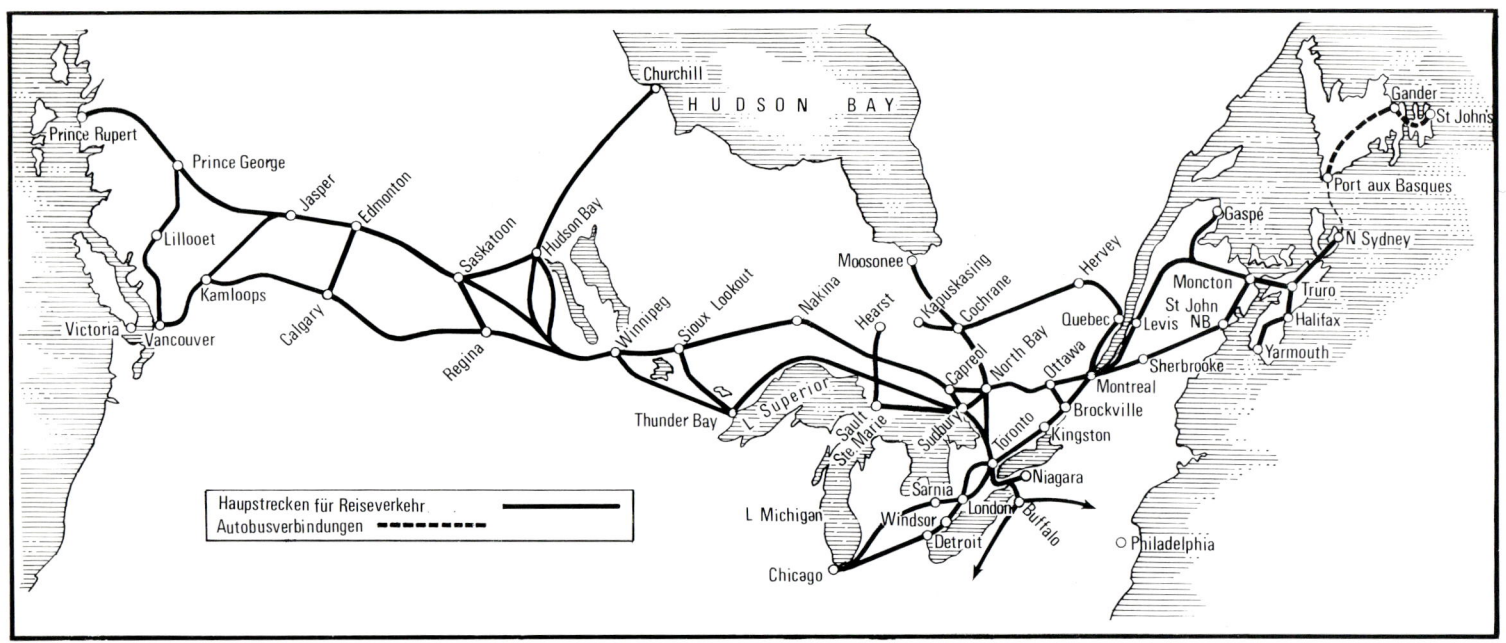

Rechts: *Dieser Aussichtswagen der Milwaukee gehört zu den abgestellten US-Stromlinienwagen, die die Canadian National übernommen hat: Er fuhr zwischen Halifax und Montreal* (Canadian National).

Unten rechts: *Ein UAC-Turbo-train im ursprünglichen Anstrich der Canadian National bei der Ausfahrt aus Montreal* (Canadian National).

gerne bereit, mehr für eine Zugfahrt zu bezahlen, die in so vieler Hinsicht vorteilhafter sei.

Da 13,5 % der Strecke Montreal – Toronto in Kurven liegen, manche davon sehr scharf, schreckte die CN verständlicherweise vor den Kosten zurück für den Versuch, mit herkömmlichem Rollmaterial wesentlich höhere Geschwindigkeiten zu erreichen. Glücklicherweise, so schien es damals, wartete eine unkonventionelle Lösung nur auf das Stichwort.

Bei dem Bemühen, ihre Ausgaben zu verringern, sind verschiedene nordamerikanische Flugzeugbauer durch Lyndon Johnsons Programm für den Bodenschnellverkehr veranlaßt worden, sich mit der Verwendung ihrer Technik bei Landfahrzeugen zu befassen. Einer davon war die United Aircraft Corporation, die einen turbinengetriebenen Triebzug bei einem Konstruktionswettbewerb eingereicht hatte, dessen Aufbau von der Technik des Flugzeuggerippes abgeleitet war. Dieser Wettbewerb war als Folge dieses Gesetzes durch das US-Handelsministerium veranstaltet worden. Dieses Konzept bot die United Aircraft jetzt der Canadian National an.

Der Entwurf des UAC-Triebzugs basierte auf der Voraussetzung, daß der wirtschaftliche Weg zur Gewinnung von Geschwindigkeit die Verringerung der Widerstände sei: Zusätzliche Leistung sollte nur verwendet werden zum Ausgleich dessen, was die Aerodynamik nicht erreichen konnte. Wichtigste Punkte waren daher die Verringerung des Gewichts, des Luftwiderstands und des mechanischen Widerstands, dazu ein niedriger Schwerpunkt und Pendelaufhängung, durch die man durch Kurven so viel Tempo gewinnt, daß man auf gerader Strecke nicht übertrieben schnell fahren muß. Von einem Dreiwagenzug aus Turbofahrzeugen wurde berichtet, daß er mit 140 mph (225 km/h) mit vernünftiger Laufruhe durch eine Kurve gefahren sei, bei der herkömmliches Material auf 79 mph (127 km/h) beschränkt war; auf einem ebenen Gleis mit Stößen war er mit 157 mph (253 km/h) gefahren worden; auf geradem durchgehend geschweißtem Gleis mit 171 mph (275 km/h).

Die Turbozug-Ausführung, die durch die CN gewählt wurde, war ein Siebenwagenzug, dessen Antrieb in 2 zweiachsige Drehgestelle zusammengefaßt war, eines an jedem Ende des Zuges, und der Rest des Triebzugs in Gelenkbauart über eine Einachsverbindung zwischen den Wagen (eine kurz gekuppelte Anordnung, die praktischerweise

Links: *Nahaufnahme des Einzelachs-Gelenks eines UAC-Turbo-train* (P. J. Howard).

Unten: *Mahlzeiten auf Tabletts im Turboclub-Teil eines Turbo-train der* Canadian National (Canadian National).

besondere Wagenübergänge überflüssig machte). Jedes Einzelachsgestell wurde geführt durch Teleskoparme, die eigentlich kugelgelagerte Schraubenantriebe waren; diese mußten das Gestell so einstellen, daß es in der Kurve theoretisch in der Winkelhalbierenden zwischen den benachbarten Wagen liegt. Um sauberen Lauf sicherzustellen und das Galoppieren zu verhindern, waren die Enden der Betätigungsarme an den Wagenkasten mit federnden Gummielementen angelenkt. Besonders kompliziert war die Federung der recht ungewöhnlichen Antriebsdrehgestelle mit innen gelagerten Achsen, deren Antrieb durch eine Gruppe sehr kompakter, von der UAC abgewandelter 400-PS-Pratt & Whitney-ST-6B-Turbinen in jedem Antriebswagen ein verzwicktes Gewebe mechanischer Kupplungen und Wellen war. Die Dächer der Gelenkbeiwagen mit niedrigem Schwerpunkt waren auf 3,35 m Höhe, 0,765 m niedriger als bei herkömmlichen Wagen ohne Verlust an Kopfhöhe im Innern. Die Kuppeln der Antriebswagen, deren Dächer auf 3,96 m über Schienenhöhe liegen, hatten vorne den Führerstand, enthielten aber zum größten Teil Fahrgastraum; ein kleiner Salon mit Drehsesseln für die 1.-Klasse-„Turboclub"-Kunden an einem Ende das Triebzugs, ein weniger geräumiger mit festen Sitzen und Tischen für „Turboluxe"-Kunden am andern. Eine Glaswand zwischen Kuppelsalon und Führerstand gab Aussicht auf das Fahrpult und die sich entfaltende Strecke voraus. „Turboclub"-Fahrgäste wurden von Hostessen mit Mahlzeiten an ihren Plätzen verwöhnt; für den Rest gab es Selbstbedienung an einer „Turboluxe"-Kaffeetheke.

Die Gewichtsersparnis der Wagenkastenkonstruktion des Turbozugs aus Aluminium, verstärkt durch Stahlrohre, war sicherlich bemerkenswert. Gegenüber 13 Wagen des herkömmlichen „Rapido"-Parks hatte ein Doppel-Turbozug aus 14 Wagen Platz für nur 36 Fahrgäste weniger, 604 gegen 640, doch mit 317,5 t hatte der Turbo nur 30,4% des Gewichtes eines „Rapido"-Zuges einschließlich Antrieb!

UAC baute 5 Siebenwagen-Turbozüge für die CN auf eigene Rechnung und vermietete sie an die CN auf acht Jahre. Nach diesem Vertrag übernahm die UAC auch die Unterhaltung in den ersten fünf Jahren und gab der CN die Option, für die folgenden drei und dann zwei Jahre den Vertrag zu verlängern. Für diese großzügigen Bestimmungen, zweifellos durch das Bemühen veranlaßt, auf dem Erdboden in das wiedererstandene Eisenbahn-Schnellfahrtgeschäft einzusteigen, mußte die UAC gewaltig zahlen.

CN hatte einen ansehnlichen Betrag ausgegeben für Streckenverstärkungen und Änderungen der Kurvenüberhöhung – in bescheidenem Maße sogar neue Streckenführung –, bevor der fahrplanmäßige Verkehr der Turbozüge am 12. Dezember 1968 startete. Trotzdem mußten die Neulinge auf eine Spitze von 95 mph (153 km/h) statt ihrer Leistungsfähigkeit für 120 mph (193 km/h) begrenzt werden, aus Ehrerbietung für die etwa 240 öffentlichen Straßenübergänge und 700 Feldweg- und Privatübergänge. Trotzdem beeindruckten die Fahreigenschaften die Journalisten nicht auf einer einleitenden Pressefahrt. Ein US-Berichterstatter war arg an die erfolglosen US-Versuche Mitte der Fünfziger mit Leichtbau erinnert. „Das Schienengeräusch übersteigt das bei Regelmaterial", schrieb er und beklagte sich, daß „das Springen der Räder über die Schienenstöße stark vernehmbar ist." Betreffs des raffinierten Fahrwerks fand er, daß Kurven „ein großes Problem sind... Die vielen übergeschwappten Kaffeetassen bezeugten die rauhen Fahreigenschaften. Die Einzelachs-Gelenkbauweise führt durch Kurven praktisch in einer Reihe von kurzen Rucken statt des sanften Gleitens, das in den Pressemitteilungen versprochen wurde."

Die Turbozüge hatten schon ihr geplantes Eröffnungsdatum im Sommer 1967 verstreichen lassen, jetzt fiel dieser Tag mit Kanadas Jahrhundertfeier zusammen, als sie schließlich die ersten CN-Fahrgäste im Winter 1969 aufnahmen. Doch bald war es schmählich klar, daß selbst dieser Aufschub nicht groß genug gewesen war, um alle Entwicklungsprobleme zu lösen.

Der Eröffnungsfahrplan der Turbozüge war mächtig attraktiv: Fast 1 Std. war von der Fahrzeit Montreal – Toronto abgewickt, um sie auf glatte 4 Std. zu beschneiden für einen Reisedurchschnitt von 83,3 mph (134,8 km/h). Und er bot werktags einen Siebenwagenzug mittags und abends in jeder Richtung an, doch sobald das neue Rollmaterial ganz zur Verfügung stünde, wollte die CN zwei 14-Wagen-Doppeltriebzüge dreimal am Tag einsetzen mit einer Tagesleistung von 1000 Meilen (1600 km) je Zug und mit einem Siebenwagenzug als Reserve. Eine zu kühne Hoffnung, wie bald durchsickerte.

Innerhalb weniger Wochen nach ihrem Start wurden die Turbozüge so andauernd durch Störungen gelähmt, die hauptsächlich an ihren Hilfseinrichtungen auftraten und die Züge in ungeheiztes Dunkel tauchten, daß die CN sie aus dem Verkehr zog und zur UAC zur Reparatur schickte. Für den Rest des Jahres 1969 gab es keinen Turboverkehr. Schließlich nahmen die Züge im Mai 1970 wieder den Betrieb auf, doch abermals fand die CN sie störungsanfällig, und Mitte Februar 1971 wurden alle fünf Triebzüge wieder abgestellt.

Jetzt wurde die UAC ärgerlich, die jede von der CN verlangte Änderung bezahlen mußte. Es gab nämlich bei weitem nicht den gleichen Ärger mit den zwei Dreiwagenzügen, die sie für einen Versuchsbetrieb

Unten: Ein Turbo-train bei der Ausfahrt aus dem Union-Bahnhof von Ottawa nach Montreal an einem Vormittag im Oktober 1974. Nach einem schwerwiegenden Brand im Mai 1979 in einem dieser kanadischen Triebzüge sind nur noch zwei in Betrieb. Die zwei US-Dreiwagen-Turbo-trains der gleichen Konstruktion hat Amtrak außer Dienst gestellt (P. J. Howard).

Unten rechts: Die (durch Rohr Industries) in Amerika gebaute Ausführung der Amtrak des RTG-Gasturbinen-Triebzugs der französischen Eisenbahnen (Amtrak).

an das US-Handelsministerium geliefert hatte und die seit Frühjahr 1969 zwischen New York und Boston im fahrplanmäßigen Demonstrationsbetrieb standen (allerdings nicht allzu genau nach Fahrplan). Die Flugzeugleute hatten die CN mehr und mehr im Verdacht, daß sie ihre Triebzüge jedesmal von der Strecke nahm, wenn ein Scharnier quietschte oder eine Maschine hustete. Und das äußerten sie öffentlich. Worauf ein CN-Vizepräsident sehr entschieden entgegnete, daß „die Züge niemals dem ursprünglichen Vertrag entsprochen hätten, und es immer noch nicht täten!"

Wie bei den *Metrolinern,* doch hier wahrscheinlich noch mehr, lag die Wurzel aller Probleme in der Unerfahrenheit mit dem rauhen Eisenbahnbetrieb. Eine Menge Erfindungsgabe und abgeleitete Technik war in die Turbozüge gesteckt worden ohne ausgedehnte praktische Entwicklung unter Eisenbahnbedingungen; von der Kraftübertragung zur Federung und den Hilfseinrichtungen schienen allzu viel lebenswichtige Bestandteile direkt vom Zeichenbrett in die Serienfertigung geschleust worden zu sein.

Schließlich, nach einigen grundlegenden Änderungen an den Getrieben und der Pendelaufhängung sowie einer Verstärkung der Schallisolierung, war die CN besänftigt, und ihre Turbozüge nahmen 1974 ihren von da an störungsfreien Betrieb auf. Doch die Fahrpläne, nach denen sie nun fuhren, waren beträchtlich schlechter als die Versprechungen der sechziger Jahre – der beste 4½ Std. zwischen Montreal und Toronto mit drei Zwischenhalten, die schnellste Zwischenfahrzeit von Halt zu Halt 102 Min. für die 145,2 Meilen (232 km) von Kingston nach Guildwood, Durchschnitt 85,4 mph (137,4 km/h).

Bei den zwei Turbozügen in den USA veranlaßte die freundliche Aufnahme durch das Publikum das Verkehrsministerium, sie weiter auf der Strecke New York – Boston zu behalten, und zwar über den ursprünglichen Endtermin Oktober 1970 für das Demonstrationsprojekt hinaus. Doch danach dachte niemand mehr daran, den Turbinenantrieb in seine Vision einer allumfassenden Wiederbelebung des US-Intercity-Schienenschnellverkehrs aufzunehmen. Obwohl die französischen *Turboliner,* die 1973 importiert worden waren, dann 1975–76 vermehrt wurden durch eine Kombination weiterer Bestellungen in Frankreich und heimischen Bau nach Lizenz, durch ihre Zuverlässigkeit beeindruckten, hatte die Explosion der Brennstoffkosten nach dem arabisch-israelischen Krieg von 1973 über Nacht einen der größten Vorzüge des Gasturbinenantriebs zerstört, die Ersparnis bei den Brennstoffkosten.

Inzwischen waren die *Metroliner* und Turbozüge in den USA unter neuer Leitung. Durch die echte Gefahr des Eingehens der Intercity-Reisezüge wurde die öffentliche Meinung genügend mobilisiert, um ein- oder zweimal ein Zittern in Washington auszulösen. Nach zweijährigen Verhandlungen im Kongreß und Verschleppung durch mächtige Gruppierungen innerhalb der Nixon-Regierung wurde schließlich durch das Gesetz über den Schienenreiseverkehr vom 30. Oktober 1971 eine vom Bund finanzierte Übernahme aller Intercity-Schienenverbindungen durch eine halbstaatliche Betriebsbehörde auf einem bewährten Schienennetz befohlen. So war Amtrak geboren.

Eine ganze Weile erklärte die Amtrak-Leitung, sie wisse nicht recht, ob es ihre Aufgabe sei, einen Dauertropf über den Reisezug zu hängen oder ob sie auf eine grundlegende Operation zugehen solle. Doch von 1972 an setzte sie auf aktive Neuentwicklung; und für ihre Aufmerksamkeit stand der Nordostkorridor schon als erster Kandidat bereit, aus dem Amtrak mehr als die Hälfte seines Einkommens zog, insbesondere aus den *Metrolinern* New York – Washington.

Die ganze Flotte war jetzt verfügbar – wenigstens theoretisch: Es wurde berichtet, daß die Verfügbarkeit nicht höher als 75% war; Störungen an den Fahrzeugen während des Betriebs kamen im Durchschnitt so alle 5000–6500 km vor, und die Unterhaltungskosten beliefen sich auf wuchtige 77 US-Cents je Wagenmeile. Trotz solcher Alpträume hatten die *Metroliner* eine solide und im allgemeinen begeisterte Kundschaft aufgebaut, auch wenn es schien, als führen die Züge auf einem anderen Stern, nach dem zu schließen, was die große Mehrheit der Geschäftsreisenden zwischen New York und Washington von dem Betrieb zu wissen schien (die totale Unkenntnis über die *Metroliner* unter fast allen Journalisten, mit denen ich Mitte der Siebziger in New York zu tun hatte, hat mich immer wieder erstaunt). So wurde die Verbindung auf 14 Züge täglich in jeder Richtung ausgedehnt.

Darüber hinaus hatte das Verkehrsministerium gezeigt, daß die Wagen verbesserungsfähig waren. 1973 hatte sie die Rückkehr von zwei Wagen je Typ zu ihren Ausrüstern bezahlt, General Electric bzw. Westinghouse, für eine Liste von fast 100 Änderungen. Die vier Umbauten, erkennbar an neuen Auswüchsen auf dem Dach, welche Lüfter der dynamischen Bremse und Lufteinlässe enthalten, die ursprünglich unter Flur eingebaut waren (mit daraus folgender Überhitzung), wurden der Presse im Juli 1974 vorgestellt auf einem 22 Meilen (35 km) langen Versuchsabschnitt der Penn-Central-Hauptstrecke in New Jersey zwischen Trenton und New Brunswick. Wenn auch der Lauf noch nicht ganz glücklich machte, so arbeitete die übrige Ausrüstung doch tadellos. Abbremsen von 125 mph (200 km/h) war so sanft und schnell, wie es das Lastenheft vorschrieb, und die Wagen machten keinen Kummer mehr bei der Spitzengeschwindigkeit von 152 mph (245 km/h).

Die einzige Wolke am Himmel war die Rechnung. Die Herstellungskosten eines Metroliner-Wagens betrugen 450000 Dollar; dagegen summierte sich das Aufpolieren auf 550000 Dollar. Die Fahrzeuge hatten schon mehr als die Hälfte eines Lebens an der Front hinter sich, das auf wenig mehr als ein Jahrzehnt angesetzt wurde wegen ihres intensiven Gebrauchs; kann diese enorme Ausgabe für den Umbau der ganzen Flotte so spät am Tag noch gerechtfertigt werden?

Abgesehen davon gab es die 64000-Dollar-Frage, wie lange die Schienen New York – Washington dieser Schnellfahrbelastung noch standhalten könnten. Die *Metroliner* waren bei weitem die Minderheit der Benutzer, denn von den fast 1000 Zügen, die täglich die Schienen des Nordwestkorridors befuhren, waren ²/₃ Vorortzüge, fast 200 Güterzüge und ganze 100 Amtrak-Fahrten. Als Folge ihres offiziellen Bankrotts 1970 war die Penn-Central noch mehr angebunden in bezug auf das Bargeld, um ihre Strecken in Ordnung zu halten, und nach etwa einem Jahr mußte den *Metrolinern* 100 mph (160 km/h) Höchstgeschwindigkeit auferlegt werden, was eine Fahrplanverschlechterung erzwang und die Pünktlichkeit recht ernsthaft beeinträchtigte.

Amtrak hatte immer einen durchgehenden Umbau des Nordostkorridors gefordert in eine Superschnellbahn der 150-mph-(240-km/h)-Klasse. Doch Mitte der Siebziger waren die voraussichtlichen Kosten so astronomisch, daß dieses Ansinnen kaum eine Chance auf Genehmigung hatte – noch weniger bei einer Ford-Regierung unter einem Verkehrsminister, der dem Amtrak-Konzept feindlich gesinnt war: Für ihn war z. B. subventionierter Reiseverkehr außer in den dichtbesiedelten Korridoren so etwas wie die Aufrechterhaltung eines abwegigen Reservats: „Früher hatte das mal einen ordentlichen Sinn, doch auf einmal wird es etwas verrückt…"

Eine Wiederaufnahme der Nordostkorridor-Angelegenheit in irgendeiner Weise wurde unausweichlich als Folge der wie ein Buschfeuer um sich greifenden Bankrotte fast aller großer Bahnen im Nordosten Anfang der siebziger Jahre. Um die Lage zu retten, entstand eine weitere halbamtliche Behörde, die Consolidated Rail Corporation (Konsolidierte Eisenbahn-Körperschaft) oder kurz Conrail, die ins Leben gerufen wurde durch den Railway Revitalisation and Regulatory Reform Act (Gesetz zur Wiederbelebung und regulierenden Reform der Eisenbahn), das sogenannte „4R-Gesetz", von 1975. Sie erhielt den Auftrag, das gewaltig aufgeblähte Schienennetz auf einen vernünftigen, wirtschaftlich vertretbaren Kern zu rationalisieren.

Die Initiatoren des „4R-Gesetzes" lösten das Dilemma des Nordostkorridors, indem sie eine Umkehr der Rollen vorschlugen. Amtrak solle die Strecke mit Stumpf und Stiel kaufen, die Betriebsleitung übernehmen, und die Strecke vermieten für die Güterzüge von Conrail und die Züge des Vorortverkehrs der verschiedenen örtlichen Verkehrsbetriebe. Die Ford-Regierung kämpfte verbissen gegen diesen Gedanken und für die Erhaltung von Conrail als Grundbesitzer, doch schließlich bekam Amtrak solch heftige Unterstützung im Kongreß, daß das Weiße Haus nachgeben mußte. So wurden die Strecke, 107 Bahnhöfe und ein Sortiment von Instandhaltungseinrichtungen der Amtrak zugeschlagen zu einem Gesamtpreis von etwa 90 Millionen Dollar, zum großen Schmerz der Gläubiger und Aktionäre der Penn-Central, die aufheulten, diese Zahl sei eine fürchterliche Unterbewertung des Vermögens.

Die Ford-Regierung weigerte sich glatt, einen Umbau des Nordostkorridors zur Superbahn zu billigen. Doch sie bewilligte einen Zuschuß von zusätzlich 1,62 Milliarden Dollar, von denen 10% von den Staaten entlang der Strecke zu berappen waren, um die ganze Strecke Boston – New York – Washington für 125 mph (200 km/h) aufzuwerten. Zugerechnet zu dem schon gewährten Geld, füllte das die Kasse von Amtrak auf 2,97 Milliarden Dollar für die Modernisierung des Korridors.

Die Arbeit begann 1977. Über 1000 Streckenmeilen werden neu verlegt, um die jahrelang vernachlässigte Unterhaltung wieder wettzumachen (zum Entsetzen der US-Holzschwellenindustrie stellt die Neuverlegung den ersten größeren Einbau von Betonschwellen in Nordamerika dar), und 50 Kurven werden ganz neu trassiert. Von den 855 Brücken entlang der Strecke brauchen 770 ganz besondere Beachtung; 150 vor 1895 gebaute müssen völlig ersetzt werden, und die Hälfte der übrigen, die nach 1895 gebaut wurden, muß verstärkt werden. Bei vier Tunneln in New York und Baltimore, deren Unterhaltung übel vernachlässigt worden war, kommt man um einen Umbau nicht herum, da ihr Lichtraum vergrößert werden muß für das 25-kV-60-Hz-Wechselstromsystem, welches allgemein die alten 11 kV 25 Hz der Pennsylvania ersetzen soll, bei vollständiger Modernisierung der Fahrleitungen und der Stromversorgung. Doch zwischen New York und New Haven hat der hauptsächlichste Benutzer, die New York Metropolitan Transport Authority durchgesetzt, daß ihre Vorortzüge das 12,5-kV-60-Hz-Fahrstromsystem beibehalten kön-

nen. Das zwingt Amtrak zur teuren Ausrüstung ihres Rollmaterials für drei Stromsysteme, da es auch passen muß für die Reste des alten 11-kV-Netzes für den Fall, daß Notfälle eine Umleitung von Amtrak-Zügen fordern. Der restliche Abschnitt der Korridorstrecke von New Haven nach Boston wird jetzt zum ersten Mal elektrifiziert.

Ein weiterer Schlag für das Projekt war die Weigerung aller betroffenen Staaten außer Massachusetts, ihren finanziellen Beitrag zu berappen, der umfassende Bahnhofsverbesserungen und fortlaufende Einzäunung der Strecke unterstützen sollte; als Folge werden wohl viele Bahnhofsmodernisierungen gestrichen werden. Der andere große Brocken des Umbaus ist eine umfassende Änderung des Signalsystems, um die ganze Strecke von nur drei Zentralen aus zu steuern. Das Endziel soll sein: eine Reisezeit New York – Washington von 2 Std. 40 Min. einschließlich Zwischenhalten und von 3 Std. 40 Min. von New York nach Boston, ebenfalls einschließlich Halten. Gemessen an dem Aufwand klingt das nicht nach einem besonders aufregenden Fortschritt gegenüber dem besten Plan von 1977 von 1 Min. unter 3 Std. für New York – Washington. Geplante Zugdichten sind: 19 Züge in Stundenabstand in jeder Richtung zwischen Boston und New York, mit vier diesem Fahrplan überlagerten Nahzügen in jeder Richtung zwischen Springfield und New York; nicht weniger als 65 Züge in jeder Richtung zwischen New York und Philadelphia, im Abstand von nur 17 Min. während der Stoßzeiten; und 53 täglich in jeder Richtung zwischen Philadelphia und Washington, mit Abständen von 22 Min. während der Stoßzeiten. Dazu sind sechs Nachtzüge in jeder Richtung geplant. Für 1990 wird erwartet, daß die Fahrgastbeförderungsfälle jeder Art im Nordostkorridor 131 Millionen im Jahr erreichen, verglichen mit 80 Millionen Mitte der Siebziger. Das kommerzielle Ziel, das der wiederbelebten Eisenbahn gesetzt wurde, ist eine beinahe Verdreifachung ihrer jetzigen Transportleistung bis 1990, was ihren Marktanteil auf 20% anwachsen ließe gegenüber heute 12%. Von diesem Gewinn erwarten die Planer, daß der größere Teil von der Straße abgezogen wird, mit einer Kürzung um 12,8% beim Kraftwagen- und 28,4% beim Busverkehr; vom Luftverkehr hofft man, 10,7% übernehmen zu können. Doch wird wohl erst die Energiekrise dazu verhelfen, diese Ziele zu erreichen, denn neben den wenig eindrucksvollen Verkürzungen der Reisezeit, die man schließlich erreichen konnte, ist der ganze Umbau böse in Verzug geraten als Folge des Behördenwirrwarrs.

Was die Betriebsmittel des umgebauten Nordost-Korridors angeht, so war das Vorgehen von Amtrak ziemlich schizophren. Auf der einen Seite bekommt die ganze *Metroliner*-Flotte dieselbe kostspielige Be-

Links: Ein „Metroliner" fährt für Amtrak in Korridor New York – Washington (Amtrak).

Rechts: Die schwedische Vorführlokomotive BoBo Reihe Rc4 von ASEA verläßt New York während der Erprobung durch Amtrak. Die neuen elektrischen Lokomotiven der Amtrak für den Nordost-Korridor basieren auf diesem Vorbild.

Unten: VIA RAIL übernimmt den Verkehr: ein „Rapido" der früheren Canadian National im neuen blau-gelben Anstrich (Canadian National).

handlung wie die auf Regierungskosten schon umgebauten vier Triebwagen. Auf der andern Seite, nach der Erprobung einer französischen CoCo-Mehrsystemlokomotive der Reihe CC21000 und einer schwedischen ASEA-Lokomotive BoBo Baureihe Rc4 gegenüber ihrer eigenen eher unter einem schlechten Stern stehenden von GE gebauten CoCo Reihe E60CP (die sie wohl an Conrail als Güterzuglokomotive verkaufen wird), bestellte Amtrak die erste eines geplanten Geschwaders von 53 Dreisystem-Leichtbau-Lokomotiven für 130 mph (219 km/h) nach dem ASEA-Vorbild. GE baut die Lokomotiven um die elektrische Ausrüstung von ASEA herum.

Um mehr Geschwindigkeit aus ihren Fahrplänen in anderen Gebieten der USA herauszuholen, sah sich Amtrak nach einem andern Bewerber bei dem Schnellfahrrennen um, der in Kanada entwickelt worden war. Auch da wurde ein neuer Versuch zur Verjüngung des Reisezugs in den geschäftigen Korridoren der Ostprovinzen des Landes in Szene gesetzt.

Während Amtrak in den USA Fuß gefaßt hatte, verlor die CN schnell das Vertrauen in ihre Fähigkeit, den Intercity-Reisezug finanziell zu retten. Bald tönte die CN ebenso pessimistisch, wie es die CP ein Jahrzehnt früher getan hatte, und drängte auf Übernahme des jährlichen Verlusts im Reiseverkehr von 90 Millionen Dollar durch den Bund. Ohne ein stärkeres Eingreifen der Regierung als bisher, schien der kanadische Fernreisezug unrettbar an die trostlose Spirale von zerbrök-

kelnder Qualität und schwindender Kundschaft gekettet. Doch 1974 wurde Pierre Trudeaus liberale Regierung unter anderem wegen ihres Versprechens gewählt, den Eisenbahnreiseverkehr des Landes zu stabilisieren innerhalb eines neuen Rahmens der Verkehrspolitik.

1976 war die Regierung mit ihren Vorbereitungen fertig. Der Reiseverkehr bei der Bahn, der CN und der CP, sollte von einer einzigen Behörde übernommen werden, entsprechend dem Amrak-Muster. CN und CP hatten das schon vorweggenommen durch ein Abkommen, ihren Reiseverkehr zusammenzuwerfen und eine neue Offensive zu starten, zusammen mit einem frischen Erscheinungsbild, das aus einem kühnen neuen Anstrich der Züge in Königsblau und Gelb bestand, unter dem Markenzeichen VIA, das die CN 1976 für ihr eigenes Reisezugangebot ersonnen hatte. Diese Initiative wurde zur Grundlage der neuen Ordnung gemacht, und ab Frühjahr 1978 übernahm VIA Rail Canada Inc., wie der volle Name der Behörde lautet, die Leitung aller Intercity-Reiseverbindungen im Namen der Bundesregierung.

Die Bundesregierung bot auch die volle finanzielle Unterstützung für einen aufgewerteten Reiseverkehr an. Soweit das Hauptstrecken betraf, verstand sie unter Aufwertung eine völlige Wiederherstellung der Strecken – damals fast so heruntergekommen wie so viele im Amtrak-Gebiet –, eine Neutrassierung von Kurven, neue Signalanlagen und Beseitigung möglichst vieler Wegeübergänge; das genügte aber

Links: *Der Prototyp-Antriebswagen LRC wirbelt bei 129 mph (207,6 km/h) den Schnee auf bei seiner Schnellfahr-Versuchsfahrt auf der Canadian Pacific-Strecke von Montreal nach Quebec City am 10. März 1976.*

Rechts: *Der Prototyp-Antriebs- und -Beiwagen LRC von Bombardier-MLW (Bombardier-MLW).*

Unten: *Nahaufnahme des Antriebswagens LRC (Canadian National).*

Ganz unten: *Einrichtung des Prototyp-Beiwagens LRC (Bombardier-MLW).*

nicht, um das Reisezugmaterial zu modernisieren. Und zum Beweis des Ernstes ihrer Absichten bot sie 34,2 Millionen Dollar an, um die CP-Strecken im Korridor Montreal – Quebec aufzuwerten für ein Demonstrationsprojekt, das etwa 1980 starten soll (doch die Summe war ein Almosen gegenüber den Bundesausgaben für andere Arten des Verkehrs: z.B. mehr als 180 Millionen Dollar waren verplempert worden für die mißlungene Luftverbindung STOL zwischen Ottawa und Montreal). Weitere 162 Millionen Dollar wurden versprochen für die Ausdehnung des Planes von Montreal bis Windsor, wenn sich der Versuch gut anläßt.

Für ihre Demonstrationstriebzüge nahm die Regierung die Vorschläge der VIA-Leute an und kaufte ein kanadisches Erzeugnis: den LRC mit Kastenneigung – LRC steht für „Light, Rapid, Comfortable" oder „Leger, Rapide, Confortable" (Leicht, Schnell, Bequem), je nachdem wo man im kanadischen Sprachenstreit steht. LRC ist das 1971 geborene Geisteskind von Alcan Canada Products, einer Abteilung von Aluminium Company of Canada, das anschließend mit finanzieller Hilfe der kanadischen Regierung von einem Konsortium kanadischer Firmen entwickelt wurde und jetzt von Bombardier-MLW Industries gebaut wird. Die kanadische Anfangsbestellung umfaßte 22 Antriebswagen und 50 Fahrgastbeiwagen; zwei der Antriebswagen sind Reserve, der Rest soll fahren entweder in einem Triebzug mit einem Antriebswagen und fünf Beiwagen oder einem mit zwei Antriebswagen und zehn Beiwagen. Die Eröffnung der Verbindung Quebec City – Montreal mit den ersten vier Zügen ist für Frühjahr 1980 geplant, die übrigen sollen einen neu aufpolierten Verkehr in andern Intercity-Korridoren Kanadas aufnehmen. Neben Amtrak haben noch eine Anzahl anderer ausländischer Betriebe die LRC scharf ins Auge gefaßt, besonders die Portugiesen, doch auch Bahnen in Australien, Brasilien und im Mittleren Osten.

Wie die HST von British Rail ist der kanadische LRC ausgelegt für 125 mph (200 km/h) auf vorhandener Strecke mit deren Signalabständen – obwohl zur Zeit, da ich dies schreibe, VIA keinen Laut gibt über die beabsichtigte Geschwindigkeitsgrenze in Kanada: Im Lande neigt man zu der Ansicht, daß die kanadischen LRC auf einen niedrigen Wert begrenzt werden sollen, in Anbetracht des hohen Achs-

drucks von 25 t für den Antriebswagen und der Querbeanspruchung des Gleises, wenn die Wagen mit Kastenneigung die Kurven mit höherer als der bisherigen Geschwindigkeit nehmen.

Wie Britanniens HST ist Kanadas LRC ausgerüstet mit Diesel-Wechselstrom-Aggregaten in Lokomotiven, die an den Enden eines Zuges von Fahrgastbeiwagen angeordnet werden können, für einen Wendezugbetrieb mit Antrieb an jedem Ende; im Fall der LRC haben die Antriebswagen 2900 PS Leistung durch einen MLW-Motor Reihe 251. Doch wie bereits berichtet, hat der LRC anders als der HST Wagenkastenneigung, um eine hohe Geschwindigkeit bei ungünstigen Streckenverhältnissen fahren zu können. Jedes LRC-Fahrzeug hat seine eigenen zweiachsigen Drehgestelle nach herkömmlichen Konstruktionsprinzipien, außer daß jedes ausgerüstet ist mit einer Wälzwiege, die durch einen Servomotor gesteuert ist, und die wirkt als eine unabhängige stabile Plattform, die den Wagenkasten im richtigen Winkel für die Annehmlichkeit der Fahrgäste in die Kurve neigt; ein Fühler in jedem Drehgestell reagiert auf die Fliehkraft und betätigt den Servomechanismus, so daß dieser die Wiege so weit wälzt, daß die Fliehkraftwirkung auf die Fahrgäste fast aufgehoben ist. Die Drehgestelle des Antriebswagens haben keine Neigeeinrichtung. Die 25,6 m langen Fahrgastwagenkästen sind eine Schöpfung aus Aluminiumlegierung mit vorgespannter Außenhaut ohne einen Mittelträger, und mit dem Schwerpunkt so tief, wie es ausführbar war, und jeder Fahrgastwagen bringt den Zeiger der Waage auf 42 t. Der Antriebswagen wiegt aber immerhin 83,8 t, womit man die 70 t des britischen 2500-PS-HST-Antriebswagens vergleiche. Der LRC wird nicht als fester Triebzug verkauft wie Britanniens HST; ihre Erbauer haben einen Betrieb von einfach angetriebenen Triebzügen und von doppelt angetriebenen Wendetriebzügen vorgesehen, und die zwei Züge, die Amtrak bis jetzt erworben hat, sind Garnituren mit einem Antriebswagen und fünf Beiwagen.

Nach den Versuchsfahrten auf ihrem jeweiligen heimischen Gebiet erklärten sich beide Kunden, aus Kanada und den USA, sehr zufrieden mit der Wagenkastenneigung und der Eignung für höhere Geschwindigkeit auf kurvenreicher Strecke. Das Tempo auf offener Strecke wurde von der CP im rauhen Februar und März 1976 auf die Probe gestellt mit einem Voraus-LRC-Antriebs- und Beiwagen, in vierwöchigen Versuchsfahrten mit einer täglichen Hin- und Rückfahrt zwischen Montreal und Quebec City. Am 10. März stellte der Triebzug einen neuen kanadischen Schienenrekord von 129 mph (207,6 km/h) östlich von Montreal auf, wobei er einen kleineren Schneesturm aus dem hochliegenden Schnee aufwirbelte.

Das rüttelte offensichtlich den alten Adam bei der CN wach. Die CN bereitete gerade die neue Kampagne für den Reiseverkehr vor, den sie bald darauf gemeinsam mit der CN teilen und der die neue VIA-Form annehmen sollte (VIA bekam den blau-gelben Anstrich der CN), wie ich eben beschrieben habe. An der Spitze der CN-Offensive für den Sommer 1976 war eine neubelebte Verbindung Montreal – Windsor, die unter anderem die glücklosen Turbos aufwies. Trotz allem Pech hatten die Turbos, jetzt neu als Neunwagenzüge, seit 1968 über 1¼ Millionen Meilen geldverdienenden Betrieb zusammengebracht; die CN dachte sicher, sie hätten ein wenig Glanz verdient, um ihre unrühmliche Frühgeschichte zu verdecken. Kann sein, daß der Erfolg der CP die CN zu mehr Schneid reizte, als ursprünglich beabsichtigt; sei es, wie es wolle, bei einer Vorbereitungsfahrt von Kingston nach Montreal Ende März 1976 wurde eine Turbo-Ladung von 100 Gästen auf 140,6 mph (226 km/h) hochgetrieben auf einem 20 Meilen (32 km) langen Abschnitt mit durchgehend geschweißten Schienen.

Worauf auch Ottawa sich rührte und beiden, der CN und der CP, durch die kanadische Verkehrskommission auf die Finger schlug. In Zukunft, so wurde ihnen bedeutet, müsse jeder Schnellfahrversuch vorher mit der Kommission abgesprochen werden. Es gab nämlich einen schwerwiegenden Grund für den Tadel. Obwohl die CN vor dieser Fahrt fünf Straßenübergänge gesperrt hatte, da deren Warnsignale nicht für die Geschwindigkeiten eingestellt werden konnten, die für die Turbo geplant waren, war die Kommission besorgt, daß der Straßenquerverkehr nicht genügend geschützt sei. Das war eine weitere Mahnung, an die schweren Hemmnisse zu denken, die die vielen Wegeübergänge so mancher geschwindigkeitshungrigen Bahn heutzutage in den Weg legen.

10. Frankreichs 260-km/h-Eisenbahn – die TGV Paris-Südost

Mitte der achtziger Jahre wird die Oberherrschaft der Welt in bezug auf hohe Geschwindigkeit in jeder Beziehung wieder in Europa liegen. Dann werden die Franzosen eine Eisenbahn voll betriebsbereit haben, die alle Mitbewerber mühelos überflügelt, sowohl in Spitzengeschwindigkeit als auch in der durchschnittlichen Reisegeschwindigkeit ihres den ganzen Tag über dichten Verkehrs.

Kapitel 4 erzählte von den französischen Unternehmungen der fünfziger Jahre, die feststellten, daß die praktische Grenze für herkömmliche Züge mit stählernen Rädern auf stählernen Schienen mindestens nicht unter 320 km/h liegt. Doch dann habe ich berichtet, wie weitere Überlegungen zu den Betriebsmöglichkeiten die französischen Bahnen überzeugt haben, daß 200 km/h wirtschaftlich die deutliche Grenze für Schnellfahr-Ehrgeiz auf bestehenden Bahnen ist: und darüber hinaus, daß die Grenzen für die bestehenden Anlagen für die Fahrstromversorgung und die Nachteile breiter Geschwindigkeitsbereiche auf Strecken, die von *Rapides* und von langsamen Reise- und Güterzügen besetzt sind, den 200-km/h-Betrieb auf eine Handvoll Züge auf zwei Hauptstrecken von Paris aus beschränkt haben. In den späten Sechzigern waren die Franzosen überzeugt, daß ein bedeutender Sprung nach vorn bei der Geschwindigkeit den Bau einer neuen Eisenbahn erfordere, die ausschließlich Reisezügen vorbehalten ist, die die wichtigen Siedlungszentren verbinden. Und es gab da eine Hauptstrecke, bei der die Zunahme des Verkehrs die Investition in diese vergrößerte Streckenkapazität rechtfertigte.

Das war die frühere PLM-Hauptstrecke von Paris südostwärts nach Dijon und Lyon, die in die Strecken nach Marseille, zur Riviera, in die Schweiz und nach Italien ausläuft. Diese Schlagader verbindet 40% der gesamten französischen Bevölkerung. Seit 1960 hat der Verkehr darauf, Reise- und Güterzüge, jährlich um etwa 3 1/2 % zugenommen; der Reiseverkehr wuchs jährlich um 4,2%, mehr als zweimal der Durchschnitt für den Rest der französischen Bahnen, und die Ausweitung des Güterverkehrs war um 50% höher als auf dem Rest der Bahn. Die Strecke hat zwar lange viergleisige Abschnitte, aber zweigleisige Flaschenhälse liegen in einem Gelände, wo die Vergrößerung der Kapazität ungeheuer teuer würde; die Strecke durchgehend viergleisig auszubauen hätte 45% von dem Betrag gekostet, den der Bau einer neuen Eisenbahn ausmacht.

Die französischen Bahnen rechneten wie folgt: Wenn die Strecke Paris – Dijon – Lyon weiter in demselben stetigen Ausmaß Verkehr auf sich zieht, dann würden diese zweigleisigen Flaschenhälse 1980 fast verstopft sein von täglich fast 150 durchgehenden Zügen in jeder Richtung, fast die Hälfte davon Reisezüge. Diese Zugdichte würde die „Schwärme" im Fahrplan ernsthaft stören, und dadurch jede weitere Beschleunigung der Intercity- und internationalen Schnellzüge verhindern, auf einer Strecke von vorrangiger kommerzieller Bedeutung, die einem ernsthaften Wettbewerb der *Autoroute* und innerfranzösischem Luftverkehr ausgesetzt ist. Weitgehende *Banalisation* – das ist Signalanlagen für beide Richtungen jedes Gleises zusammen mit häufigen Gleisverbindungen, so daß jedes Gleis von Zügen in beiden

Links: Der wichtigste zweigleisige Flaschenhals der alten Strecke Paris – Lyon, der Aufstieg in die Berge von Burgund bei der Anfahrt nach Dijon; eine 8000-PS-CC 6500 vor dem Zug 5009, dem 17.00 Paris – Marseille (Y. Broncard).

Richtungen benutzt werden kann, je nach der Dichte des Verkehrsflusses in der einen oder andern Richtung zu bestimmten Zeiten – würde kaum genügend Beweglichkeit des Betriebes ergeben, um das Problem zu lösen. Auf jeden Fall war die Hauptstrecke Paris – Dijon – Lyon nicht durchweg so gut angelegt wie einige andere französischen Hauptstrecken für eine ausgedehnte Anpassung an den Betrieb mit 200 km/h. Die Grenzen ihrer Leistungsfähigkeit waren daher in mehr als einer Beziehung in Sichtweite gerückt.

So legten die französischen Eisenbahnen im Dezember 1969 ihrer Regierung einen Plan vor für eine neue Schnellbahn, ausschließlich für Reisezüge, die sich über fast den ganzen Weg von Paris nach Lyon erstreckt. Das „fast" war wichtig. Der Plan TGV Paris-Südost (TGV steht für *Train Grande Vitesse,* zu deutsch Schnellfahrzeug), wie er jetzt heißt, sollte keine Bahn nach dem Muster des japanischen Shinkansen sein, das vom übrigen Netz der französischen Bahn getrennt blieb. Nach der Durchfahrt durch den über die ganze Entfernung Paris – Lyon sich erstreckenden Abschnitt mußten die Züge der neuen Strecke in der Lage sein, in das bestehende Netz einzufahren und ohne betriebliche Schwierigkeiten sanft weiter zu rollen nach der Riviera, den französischen Alpen, der Schweiz und nach all den wichtigen Zielorten, die jetzt durch herkömmliche Züge über die Hauptstrecke Paris – Dijon – Lyon bedient werden.

Verträglichkeit mit dem übrigen Netz hatte eine weitere wichtige Bedeutung. Die Züge der neuen Strecke sollten auf der vorhandenen Strecke in den Außenbereich von Paris und Lyon einfahren, so daß die ungeheuren Kosten vermieden werden – nicht zu nennen die Belästigung der betroffenen Gemeinwesen –, die beim Bau einer neuen Strecke aus dem städtischen Bereich heraus entstehen. Erst einmal aus Paris und Lyon heraus würde es relativ einfach sein, eine Streckenführung durch die weiten Räume der französischen Landschaft abzustecken, die nicht nur den Städten ausweicht, sondern auch größeren Dörfern. Und diese Behauptung ist durch die Ausführung voll und ganz gerechtfertigt worden: Die endgültige Streckenführung der TGV Paris-Südost kommt nirgends näher als 240 m selbst an einen winzigen Weiler, geschweige denn Dörfer und Städte und macht einen weiten Bogen um jedes historische Denkmal und jede landschaftliche Schönheit. Das besänftigte allerdings nicht die Umweltschützer und landwirtschaftlichen Interessenten, die von dem geplanten Verlauf der Strecke berührt werden, und diese eröffneten einen Feldzug gegen den Plan, der noch unerbittlicher, bösartiger und langwieriger war als die erwartete Offensive der Lobby der innerfranzösischen Luftfahrt und der Automobilindustrie. Schließlich mußte der höchste Gerichtshof des französischen Staates darüber zu Gericht sitzen.

Die unaufdringliche Projektierung einer neuen Eisenbahn durch das Herz Frankreichs wurde sehr erleichtert durch die Fähigkeit des modernen elektrischen Betriebs, Steigungen hinaufzuflitzen, und durch die Möglichkeit, mit Rollmaterial mit niedrigem Schwerpunkt auch die Bögen eines modernen Gleises mit wirklich hoher Geschwindigkeit bequem zu durchfahren, dank der jüngsten Kenntnisse im Bau von Wagen und deren Fahrwerk. Als Ergebnis, vorausgesetzt die Geschwindigkeitshöhe des Verkehrs auf der Strecke bliebe nahezu konstant, können die Planer einer neuen Eisenbahn fast mit denselben Kennwerten für Steigungen und Kurven arbeiten wie die Erbauer von Autobahnen, ohne Triebzüge mit automatischer Wagenkastenneigung zu verlangen. Die Franzosen entdeckten das schon 1969, als die Interessen der Eisenbahn und der *Autoroute* sich in einer gemeinsamen Studiengruppe trafen, die die Wirtschaftlichkeit und Möglichkeit untersuchte, neue Eisenbahnen und *Autoroutes* auf einem gemeinsamen Bahnkörper anzulegen.

Wenn der Plan des Kanaltunnels weiter verfolgt worden wäre, wäre diese Partnerschaft in Nordfrankreich in großem Maßstab zum Tragen gekommen. Der erwartete Verkehrsfluß durch den Kanaltunnel krönte die Berechtigung einer weiteren Schnellbahn, der TGV Nord von Paris nach Lille und zur belgischen und deutschen Grenze, von der eine Strecke zur Kanalküste abgezweigt wäre und die zusammen mit einer Schnellbahnverbindung der British Rail von der englischen Küste nach London, die Eisenbahnreise von London nach Paris auf 2³/₄ Stunden gebracht hätte bei Direktverkehr durch den Tunnel. Die französischen Behörden planten gleichzeitig eine neue *Autoroute* von Paris nach Lille, und zwar sollten die neue Eisenbahn und die neue *Autoroute* auf dem größten Teil ihrer Länge auf einem einzigen neuen etwa 73 m breiten Bahnkörper zusammengefaßt werden. Das würde, so rechnete man, die Baukosten für jeden Teil um mindestens 10% senken.

Die Planer der *Autoroute* hätten ihre Kurven mit einem nur etwas großzügigeren Halbmesser als üblich bauen müssen zugunsten der Bahn, doch bei den Steigungen hätten sie keine Zugeständnisse machen müssen. Die Eisenbahningenieure waren bereit, bis auf 1:28 ¹/₂ an das normale *Autoroute*-Maximum von 1:25 heranzugehen. Kurz und gut, die *Autoroute* hätte sich daher fast ebenso gut dem Gelände anschmiegen können, als wenn es keine parallelverlaufende Eisenbahn gäbe. Wo Schiene und Straße auf gleicher Höhe liegen, wären sie durch einen Mittelstreifen von etwa 30 m Breite getrennt worden, einmal um die Lokomotivführer nicht durch Autoscheinwerfer zu blenden und andererseits um den Straßenverkehr vor dem von den Schnellfahrzügen erzeugten Luftwirbel zu schützen. Doch wo Straße und Schiene in verschiedener Höhe liegen, waren beide Partner bereit, den Mittelstreifen stark zu verschmälern, vorausgesetzt, der Boden zwischen ihnen ist eingeschnitten, oder sie waren durch eine massive Stützmauer gegenseitig geschützt.

Das Konzept wird in begrenztem Ausmaß bei dem TGV Paris-Südost angewendet. In Seine-et-Marne und in Yonne wird die Bahn über etwa 56 km auf einem gemeinsamen Bahnkörper mit der neuen *Autoroute* A5 von Paris nach Troyes verlegt, über die üppige Ebene der Brie zwischen Melun und Sens. Diese Anordnung begrenzt wirksam die Störung der vielen Dörfer in diesem reichen landwirtschaftlichen Gebiet und verringert auch die gemeinsamen Kosten, um das Seine-Tal östlich Montereau mit beiden Strecken zu überbrücken. Auf einem zweiten Abschnitt mit gemeinsamem Bahnkörper wird die Eisenbahn zwischen Cluny und Mâcon fast 14 km lang mit der neuen Schnellstraße von der französisch-schweizerischen Grenze zur Atlantikküste gepaart. Diese neuen Straßen werden aber nicht unbedingt gleichzeitig mit der Bahn fertiggestellt.

Der Bau der TGV Paris-Südost begann Ende 1976. Die neue Eisenbahn zweigt von den bestehenden Gleisen von Paris-Gare de Lyon her in Combs-la-Ville ab, 30 km vom Endbahnhof, und von da führen 409 km neue Strecke südostwärts, einschließlich aller Verbindungsstrecken zur alten Hauptstrecke. Auf der ganzen Länge der Strecke sind nur zwei Zwischenbahnhöfe und drei Abzweigungen, ein Zeichen dafür, daß der ausschließliche Zweck der Bahn ist, einen schnellen Reisefernverkehr zu führen. Die erste Abzweigung in St. Florentin ist eine Verbindung mit der PLM-Strecke für den Notfall, die die neue Strecke da kreuzt. Die kreuzungsfreie Abzweigung in Pasilly, 161 km hinter Combs-la-Ville, liegt da, wo die Züge nach Dijon, das östliche französische Gebiet um Belfort und Mülhausen und nach Pontarlier oder Lausanne abzweigen; 15 km weiter in Aisy münden sie in die alte Hauptstrecke Paris – Lyon ein zur Fortsetzung ihrer Reise auf herkömmlicher Strecke. Der erste Bahnhof der neuen Strecke liegt in Montchanin, um das Industriegebiet von Le Creusot-Montceau-les-Mines zu bedienen, der andere nach 337 km in Mâcon, im Herzen der burgundischen Weinberge, wo die neue Strecke eine kreuzungsfreie Verbindung mit der alten Strecke hat, damit die Züge nach Genf, Annecy und die obersavoyischen Alpen, oder Italien über Modane und den Mont Cenis abzweigen können. Schließlich kommt die neue Strecke wieder auf das vorhandene Netz in Sathonay, 386 km hinter Combs-la-Ville zur Einfahrt nach Lyon. Von da an fahren die Züge auf den herkömmlichen Strecken nach Grenoble, Marseille, die Côte d'Azur, in die Languedoc und zur spanischen Grenze.

Das Endziel ist, die neue Strecke von Anfang bis Ende zwischen Combs-la-Ville und Sathonay durchgehend mit 260 km/h zu betrei-

Oben: *Das erste Versuchsfahrzeug mit Turbinenantrieb der französischen Eisenbahnen, ein umgebauter Dieseltriebwagen RPG 425, der bis zu 240 km/h erprobt wurde.*

ben, unterbrochen nur durch eine einzige Langsamfahrstelle – und diese aus einem im Eisenbahnbetrieb noch nicht dagewesenen Grund, doch davon gleich. Diese Absicht sieht noch bemerkenswerter aus, wenn man die Steigungen der alten und der neuen Strecke vergleicht. Auf den ersten etwa 200 km steigt die ehemalige PLM-Strecke fast unmerklich das Seine-Tal hinauf, nirgends steiler als 1:200, bis das Profil in den einzigen ausgeprägten Scheitel übergeht, wo diese Strecke den langen Anstieg in die Berge von Burgund macht, der langsam bis auf 1:125 vor dem Scheiteltunnel von Blaisy-Bas kommt, dann genauso plötzlich nach Dijon absteigt, um dann einem mehr oder weniger ebenen Lauf das Saone-Tal hinunter nach Mâcon und Lyon zu folgen. Im scharfen Gegensatz dazu ist das Profil der TGV Paris-Südost eine zackige Reihe von alpinen Spitzen fast auf der ganzen Strecke, häufig mit Steigungsstücken bis zum erlaubten Höchstwert von 1:28$\frac{1}{2}$ gespickt, das erste davon dort, wo die Bahn hinuntertaucht, um die Seine zu überqueren. Hier verläuft die TGV Paris-Südost weit tiefer als die alte Strecke, während sie in den Bergen von Burgund schließlich 300 m höher auf der Bergkette liegt, als der Scheitel der alten Strecke in Blaisy-Bas.

All das ist natürlich die grafische Darstellung der Möglichkeiten, eine neue Eisenbahn, die dem Reiseschnellverkehr vorbehalten ist, für moderne Antriebskraft und Fahrzeugtechnik weit billiger durch offenes Land zu bauen als die herkömmliche Strecke alter Zeit für gemischten Verkehr. Nicht länger müssen die Bauingenieure ihre Strecken durch Täler winden, große Dämme errichten, tiefe Einschnitte ausheben oder Tunnel aushauen, um die Steigungen für die schwersten Züge befahrbar zu halten. Sie können den wechselnden Geländeformen auf ihrem Weg mit fast derselben Lässigkeit begegnen wie die Erbauer der Autobahnen. Nicht nur können sie an den Erdarbeiten sparen, sie können auch eine geradere Linienführung einschlagen: so ist die Entfernung von Paris-Gare de Lyon nach Lyon auf der TGV Paris-Südost 425 km, gegenüber 512 km auf der alten Strecke.

Die eine Langsamfahrstelle ist auf einem Scheitelpunkt, nicht in einer ebenerdigen Kurve. Da ist ein Bergrücken in Burgund, der von beiden Seiten mit 1:28$\frac{1}{2}$ erklommen wird, und in dieser Situation besteht

eine gewisse Gefahr, daß der Zug beim Überfahren des Scheitelpunktes von den Schienen abhebt; daher wurde eine Grenze von 220 km/h festgesetzt.

In den späten sechziger Jahren gab es Zweifel über die Antriebsart der TGV Paris-Südost. Eine Schule französischer Eisenbahner plädierte heftig für Gasturbinenantrieb. Ganz ohne die Probleme einer guten Stromabnahme durch sehr schnellfahrende Züge, die immer noch die Ingenieure des elektrischen Betriebs beunruhigten, brachte die Turbinentechnik eine neue Dimension in die Überlegungen zur Antriebsfrage. Ursprünglich schien die Elektrifizierung das vernünftige Mittel für hohe Geschwindigkeit zu sein. Dem Dieselantrieb fehlte die Eignung zu Beschleunigung und Bergsteigen, um hohe Reisegeschwindigkeiten durchzuhalten, außer man baut in die Lokomotiven eine übertriebene, Gewicht und Raum fordernde Leistungsreserve ein, die voll nur in kurzen Leistungsspurts genützt wird. Der Kummer war, daß man ein sehr großes Verkehrsvolumen braucht, um die Eigenschaften des elektrischen Betriebs wirtschaftlich ausnutzen zu können und eine anständige Dividende auf die hohen Baukosten der ortsfesten Ausrüstung zu erwirtschaften. Da kam die Flugzeugindustrie mit einer Reihe leichter Gasturbinen heraus, die dieselbe Leistung wie ein Dieselmotor versprach bei rund einem Drittel von dessen Gewicht und höchstens dreiviertel seines Platzbedarfs. Die Bedeutung für die Entwicklung eines Schnelltriebwagens in Leichtbau für den Reiseverkehr war offensichtlich.

Die Franzosen erprobten das Konzept zuerst eingehend, indem sie das eine Ende eines Zweifachdieseltriebwagens der Einheitsbauart RGP 425 mit einer 1150-PS-Turbine und hydromechanischer Übertragung ausrüsteten. Im normalen Nebenbahnbetrieb sind die RGP 425 auf 120 km/h beschränkt. Es ist ein weiteres Zeugnis für die französische Eisenbahnfahrzeugkonstruktion, daß während des Probefahrtprogramms der Versuchstriebwagen fast 300mal mit 200 km/h und mehr gefahren wurde – die erreichte Spitze war 240 km/h – und dabei so

Oben: *Ein Vierwagen-Gasturbinentriebzug Reihe ETG fährt entlang der Küste der Normandie bei Cabourg, in einer Verbindung Paris – Deauville* (Y. Broncard).

Rechts: *Erste-Klasse-Großraum eines Gasturbinentriebzugs Reihe RTG.*

Ganz rechts: *Ein Gasturbinentriebzug Reihe RTG in einer Verbindung Nantes – Lyon bei Amplepuis (Rhône)* (Y. Broncard).

sanft fuhr wir ein moderner Intercity-Wagen, der für dieses Tempo besonders konstruiert ist.

Das unmittelbare Ergebnis war ein Serienbau von Vierwagen-Gasturbinen-Triebzügen Reihe ETG für 180 km/h Höchstgeschwindigkeit, die die Franzosen zuerst auf der Strecke Paris–Caen–Cherbourg einsetzten. Unter Ausnutzung der auf über der halben Strecke erlaubten 160 km/h veränderten die ETG den Fahrplan und schrieben sich einen außerordentlichen wirtschaftlichen Erfolg gut. Ihnen folgte die Serie RTG mit höherer Leistung, und im Jahr 1970 kündigten die Franzosen den Bau von zwei Fünfwagenversuchstriebzügen an, mit denen sie die 300-km/h-Grenze sondieren wollten, mit dem Blick auf ihr TGV-Paris-Südost-Projekt.

Doch dann kam der arabisch-israelische Krieg und die Explosion der Erdölpreise. Einer der wichtigsten Vorteile des Turbinenantriebs, die wirtschaftliche Verbrennung von billigeren Ölsorten, war über Nacht verschwunden. Bald sollten Probefahrten der Zweisystemlokomotive Nr. CC21001 mit Geschwindigkeiten bis zu 283 km/h im Elsaß zeigen, daß die Schwierigkeiten mit der Stromabnahme überwunden werden konnten. Der endgültige Schlag für den Turbinenantrieb kam mit der Erkenntnis, daß sein betrieblicher Hauptvorteil durch die Änderung der Kostengrundlagen zerstört war. Auch als die Meinung der Mehrzahl zur Elektrifizierung der neuen Strecke umschwenkte, wurde immer noch vorgeschlagen, einige Triebzüge mit Gasturbinen als Hauptantrieb zu bauen für den durchgehenden Verkehr über die TGV Paris-Südost hinaus nach Grenoble, das bis dahin noch nicht von der Fahrleitung erreicht wurde, und in die Schweiz, hier um die Komplikation und die Ausgaben für die elektrische Mehrsystemausrüstung der Züge zu vermeiden, die für das Schweizer 15-kV-16⅔-Hz)-Wechselstromsystem nötig gewesen wäre. Diese geplanten Turbozüge hätten die Hauptturbinenanlage in dem einen Antriebswagen gehabt und eine vergleichsweise schwache 1,5-kV-Gleichstromanlage im andern, um unter der vorhandenen Fahrleitung der alten PLM-Strecke fahren zu können. Doch als die Industrie Angebote für den Bau der Gasturbinenzüge machte, waren deren Kosten so hoch verglichen mit der elektrischen Ausführung, daß die Franzosen berechneten, es sei billiger, nach Grenoble zu elektrifizieren. Was das Schweizer Problem an-

ging, so war es jetzt klar, daß unter der Voraussetzung, jedermann sei mit bescheidener Leistung unter 15-kV-16⅔-Hz-Wechselstrom zufrieden, die Nachteile beim Einbau eines elektrischen Antriebs für 3 Systeme wesentlich gemildert waren; im besonderen hatten die Konstrukteure das Gewicht der Konstruktion so gut verringert, daß Spielraum blieb für etwas mehr elektrische Ausrüstung, ohne Schaden für die Erfüllung des Lastenhefts. Das entschied die Debatte. Die TGV Paris-Südost sollten ganz elektrisch werden.

Die französischen Bahnen betrieben ihre ETG und RTG weiter im Wettbewerb und freuen sich, daß ihre Fachkenntnis auch exportiert wird. Ein Los von in Frankreich gebauten RTG, ergänzt durch eine Serie, die von Rohr Industries of California unter Lizenz gebaut wurde, dienen Amtrak in den USA, und weitere fahren im Iran, das einen kurzen, wild übertriebenen ehrgeizigen Versuch machte, mit ihnen den schnellsten nicht elektrischen Zugbetrieb der Welt zu fahren. Auf eingleisiger Strecke und inmitten all der Härte des Wüstenbetriebs versuchten die Iraner so abenteuerliche Halt-zu-Halt-Fahrzeiten wie 26 Min. für die 70 km zwischen Sabzevar und Azadvar, als sie ihren ersten importierten Turbozug 1975 auf der Verbindung Teheran–Meschhed einsetzten. Das bedeutete einen Halt-zu-Halt-Durchschnitt von 161,5 km/h, doch einige weitere hübsch atemberaubende Sprints müssen auf dem übrigen Teil der Strecke eingeplant gewesen sein. Der Zug machte sieben Zwischenhalte – einen davon auf 20 Min. ausgedehnt –, doch die Reisezeit für die ganzen 926 km/h war anfänglich in der einen Richtung auf nur 8 Std. 20 Min. festgesetzt. Doch die Iraner kamen bald wieder auf die Erde zurück, und heute werden die beiden Strecken Teheran–Meschhed und Teheran–Arak, die letzte mit einem zweiten 1976 gelieferten Turbozug, nach schicklicheren Plänen betrieben.

In ihrem eigenen Land ist es jetzt sehr unwahrscheinlich, daß die Franzosen den Gasturbinenbetrieb ausdehnen werden, außer die Energiepreise würden unvorstellbar sinken. Einer der geplanten Gasturbinenschnelltriebzüge wurde jedoch gebaut, und dieser TGV 001 wurde zusammen mit einem elektrischen Einzelfahrzeug Z 7001 zum hauptsächlichen Prüfstand für die Betriebserprobung jeder Konstruktionseinzelheit und jeden Bestandteils der kommenden Schnellfahrtrieb-

Oben: *Der einzelne elektrische Schnellfahr-Versuchstriebwagen Nr. Z 7001, der bei der Entwicklung der TGV-Technik verwendet wurde (Französische Eisenbahnen).*

züge. TGV 001 war ein Stromlinienzug von 192 t Gewicht und niedrigem Schwerpunkt und 5 verhältnismäßig kurzen Wagen, durchweg in Gelenkbauart und mit 6500 PS, die in vier Turbinen gepackt sind. Diese liefern den Strom für die Fahrmotoren an jeder Achse über eine Wechselstromanlage. Geliefert im März 1972, wurde er schon im folgenden Juli mit 300 km/h in den Landes gefahren. Als er Ende Januar 1978 außer Dienst gestellt wurde, war er 24 358 km mit 260–300 km/h gefahren, hatte eine Spitze von 318 km/h erreicht im Verlauf von 1859 km mit über 300 km/h und hatte mehr als 54 700 km mit einem Tempo über 200 km/h abgespult. In dem Bündel von Erkenntnissen war auch der Schluß, daß 300-km/h-Züge sich sicher mit voller Geschwindigkeit begegnen können, selbst in einem Tunnel, wenn der geringste Abstand zwischen den inneren Schienen benachbarter Gleise mindestens 2,5 m beträgt, was auf der ganzen neuen Strecke der TGV Paris-Südost maßgebend ist.

Zwei Voraus- und 85 Serienzüge für die TGV Paris-Südost wurden gleichzeitig mit dem Start der Bauarbeiten an der Strecke Ende 1976 bestellt. In ihrem eindrucksvollen Äußern, mit der sanft geneigten, etwas an ein Citrôen-Auto erinnernden Haube, die sich zu den Führerstandsfenstern hochschwingt, sind die Züge sehr eng mit dem TGV 001 verwandt. Jeder Triebzug besteht aus zwei Stromlinien-Antriebswagen, jeder auf seinem eigenen Paar Drehgestellen, zwischen denen ein Zug von acht Fahrgastwagen läuft, von einem Ende zum andern in Gelenkbauart, die gewählt wurde, um Gewicht zu sparen und damit Energie, den Fahrgastkomfort zu verbessern, indem die Sitze nicht über den Drehgestellen liegen, und einen besseren Übergang zwischen den Wagen zu schaffen. Zwischen den durch ein gemeinsames Drehgestell sehr kurz gekuppelten Wagenenden konnten die Franzosen in der Tat einen sehr großen Vorraum schaffen, dicht abgeschlossen, um volle Schallisolation und gleichmäßige Klimatisierung sicherzustellen, genial aufgebaut und abgefedert, so daß selbst bei 240 km/h der Fahrgast wenig spürt beim Übergang von einem Wagen zum andern. Die Länge der inneren Wagen der Gelenkgruppe ist mit

nur 18,7 m klein gegenüber den Normen des europäischen Festlands; die Endwagen sind natürlich etwas länger durch den Überhang an den einzelnen Drehgestellen an jedem Ende der Gelenkgruppe.

Vielleicht ist überraschend im Hinblick auf die hohe Betriebsgeschwindigkeit, daß die Wagenkästen keine automatische Neigungseinrichtung haben. Wie in einem früheren Kapitel erwähnt, war Frankreich der Pionier dieser Technik, die auch in Nordamerika, der Bundesrepublik Deutschland, Italien, Schweden, Schweiz, Japan und Britannien verfolgt wurde. Doch viele der Bahnen dieser Länder wurden immer mehr von der Idee enttäuscht, und seit Mitte der Siebziger wurde sie bei einer Anzahl Schnellfahrstudien fallengelassen. Wie früher beschrieben hatte die französische Bahn sie für alle 90 ihrer *Grand-Confort*-Wagen vorgesehen, waren aber nie über den versuchsweisen Einbau bei zwei von ihnen hinausgekommen. Technisch sind die meisten der Kastenneigungseinrichtungen kompliziert, vermehren die Kümmernisse und Kosten der Unterhaltung und erhöhen auch die Baukosten und das Gewicht der Wagen spürbar. Schließlich stellten die Eisenbahnen bei den meisten Strecken, auf denen ihr Beitrag zur Geschwindigkeitserhöhung wichtig war, fest, daß ihre Fähigkeiten nicht ausgenutzt werden können und daß keine Dividende gewonnen werden kann aus den Kosten für ihren Einbau ohne große Ausgaben für Signalanlagen für höhere Geschwindigkeiten, oder gar für wirklich hohe Investitionen, um die Durchschnittsgeschwindigkeit des langsamen Verkehrs auf derselben Strecke zu erhöhen.

Das Gewicht jeden Antriebswagens war systematisch auf 64,2 t heruntergedrückt worden, trotz der Tatsache, daß sie zusammen 8570 PS für den Antrieb der 6 Motordrehgestelle des Zuges liefern, 1 Paar unter jedem Antriebswagen und 1 an jedem Ende der Fahrgastgelenkgruppe. (Wenn ich von den Drehgestellen rede, so werden einige überrascht sein, daß die Franzosen für die Wiegenfederung Schraubenfedern gewählt haben, statt der Luftfederung des TGV 001 und vieler anderer moderner Schnellfahrschienenfahrzeuge). Das erste Los der TGV-Paris-Südost-Triebzüge ist zum größten Teil für zwei Systeme, 1,5-kV-Gleichstrom für die Ausfahrt aus der Gare de Lyon nach Combs-la-Ville, die Einfahrt nach Lyon und die Weiterfahrt auf den meisten Strecken danach, und 25-kV-Wechselstrom für die neue

Strecke des TGV Paris-Südost. Wie schon erwähnt, erfordert die Durchfahrt nach der Schweiz Dreisystemeignung für das Schweizer Regelsystem 15-kV-16⅔-Hz-Wechselstrom, und sechs Züge aus der Serie werden so ausgerüstet. Eine Zeitlang dachte man daran, diese 6 Züge mit Aluminiumwagenkästen zu bauen, um die zusätzlichen 2 t des Transformatorgewichts auszugleichen, doch zeigte sich bei der Ausführung, daß dieser so geändert werden konnte, daß der verlangte höchste Achsdruck von 17 t eingehalten werden konnte. Zur Zeit, da ich dies schreibe, ist ein Betrieb unter Italiens 3-kV-Fahrleitung nicht vorgesehen. Die wichtigsten französischen Firmen, die am Bau der Triebzüge beteiligt sind, sind Alsthom-Atlantique und Francorail-MTE.

Das Gesamtgewicht eines einzelnen Triebzuges TGV Paris-Südost (die Züge können für Vielfachbetrieb gekuppelt werden) ist 380 t. Unter der 25-kV-Wechselstromfahrleitung der Strecke verfügen die Züge daher über ein ungeheures Leistungs/Gewichtsverhältnis von 22,5 PS/t. Die verfügbare Leistung unter 1,5-kV-Gleichstrom ist halb so groß – weit ausreichend für die viel geringere Geschwindigkeit, die für die Züge außerhalb der neuen Strecke gelten. Ein letzter Punkt von Interesse für den Antrieb: Die Franzosen haben ausgerechnet, daß der Energieverbrauch eines Gasturbinenzuges bei dem für den TGV Paris-Südost vorgeschlagenen Regelfahrplan Paris – Lyon um 70% größer wäre als bei einem elektrischen Triebzug.

Die Franzosen dachten daran, ein lineares Induktionsbremssystem bei den TGV-Paris-Südost-Triebzügen einzuführen. Die Einrichtung war verlockend einfach: Spulen in einem Magnetschuh, der zum Bremsen fast ganz auf Schienenhöhe abgesenkt wird – aber ohne Berührung mit der Schiene –, worauf die Spulen erregt werden durch Strom aus den Fahrmotoren, um einen magnetischen Widerstand bei der Relativbewegung zwischen Schuh und Schienenoberfläche zu erzeugen. Ein Prototyp wurde ausgiebig erprobt in dem elektrischen Triebwagen Z 7001 und zeigte sich voll wirksam. Doch da gab es ein entscheidendes Hindernis: Erhitzung nicht nur der Schuhe am Wagen, sondern, viel entscheidender, der Schiene in einem Ausmaß, das Verformungen bewirken könnte. Die Schienen hätten zwischen den Zügen Zeit zum Abkühlen haben müssen, und für den sicheren Abstand wurden 20

Rechts: *Ein Fahrpult des TGV 001* (Französische Eisenbahnen).

Unten: *Eine Schnellfahr-Weiche, wie sie auf dem TGV Paris-Südwest eingebaut wird.*

Minuten festgesetzt. Das war für den Betrieb viel zu einschränkend, für den Zugabstände von nur 6 Minuten in Stoßzeiten vorgesehen waren.

So haben die TGV Paris-Südost eine einmalige dreifache Kombination von Widerstandsbremse an den Motordrehgestellen, doppelte Scheibenbremsen an den Laufdrehgestellen, und elektropneumatische Bremse mit Lederbremsklötzen an allen Achsen. Abgesehen von ihrer Bremsaufgabe halten diese ledernen Bremsklötze die Radreifen wirksam trocken und frei von anderen Verunreinigungen, die die Reibung beeinträchtigen könnten; folgerichtig werden sie bei jeder Bremsung wenigstens leicht angelegt, selbst bei Spitzengeschwindigkeit.

Die normale Bremsung von der Spitzengeschwindigkeit herunter beruht hauptsächlich auf der Widerstandsbremse bis zu einer sehr geringen Geschwindigkeit, bei der die andern beiden Systeme eingreifen; die Scheibenbremsen werden nur mit halbem Druck angelegt, doch sie bilden die wichtigste Reserve für den Notfall, denn mit der vollen Kraft können sie fast ebenso viel Bremskraft erzeugen wie die Widerstandsbremse. Der normale Bremsweg aus 260 km/h zum Stillstand ist 3700 m in der Ebene, 5600 m in dem stärksten Gefälle von 1 : 28,5, das nirgends länger als 3500 m ist; volle Schnellbremsung verkürzt diese Abstände um 200 bzw. 500 m.

Die Gleise des TGV Paris-Südost sind in Regelbauart, doch mit schwereren Schienen auf Betonschwellen, die etwas enger liegen als normal und die 35 cm tief im Schotterbett fest eingebettet sind. Der kleinste Bogenhalbmesser ist 4000 m. Die beeindruckendsten Teile der Strecke sind zweifellos die einzigartigen Weichen der abzweigenden Strecken in Pasilly und Mâcon, die 220 km/h schnell genommen werden können von Zügen, die zur alten Strecke wegfahren. Neue Weichen sind auch in Aisy verlegt worden, wo die Verbindung von Pasilly auf die alte Strecke Paris – Lyon trifft, so daß Züge von oder nach der TGV Paris-Südost diese Abzweigung mit der vollen Regelgeschwindigkeit der alten Strecke von 160 km/h nehmen können.

Die TGV Paris-Südost ist die Seligkeit für Berufseisenbahner. Mit nur drei Abzweigungen und zwei ganz einfach angelegten Bahnhöfen auf der ganzen Länge der neuen Strecke erreicht die Anzahl der möglichen Fahrstraßen für die Züge gerade noch eine zweistellige Zahl, wenn sie erst einmal in die eigentliche neue Strecke eingefahren sind. Darüber hinaus wird der ganze Zugbetrieb mit Triebzügen gleicher Leistung, gleichen Gewichts und gleicher Geschwindigkeit durchgeführt. Nichts konnte sich so offensichtlich für eine Signalsteuerung von einem Zentrum aus anbieten. Noch mehr, wegen der einheitlichen Merkmale der Züge und der Einfachheit der Gleisanlagen braucht das System zur Übertragung der Befehle vom Leitzentrum zu den Zügen nur zehn oder zwölf Codesignale. Und diese können bequem mit Hilfe einer Reihe niederfrequenter Impulse über die Fahrschienen übermittelt und von Empfängern am Zug aufgenommen werden. Man braucht kein teures, extra verdrahtetes System, das eine große Mannigfaltigkeit von „Nachrichten" in beiden Richtungen gestattet, vom Befehlsstand zum Zug und umgekehrt.

Unnötig zu sagen, daß die Signalübermittlung bei solcher Geschwindigkeit als fortlaufende Anzeige auf dem Fahrpult erscheinen muß. Es gibt keine Streckensignale irgendwelcher Art, doch statt dessen und weil die Steuerung der TGV Paris-Südost ganz in der Hand des Führers liegt, müssen die Blockabschnitte angezeigt werden durch Markierungen an der Strecke, so daß die Führer ihren Bremsvorgang genau beurteilen können. Obwohl 300 km/h die Auslegungsgeschwindigkeit für die Strecke und ihre Fahrzeuge ist, wurde die Betriebsgrenze für den Anfang und etliche Zeit danach auf 260 km/h festgesetzt. Die höhere Geschwindigkeit würde einen vierfachen Blockabstand zwischen den Zügen erfordern, doch bei der niedrigeren Grenze kann die TGV Paris-Südost mit dem dreifachen Blockabstand betrieben werden, wobei die Länge des Blockabschnitts vom Maß der Steigung oder des Gefälles der Strecke in diesem Gebiet abhängt; Untersuchungen haben gezeigt, daß die kleinste Länge eines Blockabschnitts im Gefälle 1:28,5 auf etwa 2100 m festgesetzt werden sollte. Unter normalen Umständen hat ein Zug, dem ein Halt voraus angekündigt wird, vor sich den ersten Block, um von 260 auf 220 km/h abzubremsen, im nächsten auf 160 km/h und einen dritten bis zum Stillstand. Natürlich übernehmen automatische Warneinrichtungen und Überfahrsicherungen auf dem Zug die Bremsung, wenn der Führer sich nicht an die Befehle hält, die er auf seiner Führerstandsanzeige empfängt. Wegen der häufigen Neigungswechsel der neuen Strecke erhalten die Triebzüge eine Einrichtung, die jeden Neigungswechsel wahrnimmt und die Leistung des Zuges so steuert, daß die Geschwindigkeit konstant auf 260 km/h gehalten wird. Das befreit den Führer von der Aufgabe, den Fahrschalter laufend entsprechend dem Streckenprofil zu verstellen. Er muß nur die gewünschte Geschwindigkeit einstellen, das übrige besorgt die Automatik.

So viel über die Technik der Strecke, der Züge und der Ausrüstung der neuen Eisenbahn. Doch wie sieht es in den Zügen aus?

Die französischen Bahnen betonen, daß sie sich nicht vorgenommen hatten, aus den TGV Paris-Südost einen Luxusverkehr zu machen (obwohl sechs der Triebzüge nur für 1. Klasse eingerichtet sind). Der unbetrittene finanzielle Erfolg ihrer *Rapides* für hohe Geschwindigkeit mit nur 1. Klasse und Zuschlag wie der „Aquitaine" und „Capitôle" war zu einem gewissen Grad zweischneidig; viele Franzosen schienen überzeugt zu sein, daß es die Eisenbahn auf die oberen Zehntausend abgesehen hat. In den Siebzigern kam die Eisenbahn sicherlich „in" als Verkehrsmittel für die oberen Schichten der französischen Gesellschaft, doch das schien die mittleren Klassen mehr und mehr an das Automobil zu binden. Während die sehr gesuchten *Rapides* nur wenig Sitzplatz übrig hatten, waren die gewöhnlichen Fahrten der Fernzüge kaum besser als zu 50% im Durchschnitt besetzt, und die französischen Bahnen waren nicht wenig beunruhigt über eine Marktuntersuchung Mitte der siebziger Jahre, die herausfand, daß die Hälfte ihrer Fahrgäste nur einmal im Jahr den Zug benutzt und daß ein Fünftel aller französischen Familien das Innere eines Zuges zwischen einem Jahresende und dem nächsten niemals gesehen hatte.

Es überrascht daher nicht, daß der TGV Paris-Südost als so etwas wie eine Intercity-Stadtbahn angesehen wird, ein langes Förderband für Menschen. Folgerichtig wetteifert der innere Komfort der Züge nicht mit dem moderner TEE-Garnituren oder der eigenen *Grand-Confort*-Wagen der französischen Bahnen. Am engsten verwandt ist er mit dem der neuesten „Corail"-Wagen für heimischen Intercity-Verkehr

auf dem bisherigen Netz. Doch durch den schlanken Zuschnitt der Wagenkästen mit niederem Schwerpunkt des TGV-Paris-Südost-Wagens und den verhältnismäßig niederen Fenstern bekommt man den Eindruck, es ginge enger und unbestimmbar spartanischer zu im Innern der Schnellfahrzeuge. Nicht ganz so stark wie bei dem *Advanced Passenger Train* von British Rail hat man ein bißchen das Gefühl, man sei in einem über den Boden huschenden klimatisierten Flugzeug. Dieses Gefühl wird verstärkt durch die Verpflegungseinrichtung des TGV Paris-Südost. Die meisten westeuropäischen Bahnen schränken ihren vollen Speisewagendienst als ungeheuer unwirtschaftlich ein und betreiben einen großen Anteil von Büffet- und Selbstbedienungs-Cafeteria-Wagen. Die Franzosen gehen nicht nur weiter als die meisten, indem sie stufenweise den vollen mehrgängigen Speisewagenbetrieb alter Art auf die TEE und einige wenige Spitzen-*Rapides* mit vorwiegend Geschäftskundschaft beschränken, sondern sie sind die ersten, die den flugzeugartigen Küchendienst sehr weitgehend einführen. Alle ihre neuesten „Corail"-Garnituren sind nur dafür eingerichtet. Und ebenso ist es bei den TGV-Paris-Südost-Zügen. Es gibt keine irgendwie warmen Gerichte, nur heiße Getränke. Die einzigen verfügbaren Mahlzeiten gibt es in Form von vorbereiteten Tabletts wie im Flugzeug, die man entweder an der Bar in der Zugmitte kaufen kann, oder von Rollwagen, die vom Zugpersonal von der Anrichte in jeder Zughälfte durch den Zug gefahren werden. Es ist ironisch, daß ausge-

Unten: *Ein Wagen des TGV 001 mit Zweite-Klasse-Sitzen.*

rechnet die Franzosen die Führung übernehmen bei einer solchen Abwertung der Verpflegung.

In den Paris-Südost-Zügen sind keine Stehplätze zugelassen. Platzkarten sind Pflicht, sie sind aber verhältnismäßig einfach zu bekommen und kosten den Fahrgast keinen Centime mehr. Es ist eine Selbstbedienung, so daß es kein ärgerliches Schlangestehen an einem Reservierungsschalter gibt. Auf allen Bahnhöfen, die vom TGV Paris-Südost bedient werden, werden etwa 150 Maschinen aufgestellt, die Platzkarten ausgeben, kostenlos auf Knopfdruck, auf Grund der Berechnung der Sitzplatzzahl jeden Zuges durch einen zentralen Computer. Ohne Platzkarte und Fahrkarte darf man nicht in einen TGV-Zug einsteigen.

Möglicherweise ist die spektakuläre Weltrekord-Regelfahrzeit der TGV-Paris-Südost-Züge zwischen Paris und Lyon so kurz, daß die

eingeschränkte Verpflegung gerechtfertigt ist. Die Reisezeit für die 425 km zwischen den 2 Städten beträgt genau 2 Stunden, mit einem Halt-zu-Halt-Durchschnitt von 212,5 km/h; das steht neben der Bestzeit von 3 Std. 44 Min. auf der alten Strecke zur Zeit, da ich schreibe. Voraussagen für die Reisezeiten von Paris nach Städten außerhalb der Grenze des TGV Paris-Südost bringen für die neuen Züge (die besten Zeiten für herkömmliche Züge in Klammern): Avignon 3 Std. 49 Min. (5 Std. 40 Min.); Lausanne 3 Std. 29 Min. (4 Std. 39 Min.); Genf 3 Std. 14 Min. (5 Std. 40 Min.); und Marseille 4 Std. 43 Min. (6 Std. 35 Min.). Im ganzen wird wohl der Fahrplan der neuen Strecke rund 50 Züge täglich in jeder Richtung aufweisen, wenn sie voll in Betrieb ist; außerhalb der Morgen- und Abendspitzen wird die Zugfolge vermutlich bei 15 bis 30 Minuten liegen, doch in den Stoßzeiten, mit einigen Zügen in Sechs-Minuten-Abstand, mag die neue Eisenbahn gut und gern ungefähr 12 000 Fernreisende in der Stunde befördern.

Der erste der 2 Voraustriebzüge wurde im Sommer 1978 geliefert für ein weiteres ausgedehntes Versuchsprogramm. In den ersten 10 Monaten konnte der Zug nicht schneller als 200 km/h fahren, da die komplizierte Elektronik und andere Teile, besonders das Bremssystem, strengen Versuchen unterworfen wurden; ein Stück Steigung gleichwertig der steilsten der neuen Bahn wurde zwischen Montréjeau und Tarbes, in der Nähe der Pyrenäen, eingerichtet als Probestrecke für das Bremssystem. Weitere zehn Wochen werden vermutlich für die Erprobung der Zweisystemstromabnahme gebraucht. Der erste Zug soll dann etwa Mitte 1979 ins Werk zurückgehen, zum Ausbau fast des ganzen Laborgeräts und vollen Einbau der Fahrgasteinrichtung. Der 2. Voraustriebzug sollte fertig ausgerüstet für den Reiseverkehr gelie-

Links: *Attrappe der Einrichtung eines Erste-Klasse-Großraums, wie sie für die Triebzüge TGV Paris-Südwest vorgesehen ist (Alsthom-Atlantique).*

Unten: *Die ersten Fahrzeuge eines Triebzugs TGV Paris-Südwest der Vorausserie verlassen die Alsthom-Atlantique-Werke im Juni 1978 (Y. Broncard mit Erlaubnis von La Vie du Rail).*

Unten rechts: *Einer der beiden Voraus-TGV-Triebzüge in voller Fahrt unter 1,5-kV-Gleichstrom-Fahrleitung zwischen Paris und Tours im August 1978 (Y. Broncard).*

fert werden. Dieser sollte auf der alten Hauptstrecke Paris – Lyon für einige Monate in Betrieb genommen werden, um die Reaktion des Publikums auf die Fahrgasteinrichtungen zu testen. Schließlich sollte noch, bevor die ersten Abschnitte der neuen Eisenbahn betriebsbereit sind, der erste neu eingerichtete Triebzug einer wirklichen Schnellfahrdauerprüfung unterzogen werden von fast 1600 km täglich auf einem Rundkurs Paris – Dijon – Straßburg – Paris, als Vorspiel zu der vollen Betriebseröffnung des Abschnitts St. Florentin – Lyon der neuen Eisenbahn Ende 1981. Der ganze TGV Paris-Südost sollte für den vollen fahrplanmäßigen Schnellverkehr im Oktober 1983 bereit sein.

Inzwischen begann eine Studie über die Machbarkeit eines zweiten TGV-Planes, des TGV Atlantique, Ende 1977. Als Britannien aus dem Kanaltunnelprojekt ausstieg und eine Anzahl Gründe für die wirtschaftliche Beurteilung der TGV Nord, der geplanten Schnellfahrstrecke neben der *Autoroute du Nord* zunichte machte, richteten die französischen Eisenbahnen ihre Aufmerksamkeit nach dem Westen und Südwesten von Paris. Eine Akte vorläufiger Daten über einen Schnellverkehr in dieser Hälfte Frankreichs war schon zusammengetragen worden, als die französische Regierung in den letzten Monaten des Jahres 1977 formell eine Studie über dessen Machbarkeit vorschlug.

Vom politischen Standpunkt aus war die bretonische Halbinsel im Nordwesten in diesen letzten Jahren ein Dorn im Fleisch gewesen, mit ihrem aggressiven und manchmal gewalttätigen Anspruch auf wenigstens ein Mindestmaß an Autonomie. Das Angebot eines TGV konnte ein Besänftigungsmittel sein. Vom Standpunkt der Eisenbahn würde das logischerweise die Planung für fortschrittliche Antriebstechnik enthalten. Die Hauptstrecken nach den bedeutenden Häfen von Brest, St. Nazaire und La Rochelle sind nicht elektrifiziert, doch die Elektrifizierung dieser und einiger untergeordneter Strecken war in den siebziger Jahren nicht gerade praktikabel, doch zu einer wichtigen Planung geworden bei Erdölreserven, deren Größe man innerhalb eines Jahres für begrenzter hielt als vorher, und der Möglichkeit einer Steigerung des Erdölpreises, die unbegrenzt schien.

So verbindet das TGV-Atlantique-Projekt ausgedehnte Aufwertung bestehender Bahnen mit einem wesentlich geringeren Bau neuer Bahnen als beim TGV Paris-Südost. Nach der Skizzenmappe würde die neue Strecke nur so weit nach außerhalb von Paris gebaut werden, wie es notwendig ist, um aus dem Gebiet frei zu kommen, das jetzt dicht belegt ist durch Kurzstrecken-Intercity- und Vorortzüge. Für einen Teil des Weges sind die Arbeiten für den Bahnkörper schon vorhanden durch die Vorarbeiten für den erfolglosen Plan einer Vorortstrecke von Paris Montparnasse nach Chartres. In Chateaudun, ungefähr 130 km südwestlich von Paris, würde die neue Strecke sich in einer kreuzungsfreien Abzweigung gabeln in eine Strecke westwärts nach Le Mans, die andere südwestwärts nach Tours. Der westwärtige Arm würde Le Mans im Süden umgehen, doch eine Schleife würde abzweigen, um diese Stadt zu bedienen. Dann gabelt sich die Strecke wieder und mündet in Laval in die vorhandene Strecke nach Rennes, Quimper und Brest ein, und in die vorhandene Strecke nach Nantes in Sablé, nördlich von Angers. Der südliche Arm der TGV Atlantique würde an Tours vorbeiführen, mit einem Anschluß für diese Stadt in St. Pierre-des-Corps, und in Monts einlaufen in die vorhandene Hauptstrecke nach Bordeaux und zur spanischen Grenze, fast 14 km südlich von Tours. Außerhalb der Enden der neuen Eisenbahn würden die TGV-Züge über vorhandene Strecken laufen, die umfassend neu verlegt und mit neuen Signalanlagen für hohe Geschwindigkeit versehen und wo nötig elektrifiziert würden. Bei diesem Plan würde es eine weitere Verbindung von neuer Straße und Eisenbahn auf demselben Bahnkörper geben zusammen mit dem Bau der Schnellstraße von der französisch-schweizerischen Grenze zum Atlantik, die schon im Plan der TGV Paris-Südost vorkommt.

Dieses Projekt würde zwei Gruppen von Hauptstrecken zugute kommen, die die gesamte Atlantikküste Frankreichs bestreichen, von der Bretagne über Brest, Lorient, St. Nazaire und La Baule hinunter nach La Rochelle, Bordeaux und der spanischen Grenze in Hendaye. Beispiele der nach der Vollendung erwarteten Reisezeiten würden starke Kürzungen der augenblicklichen Fahrpläne enthalten, so wie (schnellste Zeiten zur Zeit in Klammern): von Paris nach Brest 4 Std. 2 Min. (5 Std. 30 Min.); nach St. Nazaire 2 Std. 30 Min. (3 Std. 44 Min.); nach Bordeaux 3 Std. (3 Std. 50 Min.); und nach Hendaye 4 Std. 36 Min. (6 Std. 19 Min.). Immerhin unterstellen diese Zahlen, daß keine höhere Geschwindigkeit als 200 km/h außerhalb der Grenzen der neuen Strecke beabsichtigt sind, wohl wegen der Nachteile einer starken Verbreiterung des Geschwindigkeitsbereichs für den gemischten Verkehr der Strecke, der, wie man vermuten darf, weiter die von dem Projekt betroffenen alten Bahnen benützen wird.